刘铁芳教育随笔

比技术更重要的是观念

刘铁芳 著

北京师范大学出版集团
BEIJING NORMAL UNIVERSITY PUBLISHING GROUP
北京师范大学出版社

图书在版编目（CIP）数据

比技术更重要的是观念/刘铁芳著．—北京：北京师范大学出版社，2017.7

ISBN 978-7-303-21777-9

（刘铁芳教育随笔）

Ⅰ．①比… Ⅱ．①刘… Ⅲ．①教育—文集
Ⅳ．①G4-53

中国版本图书馆 CIP 数据核字（2016）第 307752 号

营　销　中　心　电　话　010-58805072　58807651
北师大出版社学术著作与大众读物分社　http://xueda.bnup.com

BIJISHU GENGZHONGYAO DE SHI GUANNIAN
出版发行：北京师范大学出版社　www.bnup.com
　　　　　北京市海淀区新街口外大街 19 号
　　　　　邮政编码：100875
印　　刷：三河市兴达印务有限公司
经　　销：全国新华书店
开　　本：890 mm×1240 mm　1/32
印　　张：10
字　　数：250 千字
版　　次：2017 年 7 月第 1 版
印　　次：2017 年 7 月第 1 次印刷
定　　价：45.00 元

策划编辑：陈红艳　　　　　责任编辑：戴　轶　肖　寒
美术编辑：袁　麟　　　　　装帧设计：袁　麟
责任校对：陈　民　　　　　责任印制：马　洁

自　序

自打 2013 年年底撞上北京师范大学出版社书涛编辑，一定要给我做一套教育随笔系列后，我就像负上了一笔沉重的"债"，他每隔几天便来一个微信问我，他的事情做得怎样了。今年暑假看完奥运，正好还有一点闲暇时间，书涛的"催命符"如期而来，我干脆趁着这个机会，把他的活儿给做了。

我把以前算得上随笔的文字统统找出来，从中发掘出四个基本主题，分别做成四个空文档，再把合适的文字一篇篇拣进不同的"篮子"里。四个主题下面的文字基本敲定后，再一个个"篮子"进行梳理，每个"篮子"又找出五个分主题，按照起承转合的思路排列相关主题，然后把不同的篇目放到不同的分主题下，列出每个主题的不同目录。于是有了现在的四本随笔集。

《比技术更重要的是观念》这本随笔集的主题很明显，就是要倡导一种有理念的教育实践。现实的习惯很坚硬，需要足够强大的理念之光才能将它穿透，这对于急功近利的我们而言尤为困难。在这里，我想要传达的不仅仅是教育的理念本身的重要性，还有每个人如何从自己周遭的坚硬现实中超越，以理念之光来照亮自我人生。当我们想充当孩子们世界的点灯者的时候，首先需要点燃自己的心灯，开启对教育的理想诉求。

《知识与教养之间》主要探讨的是道德教化的问题。道德教化问题是一切时代的中心问题，今天同样如此，甚至更加重要。因为我们今天遭遇的诱惑实在太多，稍有不慎就容易偏离个体发展的德性之路。关键的问题在于，道德是可以教化的，道德教化很重要，但却是很困难的。道德之可教与不可教的矛盾几乎贯穿苏格拉底的人生。本书所倡导的道德教化的基本理念是如何切实地回到个体，从守护每个人做人的尊严开始，给予更多自由陶冶的可能性，在人与人的对话中切实引领个体灵魂层次的上升。道德教化很难，但无比重要。我们需要正视这种艰难，同时要充分地意识到这种艰难，并担当这种艰难，由此避免简单的灌输。

《教育的高度即人性的高度》的基本主题是教师在教育实践中的地位与教师的生命修炼问题。基础教育的质量，甚至一切教育的质量，中心是身在其中的人的生命质量。首当其冲的便是教师的生命质量，没有高质量的教师生命，是很难甚至不可能教出高质量的学生生命来的。今日为师，需要充分地意识到自我身上的生命责任，努力孕育生命之爱、教育之智，以阅读与思考来提升自我，以思想之光点燃日常教育生活之薪，寻求一种积极的生活状态，努力让自己成为优良教育的见证者。当人人都在抱怨中国的教育现状时，我们需要的是切实的努力，一点点照亮我们身边的孩子，绝不放弃。

《找寻心灵的家园》是面向自我、面向心灵的写作。我们所有的努力都需要回归内心，给生命寻找精神之家。在日渐浮躁的时代与社会里，我们究竟应该何以自处？本书开宗明义，要"紧盯着内心的信念之光"，意在让自我生命多一份从容与豁达，避免日常生活的无序与庸常。一个人如何回归自我内心？需要一种历史情怀与文化意识，在历史渐行渐远的背影中读出生命的苍凉，不断地注视大地上的事情，同时关注个人的似水流年，一点点去感悟生命的真谛。最终，我们需要拥抱生命之谜。这里的关键，一是保护生命之谜，所谓"水至清则无鱼"，一定要在生命中留有余地；二是明知生活的无奈与无常，我们依然要热爱生活、拥抱生活。我欣赏的人生姿态是深情地活在一个寡情的世界里。我的人生姿态，非关他人，关乎内心。于我而言，这是一个成熟个体的应有姿态，虽高山仰止，但心向往之，并努力为之。

我是较早开始写教育随笔的，当时反响也很不错。我文章的基本特点是小中见大。我是一个比较内敛的人，文如其人，所以文章总是从浅近的事情说起，一点点绵延深入，凭借自己细腻的心思与探索教育基本问题的兴趣，让文章逐步接近教育的中心问题。

我感觉自己不是在用文字，而是在用心、用生命写作这些文章。我让自己的内在生命世界尽可能充分地向着所思问题开启；让自我生命的触角尽可能地深入其中，探究其中的教育意蕴；让自己充分地被感动。我把自我生命置身其中的这份真诚的感动写出来，写出生命的喜悦与忧伤。如今写教育随笔早已不是独角戏，俨然有众声喧哗之势。我知道，我撰写随笔的使命早已完成，需要回归到自己内心，安静地寻求自己对中国教育问题的系统而深入的思考，暂且专注于做一点小小的属于自己的学术研究，无暇他顾。

或许对于我而言，要完成书涛的任务并不难，但为什么会成为心头难以偿还的"债"？主要原因在于现在的我对教育随笔早已意兴阑珊，并无意推出一个系列。但书涛兄反复游说，一来朋友之情难以却之，二来他"诱惑"我可以好好推广我的些许教育思考。我一方面想做点纯粹的事情，另一方面又是个难以完全抵制诱惑的俗人；一方面不想花太多精力于自己并不感兴趣的事情上，另一方面又不愿伤害朋友。活在矛盾之中，才是我心头压力的根源。

随笔的优点很明显：有感即发，人人都可以写，长短不限，不拘一格，富有灵气。随笔的问题同样明显：一是因为随意而容易流于个人主观意志；二是因为随性而容易浅尝辄止，这往往使随笔写作的水平参差不齐。我也不例外，我的文字中确实有不少自觉写得不错的，但也同样有诸多随意随性之作。更重要的是，因为随笔随意可写，容易让人在同一水平上不断重复，或者在同一水平上不断复制，很难达到自我的超越。我不愿意让自己为细琐的灵感所左右，我需要专注，需要持续而有深度的坚持。这或许是我的转变的真正理由。我也偶尔提醒朋友，努力避免陷于自我美化的陷阱，让写出来的只是些看起来很美的文字。

我们似乎已进入一个出版的时代，我们更乐于表达，也更急于表达。这当然是一件好事，能让更多的人发出声音。但随之而来的问题也很明显，如容易让人迷失在泛滥的书籍之中，缺少判断力和足够的阅读趣味，使得表浅性的阅读、无需思考的阅读过于流行。我们确实需要在阅读中寻找光亮，在冷静而专注的阅读中寻求自我生命得以援助的力量。

写下这些文字，期待与朋友们共勉。

目 录

1

第三辑　教育是一种柔顺的力量

目 录

第一辑　教育的理想与信念

什么是教育

一

对于多数国人而言，教育就是"教书"、"教知识"，就是"德、智、体、美、劳"的教育，就是"素质"的培养，就是"传道、授业、解惑"，就是"温故知新"、"因材施教"，就是"学而优则仕"，就是"与生产劳动相结合"，就是"面向现代化、面向世界、面向未来"。这或许是我们对于"什么是教育"所能想出的基本的回答，这些答案或来自传统，或来自领袖话语，或来自对教育的最简单的认识。这些答案的某种合理性自不待言，关键在于，它们是否来自我们内心的思索？我们是否意识到"什么是教育"是一个与我们的教育生活实践息息相关的、我们需要时常面对的"问题"？除却这些关于教育的"大话"、"套话"、"老话"，我们的心底是否还有一点属于我们自身的，并支撑我们的教育生活实践的鲜活理念？

二

人是一种"向世界的开放"的存在，人的"不完美、开放、内在的无限、不可理解，同时又活跃并处于生成过程中"，这意味着人的开放性以及不可简单限定性。教育是一种培养人的活动，教育的起点、基础和最终指向都是人，人的开放性、不可简单限定性意味着教育的开放性、不可简单限定性。打开教育史可以发现，千百年来，教育的定义一直处于变动之中，不同时代、不同文化背景中的人从各自的生存处境中表达他们对教育的理解与期望。实际上，每一代人也只可能在他们各自的政治、经济、文化的历史、现实处境中来谋求他们对教育的理解和对教育理想的追求，并以之来关照他们当下的教育实践。人类生存境遇的变化必然会导致人们对教育理解的变化。实际上，人们不可能给教育下一个放之四海而皆准的、一劳永逸的"科学"、"规范"的定义，教育是一种开放的阐释。

教育作为一种给出性的（giving）人的活动，教育活动的基本品质如何，直接取决于教育活动担当者的品质。正因如此，不同时代、不同文化背景中的人也必须自我谋求他们对教育的积极理解与阐释，用他们积极的理解与期望来关照他们的教育实践，从而更多地保障他们的教育实践是他们所期望的教育实践，是有理想、有智慧的教育实践。阐释教育的意义并不在于给教育谋求一个"科学"、"规范"、"精确"、"无可挑剔"（实质只是以自然科学作比照的科学定义模式）的定义让人们记诵，其根本意义在于表达我们的教育理想，表达我们对教育的期望，用以观照教育的现实，为现实教育的发展谋求合理的方向。这意味着对"什么是教育"的回答，任何时候也不是，也不能是现成的，顺手拈来的，它需要我们以一种切于我们自身的方式，不断地去阐释，再阐释，把对这一起点问题的追索与回答作为我们教育生活实践的内在依据，在此追寻中增进我们教育的智慧。没有理想、没有智慧的教育是没有灵魂的教育。

三

早在古希腊，柏拉图就提出："教育非它，乃是心灵的转向。"柏拉图把世界万有分成四个层级，自下而上依次为：影像、实物、数、理念（"形"，Form），前两者属于可见世界，后两者属于可知世界，可见世界乃变化的世界，可知世界才是实在的世界。与此相对应，人的灵魂有四种状态，自上而下，依次为理性、理智、信念、想象，他又把第三、第四部分合称为意见，把第一、第二部分合称为理性（或称知识），意见是关于变化世界的，理性（知识）是关于实在世界的。柏拉图强调"心灵的转向"，正是强调人的心灵应"离开变化世界进入实在世界"，从而"把灵魂引导到真理"、"把握真理"，"迫使灵魂达到最高的知识，看见善，并上升到那个高度"。在柏拉图看来，教育就是引导人们超越于日常感觉世界之上，去追求真知的世界，追求使灵魂得以安宁的"至善"的境界，这奠定了古典人文教育关注人的心灵美善的基本精神。柏拉图强调教育只是促使心灵转向的技巧，这种"灵魂转向的技巧"，"不是要在灵魂中创造视力，而是肯定灵魂本身就有视力，但认为它不能正确地把握方向，或不是在看该看的方向，因而想方设法努力使它转向"，他主张"教育实际上并不像某些人在他们的职业中所宣称的那样，他们宣称他们能把灵魂里原来没有的知识灌输到灵魂里去，就好像他们能把视力放进瞎子的眼睛里去似的"，这意味着教育从根本而言就是、或者说只能是诱导的、启发的，而不是灌输的，教育的任务不在于注入，乃在于导引学生使其自求知识，柏拉图因此而成为"西洋启发教育之始祖"。

四

进入现代社会以来，随着科学技术的发展，人们追逐感官物利欲望满足的合法化，人们征服自然、改造自然的热望上升，教育随之适应这一生活方式转向的要求，摒弃古典人文教育的传统，教育日渐功利化，教育自身也越来越成为规范、高效的机械流程。19 世纪的英国教育家斯宾塞提出，真正的教育的目的应放在人的生活实际需要上，"为我们的完满生活作准备是教育应尽的职责"，他所理解的完满生活内容主要包括"直接保存自己的活动"、"从获得生活必需品而间接保全自己的活动"、"目的在抚养子女的活动"、"与维持正常社会政治关系有关的活动"和"在生活中的闲暇时间满足爱好和感情的各种活动"，实际上是把教育的目的与任务放在以目前的成人生活比照的属于儿童未来阶段的成年生活实际需要之上。他认为："这些才艺、艺术，纯文学以及一切组成我们所谓文化的东西，都应该全部放在为文化打基础的教育和训练之下。它们在生活中占闲暇部分，在教育中也应该占闲暇部分。"在教育中"什么知识最有价值？一致的答案就是科学"。斯宾塞把科学和技术性知识引入学校课程，由此而逐渐确

立科学教育在现代教育中的核心地位。同时，也由于忽视了当下
儿童生活的价值，使得成人生活的世界日渐染指于儿童生活世
界，并最终让儿童的"世界"不再属于儿童。

五

　　教育要不要言及将来，要不要为将来生活作准备？这当然是
必要的，任何教育都是要提高个体的文化的、社会的适应性，并
最终使个体以健全的方式参与于广泛的社会生活之中，关键在
于，教育究竟以什么方式为未来生活做准备。让儿童在儿童生活
的阶段生活得好，不就是对将来生活的一种准备吗？杜威认为儿
童的生活和成人的生活地位同样重要，现在的生活与将来的生活
地位同样重要，"一个人在一个阶段的生活和在另一个阶段的生
活，是同样真实的，同样积极的，这两个阶段的生活，内容同样
丰富，地位同样重要"。杜威提出"教育不是生活的准备，教育即
生活"，正好是强调教育应关照现在的、儿童的生活，使儿童生
活本身的价值在教育中凸显出来，让他们能从当下的生活中得到
乐趣，而不仅仅是将儿童现在的生活视为另一种尚无可知或知之
甚少的生活的准备。"儿童大多生活在直接的现在，当凭着一个
对他们很少甚或没什么意义的暗淡的和靠不住的未来而对他们呼
吁的时候，我在这里很难估计能力和精神有多少浪费掉。"当儿童
学习不是因学习本身有乐趣，而是为了考试、升学、恐惧、竞
争、奖惩等而学习时，不仅无益于能力发展，也不利于品德进
步，更不利于儿童积极健康的生活与成长心态的养成。

六

如果说杜威旨在纠偏于赫尔巴特、斯宾塞以来教育对儿童的遗忘，那么在有着丰富人文资源的德国文化传统中的雅斯贝尔斯，重提教育是"人的灵魂的教育"，则大有越过现代教育的功利化趋向，回到教育作为精神陶冶的本质。雅斯贝尔斯在《什么是教育》中反复谈及，"教育的过程首先是一个精神成长过程，然后才成为科学获知的一部分"，"创建学校的目的，是将历史上人类的精神内涵转化为当下生气勃勃的精神，并通过这一精神引导所有学生掌握知识和技术"。"我们要想振兴，就必须让教育的内涵超越实用的技术教育和宗教限制"，"专门技术训练将人制造成最有用的工具"。虽然教育离不开知识，但真正的教育是用知识来充盈于人，服务于人，启迪人心，而决非把人变成贯彻某种知识的工具。教育离不开必要的技术技能的训练，但训练是为了涵养人的整体智慧，而不是把人当做训练的机器，使训练成为与人的心灵隔离的异己活动。尽管知识技能的传授不可缺少，但真正的教育必须超越于此，而上升到培育人的精神、安顿人的心灵的高度，以接近教育的本质。

雅斯贝尔斯把教育分成三个层次：第一层是训练，它与训练动物相似；第二层是教育和纪律；第三层是存在之交流，"训练是一种心灵相隔离的活动，教育则是人与人精神相契合，文化得以传递的活动。而人与人的交往是双方（我与你）的对话和敞亮，这种我与你的对话关系是人类历史文化的核心。"真正的教育不过是"人对人的主体间灵肉交流活动"，是年轻人"与人格平等的求知识获智慧的人进行富于爱心的交流"。真正的教育绝不是"耳提面命"，不是役使，不是教训，甚至也不是"塑造"，更不是任意的"改造"，必须是立足于人与人之间人格平等之上的交流、合作、共同参与、共同创造、共同分享，只有如此，教育才可能成为人的灵魂的教育，教育中的启发诱导才有内在的基础与可能。

七

在抗诘中超越，在继承中创新，在反思中升华。正是一代又一代的哲人一而再地对"什么是教育"的追问，才向我们展现出现代教育理念的纷繁画卷。我们自己呢？幸哉，我们还有蔡元培，早在 20 世纪初他就提出"教育者，养成人格之事业也"，他认为"教育者，非为过去，非为现在，而专为将来"，所以教育不能以一时的事功为鹄，"教育家必有百世不迁之主义"。简单地把成人世界中现成的标准强加给儿童，让"儿童受教于成人"，这是旧教育的做法，新的教育应该是"成人受教于儿童"，倾听他们世界的声音。他强调教育的独立，"教育是帮助被教育的人，给他能发展自己的能力，完成他的人格，于人类文化上能尽一分子的责任；不是把被教育的人，造成一种特别的器具，给抱有他种目的的人去应用的"。蔡元培以他的教育理念来改造北京大学，"思想自由，兼容并包"，使北大由一所封建士大夫养尊处优的"疗养院"一跃而跻身现代大学之列。他以对教育的"知"贯穿于他的教育之"行"，伴随着个人的人格魅力，在中国现代教育史上写下20 世纪最辉煌的篇章。

八

反观我们今天的教育现实，知识的灌输、技能的训练代替心灵的陶冶居于教育的中心，教育完全不是灵魂转向的艺术，而更多的是人才培养的"加工厂"。教育远离儿童的生活，学生在沉重的负担中看不到生活的目标与意义，学习对于他们而言成了与心灵相隔离的苦役。我们又在何种程度上实践了蔡先生的理念？我们成人的世界可曾认真地倾听来自儿童世界的心声，还是我们世界的声音完全湮灭了儿童世界的声音，或者说儿童世界根本就发不出表达他们自我的声音？"成人受教于儿童"，何其难矣！19世纪西方教育家的教育理念不正好有意无意地充当了我们今天教育的基本精神，我们不就是在时刻打着为了儿童未来的名义来使对儿童施加的各种成人化设计与训练合理化、正当化吗？这同样使得我们的儿童没有属于他们的世界，故要"把儿童世界还给儿童"。不单如此，在我们的传统观念中，儿童原本就没有独立的人格与价值，他们只是成人的附属，换言之，我们的社会一直就没有属于儿童的，具有独立价值的世界。我们传统社会的教育，从孔子的"学而优则仕"，到"修身、齐家、治国、平天下"，再到韩愈的"传道、授业、解惑"，我们的传统教育目标不都是为成人生活做准备吗？只不过生活的内容殊异，但有一点，在看不到儿童生活的价值上，我们是有过之而无不及。斯宾塞尚还反对机械背诵、压制儿童心智发展的做法，主张采用"自然教育"的方法。说我们潜在的教育理念是为未来生活做准备，其实我们只是一脉相承地沿袭了千百年来的旧教育传统而已。对左一个"素质教育"，右一个"创新教育"，口号迭出，貌似激进，骨子里却传统观念根深蒂固的教育现实而言，要脚踏实地去"寻找"、并且能"找到"那"儿童的世界"，绝不是一件容易的事情。我们的问题恐怕还远不只是把儿童的世界还给他们，首先要学会尊重儿童，一个不尊重儿童的社会怎么会有对儿童的健全的教育？尊重他们的人格尊严，在此基础上再去积极引导、扶助儿童去创造那属于儿童的世界，让他们能真正体会到"儿童世界"的感觉。

九

儿童世界的感觉究竟如何？我想起了卜劳恩的漫画《假期第一天》："胖胖的小老头趁儿子熟睡之际，悄悄把他弄上车（没带作业本），警察也配合，路人也配合，孩子终于醒在梦幻般的美丽田野。周围的小动物惊讶，孩子更惊讶，秃顶父亲'阴谋得逞'，躲在树丛中含笑窥测，内心比田野更美丽。"那漫画中的小孩一定找到了儿童世界的感觉。还有《夜行的驿车》里那位忧郁的丹麦童话王子安徒生所讲的故事：

> "去年夏天我在日德兰半岛，住在一个熟悉的林务员家里。有一次我在林中散步，走到一块林间草地上，那里有很多菌子。当天我又到这块草地上走了一趟，在每支菌子下面放了一件礼物，有的是银纸包的糖果，有的是枣子，有的是蜡制的小花束，有的是顶针和缎带。第二天早晨，我带着林务员的小女孩到这个树林里去。那时她七岁。她在每一只菌子下找到了这些意外的小玩意儿。只有枣子不见了。大概是给乌鸦偷去了。您要是能看见就好了，她的眼睛里闪着该是

多大的喜悦啊！我跟她说，这些东西都是地下的精灵藏在这里的。"

那位七岁的小女孩一定在菌子下找到了儿童世界的感觉，那种感觉一定很难忘，我仅读过一次就忘不了，忘不了那小女孩，忘不了那带给世界永远财富的安徒生。安徒生的世界原本就是一个"儿童的世界"，用整个青春和生命创造的永远的"儿童世界"，让过于成熟的人类一次又一次地去重温那不断逝去的永恒，那是疲惫中的我们遥远的梦幻之境。

我曾把它们一次次地讲给我的学生听，其中有很多一线的教师，他们最初的感受大都木然，待我解释一番才能看到他们目光中的些许惊诧。对此，我毫不奇怪，我知道，在我们的国度里，忙于"勤劳致富"的人们是很难有此等浪漫遐想的，欣赏起来当然不易。一个不懂得尊重儿童、尊重儿童独立人格的社会，是很难想象出儿童所需要的世界究竟是一个怎样的世界，更不可能费尽心思去营造一个看似无聊却充满神奇的独具价值的"儿童的世界"。我们将拿一个什么样的世界"还"给儿童呢？

十

或许，我们有许多理由说明我们的教育为什么还远远达不到尊重儿童当下生活、让他们能充分地享受童年的快乐的程度，其中包括教育机会的不均等，教育条件的局限，人们的生活水平大都还并不富裕等。但至少有两点应该明白：其一，我们不能够在目前更充分实现对儿童生活世界的尊重，但我们至少可以把它作为一种行动的理念纳入我们的实践中，用以纠勘教育行为中的不合理；其二，如果我们不能积极地增进儿童生活价值的实现，但至少也不应该人为地去压抑、阻遏、肆意打击儿童的天性和正当趣味。我们做不了卜劳恩笔下的父亲，做不了安徒生，但我们也不能扮演巫婆、旧式警察、大管家的角色。"儿童在教育中发展，也就是在教育中生活，在教育中实现人生。他们并不是一个抽象的存在，不是被塑造好了才置入生活之中。他们的发展就是生活，就是他们的人生实践。"教育必须从儿童的现实生活出发，引导儿童对生活世界、生活关系、生活意义、生活方式进行理解，扩展儿童的生活经验，建构儿童的精神世界。

十一

倡导"教育即生活"的杜威不是曾两次来华讲学，而且为时不短吗？为什么直至今日我们仍没学会呢？西方世界不断更新的教育理念也许离我们终究隔了一层，那么，不能不思考的另一个问题便是，何以蔡元培先生在今天看来依然"真知灼见"的教育理念并没有内化为我们民族的教育理念，而充当我们教育"口头禅"的依然还只是一千多年前韩愈所说的、以"前喻"型文化为背景的"传道、授业、解惑"？说白了，若把我们头脑中关于教育的领袖话语、意识形态化的权威性话语、教科书式、词条式的规范话语、传统教育格言"括起来"，剩下来的教育理念只能用一个词来表达："贫乏"。对于教育实践中的芸芸我们而言，实际上是先在性地放弃了对"什么是教育"的思考，放弃了思想教育的权利、责任和义务，大家只是在依凭政令、权威话语、习惯、常规来从事教育活动。一百年来，似乎少有人能超越于蔡元培先生之上，真切表达中国教育现代性追求的声音。

也许，对于"什么是教育"仍没有切身、合理的答案并不是问题的关键，根本的问题在于，我们尚未意识到"什么是教育"其实是一个需要我们每个人把它当做问题的"问题"，是一个需要我们去寻找，去作为个体进行参与性理解、创造性阐释的"问题"，而不是摆在我们身边的"标准答案"。就今天的我们而言，"什么是教育"还是一个尚待开启的"问题"。什么时候我们才能拥有切身于我们自己的"教育观"？才能有我们自己的诠释教育真义、传递教育理想的卜劳恩似的漫画、安徒生似的叙事呢？

对美好事物的无条件的、永远的渴望
——重温《卖火柴的小女孩》

10月6日晚，我乘车去北京，长沙这边天气还有些热，没想到北方的天气这么冷。7日晚上和北京的一个朋友到一家乌鲁木齐风味的餐厅吃了一顿美味的羊肉。晚上回来，凌晨两点，身体极度不舒服，开始呕吐，其状可以用"翻江倒海"来形容。因为约好到清华附小听窦桂梅老师讲课，第二天早上7点就出门，喝了一口学生带过来的稀饭，胃马上不舒服，呕吐得厉害。待平静下来，才得以坐车过去听课。

窦桂梅老师上的是安徒生的《卖火柴的小女孩》一课。窦老师的讲课看重对文本的细腻感受，我和孩子们一起，开始跟着她一起重温自己小学时候就学过的《卖火柴的小女孩》。窦老师一点点引出卖火柴的小女孩所遭遇的困境：寒冷、饥饿、恐惧、孤独、无奈，再一点点地谈及小女孩在火柴点燃后闪现的温暖、满足、慈爱、美好、快乐，我和孩子们就这样一点点地被引入卖火柴的小女孩凄美的世界之中。窦老师采用文本细读的方法，结合批注一段一段地读，由点到面，再到整体。课前从引用以前一位学生写的一首对卖火柴的小女孩表达思念与同情的诗开始。一小时二十分之后，又引用了另外一个学生写的诗歌，这首诗不同于前者，讲了很多"为什么"，这堂课的主题也由唤起学生的同情而变奏为理性的思考。

我在听课中间喝了一点开水，随即感到很不舒服，因而退出课堂，在旁边洗手间一阵狂呕，身体此时已极度虚弱。我不再听课，去了清华附属医院打针，开了点药。回来已花去一个多小时，窦老师要我提一些意见，就在这个时候，我内心灵感闪现，感觉自己忽然间读懂了安徒生，突然间悟出这篇文章的主旨。这篇课文的灵魂是什么？回味课文内容以及安徒生本人的境遇，我认为应该是无条件地对美好事物的永恒渴望和追求，也可以说是自身绝望中对希望的永恒追求。当时说出这几个字时，我确实有一种热泪盈眶、如鲠在喉的感觉。

站在这个主题之上，课文的结构一目了然：课文前面讲的是小女孩遭遇的困境，安徒生是要将这种困境推到极致："大年夜"、"光着头赤着脚"、"孤独"、"贫穷"，两辆马车还使得她的鞋子丢弃，成人世界的冷漠与小女孩的无助形成了鲜明的对比。"没有挣到钱，父亲还要打她"，成人世界的最后一道防线也失去了。课文后面讲的是小女孩内心渴望的生长：就在如此这般冷酷无情的背景下，小女孩没有想起自己的美丽，"雪花落在她的金黄的头发上，那头发打成卷儿披在肩上，看上去很美丽，不过她没有注意这些"，但她忘不了这是大年夜，"每个窗子都透出灯光来，街上飘着股烤鹅的香味"，这是她对人世的留恋，对美好生活的留恋。小女孩无限留恋着这个世界，但这个世界却不留恋她，她只有将陪伴她的火柴作为她在人世取暖的唯一的依靠。一根根取出火柴，熄灭后又不断地擦亮，在微弱的火柴之火中向往着美好的生活，实际上就是在希望不断破灭之后对希望的重新唤起。最后，她在内心中呼唤奶奶："啊！请把我带走吧！我知道，火柴一灭，您就会不见的，像那暖和的火炉，喷香的烤鹅，美丽的圣诞树一样，就会不见的！"伴随着火柴的熄灭，小女孩美丽而纯洁的渴望在现实中最终彻底走向幻灭，只有灵魂跟着奶奶到光明、快乐，没有寒冷、没有饥饿也没有痛苦的地方去。大年夜终于过去了，新年已经开始，这个世界容不下这个美丽纯洁的小女孩，熄灭的火柴带走的只有内心世界中对美好事物的永远向往，除此以外，什么也没有带走。

在我曾经的教育经历中，"卖火柴的小女孩"主要是作为批判资本主义的罪恶的案例，这一刻我才真正明白所谓资本主义的罪恶充其量也不过是作为次级主题，人性中永远洋溢的美好事物的渴望才是真正的主题。小女孩周遭的冷漠，不过是安徒生用以展示置身现实的美好人性的永恒困境，安徒生是借着卖火柴的小女孩的遭遇，把这种困境以极端的方式展示出来，从而强调对美好事物追求之于人性的绝对性。而安徒生之所以选择小女孩来承受人世间的极端的苦难，是因为置身绝望之中、却始终保持着对美好事物温热渴望的卖火柴的小女孩，作为纯美而弱小、无助的个体，足以唤起人们——尤其是成人——无限的同情，并激发他们对美好人性的渴望。

这中间传达了安徒生的基本的教育理念，即无条件地激励儿童对美好事物的渴求。这从我们耳熟能详的安徒生童话《丑小鸭》《拇指姑娘》中同样可见，主人公虽屡遭不测，但不离不弃，永怀内心对美好事物的依恋，执著前行，一点点走向成熟而美好的自我。安徒生一辈子经历了太多的冷漠、歧视、不安，但他给予世界的却是美丽的童话，是对世界的无比热爱，他正是要把人世间可能想象出来的美好事物都永远地留给这个世界，留给属于现在和未来的人们。正是心灵世界中这种对美好事物的无条件追求，把我们从现实周遭中超越出来，超越平庸，让我们成为高贵而有教养的人。

就超越意义而言，安徒生的童话并不只属于儿童，而是属于人类。真正的教育就是敞开儿童的心灵，敞开每个人内心深处对美好事物的无条件的、恒久的渴望与追求，这是人的教育的真正灵魂之所在。或者说，正是对美好事物的追求才使得我们从物化的、技术技能化的占有性生存状态中上升为高贵的人。内心失去了美好事物的引领，我们虽外表华贵，却依然不过是亮丽光鲜的行尸走肉，与动物并无实质的区别。

这一刻我才知道，那一天的听课，并不止于听窦老师讲课，而是在重温安徒生。而我那一夜身体的折腾，只是命运的巧合，让我在极度虚弱之中，以内心深处体验着的苦弱，走进安徒生的精神世界。如果我依然保持着自我生命的常态，也许我只能用我所获得的主体意志来审读这篇课文，并把关注的重点放在听窦老师如何讲课，而把这篇自己小学阶段就耳熟能详的课文的解读视为理所当然，从而失去了重温安徒生苦弱而博大的精神世界的机会。

许多时候，当我们再不愿意敞开内心倾听安徒生，并不是因为我们不够强大，恰恰是因为我们不够弱小。今天，我们自恃内心的强大，实际上关闭了通往安徒生世界的门扉，而唯有生命必要的苦弱质素，才使得我们有可能真正地敞开自己被物化的内心，使得走进苦弱的安徒生世界成为可能。苦弱原来也是人心的一种品质，唯有苦弱之时，我们才可能无所保留地走进他人的世界，才能敞开我们爱到细微的可能性。内心之中的苦弱，于是成为我们阅读安徒生本身，读教育本身的必要心灵品质。我们内心世界的单一，本身就使得我们对于教育之敏感与细微的体验空间大大缩小，使得我们更多地在给定的各种教育宏大主题之间顾盼流连，却忽视了内心深处那幽暗的生命之灯。

在这个意义上而言，不断地重温《卖火柴的小女孩》，难道不是我们一门必不可少的功课？

教育的理想与信念

教育即育人，教育以人为对象。人在世界中，追求"好"的生活。教育作为人的活动离不开对"好生活"、"好人"的质询和叩问，它必须关注"好生活"、"好人"，在对"好生活"、"好人"的关注中追寻自身的"好"，"好"的教育应该切合对"好生活"、"好人"

的追求。

那么，何谓"好人"、"好生活"、"好教育"？本身即为"好"的人、生活、教育在现实中是不存在的，现实中的人、生活、教育总是有所欠缺。所以，那种自身即为"好"的"好人"、"好生活"、"好教育"是超越于现实之上的价值理想，是人世之上的永恒和绝对的价值参照。

从柏拉图到杜威，从孔子到蔡元培，多少仁人志士孜孜以求，但现实总是现实。我们深深知道，那绝对的"好人"、"好生活"、"好教育"是不可能君临于此世的，或者说是不可能完全转化为世俗的现实图景的。但我们相信它们"在"，在我们世界隐秘的那一面，在现实之手无法触及的地方，在我们坚定的信念之中。对于此世，它们永远保有缺席的权利。

理想之光总在苍茫中为我们引路。我们总在追求"绝对"的"好人"的过程中成为"世俗"的好人，我们总在追求"绝对"的"好生活"的过程中实现此世的好生活，我们总在追求"绝对"的"好教育"的过程中提升我们现实教育的品质。"好人"、"好生活"、"好教育"的理想乃是我们置身此世、置身现实教育的欠缺之中的精神关切。

我们坚定地追寻教育的理想并不是要远离此世，远离现实，"躲进小楼成一统，管它冬夏与春秋"，恰恰相反，它是要我们深深地关切此世，关切现实，要求我们的睿智之思时时刻刻、切切实实地感受现实教育的疼痛。关注现实教育中的不仁、不德、不公、不义；关注现实教育中的弱者；关注现实教育中的平庸和无奈，把捉现实教育的细微脉络，寻找现实教育中的阙如。那缺席的教育之理想正是我们置身教育现实问题纠缠之中的一脉纤细的精神之启迪与牵引。

对于我们而言，重要的是意识到现实教育总是不完美的，总是欠缺的。所以，我们的目光不能止于从现实周遭中去概括出现存教育的某种本质。"不识庐山真面目，只缘身在此山中。"深邃之思引领我们不断地超越此世，超越周遭，超越"此山"，指向现实中的阙如，指向遥遥之彼岸，去追寻那永远的"好教育"的理想与信念之光。追求教育的理想与信念，乃是每个人的不可让渡的权利。

正因为"好人"、"好生活"、"好教育"的真谛只在我们遥不可及的世界的另一面，所以我们不敢宣称，教育的真理就在我们手中，所以我们要做的事情就是"上路"，思之探寻的"上路"。我们永远也无法把"好人"、"好生活"、"好教育"的奥秘拥之入怀，据之己有，我们永"在"走向"好人"、"好生活"、"好教育"的理想之"路上"。我们无法"拥有"、"据有"、"占有"它，但我们可以永远"追寻"它、"思虑"它、"向往"它。"蒹葭苍苍，白露为霜；所谓伊人，在水一方。"

永远保持教育理想"缺席的权利"，给现实中的每个个体留下想象与探寻的空间，保持教育理想与现实的张力，在理想与现实的碰撞中走向"好教育"的理想——"好教育"的理想恒在远方，我们恒在理想追寻的"路上"。如果有谁宣称"拥有"了"好人"、"好生活"、"好教育"的真理，那么，只有两种可能：要么是信口雌黄，要么是强词夺理；要么是谎言，要么是霸道。

比技术更重要的是观念

最近一段时间来，我经常带研究生到学校去听课。听课中感受最深的是，现在的课堂大都十分活跃，注重师生互动，教师的教学素养有了较大的提高。欣喜之余，也渐渐发现，在表面的繁华背后，也掩盖着些许问题。

印象很深的是一次听一节小学语文课，课文题目是《一夜的工作》。《一夜的工作》是人教版小学语文教材第十一册第十三课，课文讲的是作者陪同总理审阅稿件目睹总理一夜工作的情形，歌颂了总理不畏辛苦的工作精神和简朴的工作作风，抒发了作者崇敬、爱戴周总理的思想感情。整堂课是从听歌曲《你是这样的人》开始，围绕教学主题展开，从识读生字，到讲解课文，从周总理办公室的简朴，到周总理工作的认真负责，步步深入，井井有条，师生问答自如，教学设计流畅，课堂气氛也很活跃。

最后自然而然地引导全体学生高声诵读：

师：我这样对自己说了几遍，我又想高声对全世界说——

生：（充满激情地齐读）看啊，这就是我们中华人民共和国的总理，我看见了他一夜的工作，他每个夜晚都是这样工作的，你们看见过这样的总理吗？

整堂课在集体深情朗诵《你是这样的人》中结束：

19

把所有的心装进你心里/在你的胸前写下/你是这样的人/把所有的爱握在你手中/用你的眼睛诉说/你是这样的人/不用多想不用多问/你就是这样的人/不能不想不能不问/真心有多重爱有多深/把所有的伤痛藏在你身上/用你的微笑回答/你是这样的人/不用多想不用多问/你就是这样的人/不能不想不能不问/真心有多重爱有多深/把所有的生命归还世界/人们在心里呼唤/你是这样的人

正是在学生的忘情诵读之中，对总理的崇敬之情达到顶峰，也达到了教师预期的教育效果。这堂课，教师每个环节的教学设计都很精致，充分体现了教师扎实的教学基本功和教学设计上的用心良苦，学生的反应也很积极，课堂参与很热闹，应该说从技术层面以及教师所期待的效果上都是很不错的。

热烈之余，我心里隐隐觉得有点不大舒服，感觉好像回到了二十多年前我自己的小学时代，时代发展了，对课堂的感觉应该有些实质性的不同，而不是似曾相识。我隐约察觉，这里涉及我们如何对待传统伦理资源的问题，包括如何对待革命领袖的崇高品格。我们当然可以而且也需要学习继承周恩来总理的崇高品格，一方面，把革命领袖的美德风范发扬光大，另一方面，是让少年儿童在接近传统伦理资源的同时提高自身的道德素质。但如果仅此而已，我们个人的理性就可能被传统、被权威所遮蔽，我们的道德理性就始终没有超越柯尔伯格所说的习俗水平的阶段，即停留在对道德权威的模仿之上，而不是基于个人逐步提升的自主性的道德觉悟。所以，对革命传统美德现代的学习不应该遮蔽个人的理性，恰恰要以个人独立清明的理性为前提。这样，我们如何学习革命领袖的光辉事迹，就应该有一种不同于二十多年前的思维。

这堂课的问题就在于，弥漫于课堂的都是一种热烈的激情，学生在这种激情的支配下完全顺着教材预设的逻辑在思考，实际上学生的思考不过是教材本身设计思路的延伸与注脚，而缺少学生真正用心的思考，或者说学生根本就没有思考，没有独立的思考，师生不过是一道在共同把教材所预设的对于周总理的无比崇敬之情借助于课堂表现出来。激情有余，而理性缺失，教师的教育设计越精致，学生这种崇敬之心就越热烈，恰恰热烈中缺少一点冷静的思考。比如，周总理品德十分高尚，这是令人十分景仰的，但作为总理，是不是除了品德高尚还有更重要的品质期待呢？为什么我们的周总理每天从早到晚都那么累，他可不可以少累一点呢？在某种程度上，与领导人物个人品德的重要性被放大相伴随的正是社会制度与体制的不健全。对这些问题的深入思考，需要我们有大量的现代知识与理念，但对于小学生而言，最重要的并不是让他们能从现代知识学的视角来分析评价，而是培养一种有所保留的、理性而非全盘接受、盲从的态度。

在网上搜索到一篇小学生作文《读〈一夜的工作〉有感》：

　　我怀着激动的心情读完了《一夜的工作》一文，敬爱的周总理夜以继日地忘我工作，为中华民族操劳，生活还那样简朴，都给我留下了深刻的印象。

他一句一句地审阅，看完一句在后面画一个小圈圈……有时停笔想想，有时问我几句。

总理对工作是多么严肃认真和一丝不苟呀！他这种对每一份文件都亲自过目，认真批阅，这种鞠躬尽瘁的精神，深深感动了我。

文中还有一段值班室的同志送夜宵给总理吃，居然只有两杯热腾腾的绿茶和一小碟花生米。而且花生米并不多，可以数得清颗数……

这段描写十分感人。多么朴素的总理啊！一夜辛苦地工作，却只吃一小碟花生米，喝一小杯绿茶。

总理是伟大的人也是凡人，他之所以成为人民公认的伟人，是因为他平时用伟人的要求来要求自己。他想着国家却未曾想想自己。

我是一名小学生，读了此文后我懂得了：我将来要为人民做事，以周总理为榜样，从现在起认真学习，珍惜时间，绝不能"老大徒伤悲"。

显然，这位小作者在课堂上所全盘接受的正是周总理的道德品格。我于是知道，那位教师的教学方式可能是目前大部分小学语文老师的教学样式，教学的效果都是指向学生对周总理的心悦诚服，从而从小在学生心中牢固树立崇高的榜样，我们的名言就是榜样的力量是无穷的，这位学生的作文表达了我们所期待的教学效果。我常常思考，为什么我们身边的人，包括我自己，都十分缺少公共精神，为什么我们这一代人以前对于革命领袖除了崇拜得五体投地，没有丝毫怀疑过他们身上某些现代品质的缺失？想来想去，主要原因就是，我们从小所受的单面教育一步步把我们领进个人崇拜的光环之中，让我们身陷其中而无法自拔。为什么到21世纪的今天，还是没有什么改变呢？

小学课本上就学到过《南辕北辙》的故事：战国时代，各诸侯国互相攻杀兼并，都争着想当霸主。有一次，魏国的安厘王准备去进攻赵国都城邯郸。魏王的大臣季梁正在旅行途中，听到这个消息后匆匆赶了回去。他来不及弄平衣服上的皱痕，除掉头上的灰沙，就去劝说魏王。他对魏王说："我这次回来，在路上遇到一个人说他要去楚国，可是却驾着车子飞快地向北方驶去。我听了后非常奇怪，就问他到楚国去为什么不向南走而向北，因为楚国在南方而不在北方。谁知他却说：'我的马儿跑得快。'我说：'你的马虽然跑得快，但这不是去楚国的路呀！'他却说：'我的路费很多。'我又告诉他：'路费多，方向不对，也不能去楚国啊！'接着他又说：'我的车夫驾车技术很高明。'您看，方向错了，马跑得越快，路费越多，那样走下去，离楚国不是越远吗？"接着他又对魏王说，现在大王想要成为一个有名的霸主，一举一动都应该让人信服，如果仗着自己国大兵多，用武力攻打邯郸，借以扩充土地，树立威望，那就离你想做诸侯领袖的理想越来越远了，这正像要到南方去的人却驾着车子往北走一样，是多么荒唐的事情啊！安厘王听后，认为他说得有理，于是就取消了攻打赵国的计划。

这篇寓言说明，如果方向错了，即使条件再好，也达不到目的，而且会离目的地越来越远。一直以来，我从来没有真正领会过这个成语的含义。其实，我想不只是我，绝大多数人学过的道理从来就没有真正地用之于实践，学的和做的从来都是两码事，这难道不是我们教育的问题？这次听课，学生激情澎湃的朗读声始终在我心头萦绕，久久挥之不去，想起这个典故，恍然有悟：对于教育而言，也许教育的技术十分重要，但比技术更重要的是观念和意识。否则，技术越好，离教育的目标就会越远。

如果说，教育的现代化，其核心就是人的现代化，即在教育所期待之中的个体人格样式上的现代化，如果我们骨子里还是期待把学生培养成全盘接受、毫不质疑、缺少独立意识、只会跪着读书——对应于吴非先生所说的跪者教书，那么，即使我们的教学手段再先进，教学艺术再花哨，我们依然深陷在传统教育的旋涡之中。这样看来，今天的教学改革，在很多问题上，我们似乎并没有走出多远，在教学的技术手段繁荣的同时，教学内在观念好像并没有多少实质性的转变，花哨的"新瓶"装的依然是过去的"老酒"。

重申语文教育的立人使命

语文教育是人文教育的基础形式，语文教育的根本着眼点是立人。基于立人属性的语文教育，就是要立人于终身兴趣发展之中，立人于优美的汉语言文化之中，立人于语文所开启的审美世界之中。以立人为指向的语文教育实践需要立足个体，以优美的语文文本启发个体内心的自由，并转化成个体生命的创造性实践。

语文教育作为人文教育实践的基础形式，不仅事关民族身份认同与个性彰显，更事关我们每个人的生命品质。我们需要重启以语文教育为中心的人文教育改革，需要全社会都来关注、重视以立人为中心的语文教育。

一

上小学一年级的女儿，学校配备的作业本《闯关100分》上有这样一道语文题目：李白《静夜思》中有一对反义词是什么？"床前明月光，疑是地上霜"中"疑"意思是：A. 不理解；B. 好像。"举头望明月，低头思故乡"中"举"的意思是：A. 提出；B. 抬起，往上托。我读书这么多年，从来没想过李白的《静夜思》中有一对反义词，记忆中呈现的不过就是四句质朴而优美的诗句以及这四句诗中所呈现出来的从身边寻常事物出发而不由得萌生的一种直接而明了的思乡之情。这种技术化的语文教学设计，让优美的诗歌还原成孤立的字词句段，缺少了诗歌的整体性与完整性。我是20世纪80年代完成基础教育的，我所经历的语文教学是字词句篇、段落大意加上中心思想的教学结构，我们今天的语文教育并没有根本性的变化。相反，在应试化、碎片化的道路上可能走得更远。

这里主要涉及两个方面的问题：一是以诗为代表的文学艺术作品如何教，也即文学艺术作品教学中是优先于作品的整体感受与完整性还是侧重作品的局部特征分析；二是如何让儿童学习文学艺术作品，也即是优先培养他们的审美趣味、审美感受力，还是侧重工具性、技术性的学习。让孩子从中找反义词，解释何谓

25

"疑",何谓"举"。这并没有错,问题在于,一旦我们强化这种字词的训练,孩子们在学习这首诗的过程中,就不是在面对一首完整的诗,而是面对诗中的字词。换言之,学诗的过程就成了孩子们把诗歌客体化、物化,也即从中去学习字词,而不是倾心于与诗歌相遇,让个体融入诗歌之中,获得积极的审美体验。正如席勒所言:"美的整个魔力建立在它的神秘性的基础之上,通过魔力的各个因素的必然结合,魔力的本质也就随之被扬弃。"一旦我们从小开始就对孩子进行解剖刀似的技术化训练,我们优美的汉语文学宝藏就会在孩子的世界中变得无趣。因为我们的孩子一开始就被训以不要直接地面对优美的文本自身,而是面对词句、结构。

从小就开始的技术化的语文教学,其后果是什么?显然绝不仅仅是语文学习本身的问题,这样会直接导致语文学习的兴趣下降以及由此而来的对相关人文学科课程的兴趣下降。与此同时,技术化的语文学习方式将极大地削弱汉语言文学中的美感,弱化学习者对汉语言文学及其经典作品的审美感受力与阅读中的亲近感,读任何作品都索然无味,由此带来的是汉语中的个体从小就缺乏对汉语言本身的优美与趣味的切身感受,汉语言不过是作为个体生活的工具,由此而形塑出个体少美、少趣,甚至无美、无趣的立身方式。"语言是存在的家",我们的存在于语言之中。"我的语言的界限意味着我的世界的界限",我们拥有语言的方式实际上就决定了我们拥有世界的方式。语言就像阳光、空气和水一样,与我们每个人的日常生活须臾不离。语言的重要性,或者说我们拥有语言的方式的重要性无论怎样提高都不为过。

我们不仅需要孩子们在优雅的汉语言文学中习得优雅的表达方式，更重要的是从小就培育他们对汉语言文字本身之优雅的敏感性，归根到底，是为了培育他们优雅、丰富而敏感的心灵，孕育美善而富于意义的生活。正如蒋勋所言："最好的文学并不是拿来做教科书的，也不是拿来做考试范本的，而是使人觉得活着有意义，让人感觉活着是幸福的。"语文教学绝不是指向文本本身，而是指向生活，指向人。儿童教育的中心，或者说人文教育的根本就是如何从年少开始就在个体心中种下美好事物的种子，以奠定一个人一生欲求美好事物的原型。所谓教育回归生活，就是指教育要回到人，着眼于人的生活，要在好的内容与人及其生活之间建立有效的关联，把公共性的"知识"转变成个人性的"知道"，转公共之"识"成个人之"智"，变成个人生活世界的开启与自我生命的启明，变成个体活生生的生命体验与生命智慧。孔子所谓"不学诗，无以言"，正是要以《诗》之涵养作为个体言说的基础，也就是在优雅的《诗》之背景与视域中开启个体日常言说空间与审美化的生命方式。正是以诗教为基础，继之以"不学礼，无以立"，有了诗所孕育的生命的丰盈与优雅，再予以礼的规范与提升，个体生命依然能保持生动的张力，不至于在礼的规范中趋于单调、僵化、呆滞，这可谓孔子教化理想的高明所在。我们时代最大的贫乏莫过于语言的贫乏以及这种贫乏背后所掩藏的心灵世界的荒疏，我们常常言及海德格尔所阐释的荷尔德林"诗意地栖居在大地之上"的诗句，离开了个体所拥有的诗意语言，何来诗意的栖居？

小学语文教育具有三个层面的人文教育意义：一是对语文学

习以及由此衍生出来的对相关人文课程学习兴趣的启发；二是对汉语言本身的敏感性，也就是一开始就确立的对汉语言文字的感受力，以及由此而来的个体亲近汉语言与优雅地使用汉语言的能力；三是以语文学习所开启的美的教育与个体审美经验的培育，以及由此所孕育出来的个体的审美感与审美化的个体生命本身。鲁迅 1906 年发表的《文化偏至论》一文中提出"立人"的主题，"将生存两间，角逐列国事务，其首在立人，人立而后凡事举；若其道术，乃必尊个性而张精神"。如果说当年鲁迅是在立人与立国之间凸显立人主题的根本性，那么，站在今天人文教育的立场而言，我们就是要在立人还是成材（器）之间凸显立人作为人文教育的根本属性。基于立人属性的语文教育，就是要立人于终身兴趣发展之中，也就是立足个体语文学习兴趣发展来实施语文教育；立人于优美的汉语言文化之中，也就是立足于个体与汉语言本身的亲近，引领个体的汉语人生，来实施语文教育；立人于语文所开启的审美世界之中，也就是立足于个体的审美精神与人格的发展来实施语文教育。语文学习兴趣关涉儿童思维、情感、态度的培育，亲近汉语言关涉儿童语言、交际、文化世界的扩展，审美世界的开启关涉儿童价值精神的孕育。三者的出发点始终是人，是真实的儿童，是儿童世界的优雅开启与整体提升。

值得一提的是，我们凸显语文教育的审美功能，并不是否定语文教育的其他价值，而是强调审美的基础性与根本性，即语文首先是美的，是基于美的真和善，或者说美是主导性的，真和善是渗透性的，隐在而潜移默化的。换言之，我们就是要强调审美在个体发展中的基础性与根本性，人就是美的存在，人之为人的根本就是美的存在。以审美精神凸显个体自由，以平衡当下教育的急功近利以及这种功利化教育对自由个性的束缚。所谓立人的教育，首先就是立于美之中。有人提出，语文与美感有一种内在的关联。"内在"的意思，是本质上的、必然的、不可分的。语文课如果没有让学生感受和领悟文学的艺术美，那就从根本上消解了语文课的功能，仅仅变成了扫盲和识字课。文学的美不能狭隘地去的理解。都德的《最后一课》表达了对祖国的深沉热烈的爱。他用质朴的文字和巧妙的叙事方式，把这种伟大的感情表达出来，具有同类作品难以企及的感染力。这种美素朴却震撼人心。它之所以感动人，并不是只因为它的主题是爱国，更重要的是因为都德用质朴的文字和巧妙的叙事方式来传达深沉的爱国之情。苏联教育家克鲁普斯卡娅在谈到阅读课本时写道："一本有正确方向的读物，如果写得有艺术性，它的作用就会增加一百倍。"仅有恰当的主题并不足以成为一篇感人的艺术作品，更重要的是还需要用艺术的、审美的形式呈现出来，让作品切实地具有打动人心的力量。优良的语文教育同样需要发掘语文之美，显现语文之美，实践语文之美，这样的语文教育才足以打动人心。

二

　　我们究竟如何来充分彰显以"立人"为中心的语文学科之人文教育品格？以自由陶冶为中心，回到孩子与文本之间的生动联系以及基于这种联结的鲜活创造。所谓教育即回忆，人文教育的中心就是引导个体在接近、分享优秀人类文化经典的过程中，如何引导个体恢复并保持蕴含在人类文化经典中的高贵记忆，引导个体上升到人类精神的共通性，以获得自我在世的尊严与价值感。人文教育的根本路径乃是立足个体，启发个体内心的自主意识，成就个体心灵的自由，并转化成个体生命的生动实践。这意味着我们必须从根本上思考我们今日的以语文教育为中心的人文教育体系与制度，这里主要涉及四个方面的问题。

一是文本的选择，也就是教材编写与教学内容安排。优良的人文教育乃是建立在优良的人文资源之上，优秀的蕴含着充足人文理念与价值的文本可谓优良人文教育的基础，甚至是根本所在。文本选择主要是两大标准，即文学标准，也就是美的标准；儿童标准，也就是体现儿童的趣味与理解力。优美而充实，富于生活气息而充满童趣，这就是优秀语文文本的基本特征。文本选择涉及文化传承的问题。传承民族优秀文化传统，这是无可厚非的主题，问题在于，我们究竟为什么要传承？传承什么？如何传承？这三个基本问题中，核心的问题是为什么？为了民族文化的传承本身？这当然是不可或缺的问题，但如果仅仅是为了传承传统文化而传承传统文化，我们依然是工具性的思考方式，是基于宏大主题的文本选择方式。我们的文化传承中必须有人，或者说文化传承的根本着眼点乃是人的发展。换言之，我们今日优秀民族文化传承，乃至一切人文教育的根本着眼点，是要培养富于人文素养的自由而健全的人。在这方面，首先是民国时期，蔡元培、叶圣陶、丰子恺等老一辈教育家做出了杰出的尝试，他们编写的小学语文教材简洁、优美、充满生活气息、富于童趣，可以为我们提供重要的参照；其次是以钱理群为主的一群语文学者编写的《新语文读本》做出了十分可贵的探索，他们的文本选择立意高远，视野开阔，较好地体现了文本自身的优美、有内涵和儿童立场的融合。我们的中小学教材，尤其是小学语文教材，应该把那种无文采、无真实内涵、又无童趣的文章毫不留情地去除，以避免小学语文教材中容易出现的"经典的缺失"、"儿童视角的缺失"、"快乐的缺失"、"事实的缺失"①等问题。正如柏拉图在《理想国》卷3中所言："我们必须寻找一些艺人巨匠，用其大才美德，开辟一条道路，使我们的年轻人由此而进，如入健康之乡；眼睛所看到的，耳朵所听到的，艺术作品随处都是；使他们如沐春风，潜移默化，不知不觉之间受到熏陶，从童年时，就和优美、理智融合为一。对于他们，这可说是最好的教育。"小学阶段的语文教育需要慎之又慎，其内容应该紧紧围绕以美立人的主题而精心、慎重地选择。

二是教学方式的安排。有了好的内容体系，还需要好的教学体系，应试的教学模式会极大地弱化、甚至彻底消解人文教育载体的人文教育功能。以自主体验、独立思考、自由陶冶为中心的开放性的人文教学体系，可谓优良人文教育的关键所在。夸美纽斯在《大教学论》中有一个精彩的比喻："我们从自学者的例子中最能看清楚，一个人在自然的领导下能够钻研有关万物的知识。好些人通过自己教育自己，或如柏那德（Bernard）所说的，把橡树和山毛榉当成老师，获得了很大的进步，较之受过导师令人厌

---

① 2009年年初，浙江绍兴稽山中学蔡朝阳等发表研究报告，在研究人民教育出版社、北京师范大学出版社、江苏教育出版社三个版本的小学语文教科书的基础上，认为小学语文教材存在"四大缺失"，即经典的缺失、儿童视角的缺失、快乐的缺失和事实的缺失。参见邓康延、梁罗兴等编著：《盗火者：中国教育革命静悄悄》，新星出版社，2014。

倦的教导的人的进步还要大。这岂不是告诉我们，万物确乎都已存在人的身上；灯、油、火绒以及一切用具都已具备，只消他善于擦出火星，着上火，点好灯，他便立刻能够看见，能够充分享受上帝的智慧在他身上和时间的稀有珍藏；这就是说，他能够领略整个造物的安排了。倘若内心的灯没有点燃，只有奇思异想的火炬在身外旋绕，结果便如一个关在黑暗的土牢里的人身外有火光旋绕一样；光线确乎可以透进罅隙，但是全部光亮并不能够进去。"夸美纽斯在这里提示我们，人文教育的根本就是如何点燃个体的内心，让个体从自我被激活的心灵出发，去领略世界的和谐与秩序，反过来促成自我心灵世界的和谐与秩序。语文教学必须以儿童与文本的联系为中心，引导学生转向文本，而非把语文知识粗糙地灌输到个体身上。这里的中心问题就是，我们不是为了学习字词句段以及篇章结构而学习语文，而是为了更充分地进入文本而学习字词句段以及篇章结构。"只见树木，不见森林"，这是当下语文教学的通病所在。回到文本、回到文本与儿童的联系，这是语文教学的要旨所在。即使是孩子，同样有直接面对文本、理解文本的能力，进入文本的可能性，儿童也具有。以诵读为中心的古典语文教学，一个重要的优点就是保持了个体与文本之间的直接联系，使得个体进入文本成为可能。以导学案为依据、以小组学习为载体的"杜郎口"教学模式正在成为国内风行一时的课堂教学改革模式，这种模式的优点就是较好地凸显了学生在课堂学习中的参与意识与参与能力，但其中的问题同样明显：一是弱化了教师的文本理解对教学的参与，教学过程中缺少师生对话的充分融入，从而在一定程度上弱化了教学因为教师的充分介入而产生的必要高度，真正的教育乃是代与代之间生命精神的传递，缺少了教师生命的融入，教学就被简化成了基于作坊式的知识点之间的起承转换，而缺少了生命精神的高度；二是这种以导学案为基础的分步、分小组、分门别类的训练方式，弱化了学生个体面对文本整体的可能性，换言之，这种教学模式将进一步强化了语文教学的碎片化。传统以教师为中心的语文教学模式固然需要改进，但这种改进绝不是简单地把学习的主体还给学生了事，我们还需要进一步关心，我们究竟期待学生在语文学习中，或者说在与文本的关联中，成为什么样的主体，学生究竟应该如何面对文本？优美语文文本的人文教育意义不仅在于文本给予个体的语文工具性示范，更在于个体置身其中获得的优美人文体验以及这种体验带来的个体生命状态的提升。不仅如此，更重要的是通过多样化的教学形式，比如，制作、表演等，引导文本进入个体生活世界，唤起、激励个体在自我世界中优雅的活动方式与创造实践。孩子总是在各自的人文性活动与创造中显现自身的人文性存在。这种活动中的个体也在此时此刻达到自我的充实、完满状态，也即艺术的诗意的生存状态。从个体活动形式而言，人文教育就是以知识技能为基础，以个体想象力与动手能力为支撑，在创造性活动中表达个体对美善事物的追求，显现个体生命的活力。基于人文教育理念的语文教学就是要最大程度激活人的身心，以优美的人文体验激励个体身心的和谐发展与个体的创造性，也即让孩子们的生活变得有文的内涵与风采，又有儿童生命的趣味，或者说，让孩子们活在个体成人之美中，活出自我成人之美来。

三是评价体系的变革。合理的评价体系与制度乃是优良人文教育实践的重要保障。这里的首要问题就是要彻底反思语文标准化考试。评价是一种重要的导向，我们必须在语文考试制度中尽可能充分地体现语文教育改革的要求，从高考开始，尽可能减少标准化考试的内容，注重对学生的语文整体能力的考查，而不是技术性能力的检测。语文标准化考试引领下的语文学习，让青年学生有语文知识而无语文素养。当然，如果说高考保留适当的技术性能力检测内容尚有合理之处，那么，对小学阶段的语文教学评价，我们就应该力求杜绝。我们需要建立严格的制度，小学阶段禁止进行任何形式的标准化考试。如果改革更彻底，小学语文教育阶段，尤其是前三年，应该尽量减少考试，甚至避免知识识记为中心的考试，尽量让语文教学生活化、游戏化、审美化，以启迪、孕育孩子们的语文兴趣，让孩子们在个体成人的初始性阶段尽可能自由而充分地为语文之美、人文之美所浸润。

四是语文师资的培养。优良的教师是人文教育实践的根本，只有当人文课程的教师具备宽广的人文视野与深厚的人文素养，以及以这种素养为支持的人文课程教育教学理念，才足以实践具有充分人文意蕴的人文教育。我们的教师教育体系应该由专科型的教师教育模式逐渐转向基于人文通识教育之上的教师教育模式。这里涉及当前中小学语文学科教师专业发展模式改进，即我们需要具有充足人文视野的教学研修、教师培训与教师自我发展的理念与模式。同时还涉及我们的高等师范院校语文教师培养模式，那种工具化的语文教师培养模式必须引起足够的重视，专科性的语文教师培养模式必须转向学科专业与通识相融合的语文教师培养模式，一方面，加强语文素养和其他人文学科综合素养；另一方面，加强儿童心理与教育理论素养，切实增进儿童理解，培育儿童立场。缺少了具备足够人文素养的语文教师，是不可能实践出以人文素养为主导性目标的语文教学，也不可能培育出具备良好人文底蕴的青少年儿童。

<h2 style="text-align:center">三</h2>

　　语文教育之人文教育意义的弱化不仅仅来源于语文教育自身，同样跟整体教育体制有着不可分割的关系。"我们的教育越来越像洗衣机里飞速旋转的滚筒，把每个人像衣服般卷入其中，也把我们对教育的各种看似不切实际的人文想象统统甩掉，使我们今天的教育越来越多地成为干净整齐、千篇一律地适应竞争和讲求效率的教育工厂。"所谓"两眼一睁，学到熄灯"，河北衡水中学一毕业生这样描述学校生活："不能退步，不能生病，不能顶撞，不能心情不好，不能慢，不能笑，不能和同学说太多话，不能走神，不能咬笔，不能总跑厕所，不能啊都不能……"我们今天日渐精致的应试教育体制在成功地把一拨一拨学生送进大学的门槛之时，也让这群孩子在人生的浪漫阶段除去了所有不切实际的人文想象，变身为应试的机器，以换取高考的成功。一个人在成长最关键时期的人文敏感性发展的丧失，直接的后果就是极大地削弱了大学及以后深度学习的可能性。在这样的教育背景之中，作为中小学人文教育之基础的语文教育就根本不可能有着人文教育的功能，充其量也只能是人文知识的灌输。不仅如此，应试教育体制还导致中学教育的高度同质化以及由此导致的社会精

英成长的高度同质化，一个优良的社会无疑是由无数追求卓越而又各具个性的人才构成，社会精英的高度同质化将导致个性的匮乏与创造力的衰微。在这个意义上，我们对应试教育带来的危害还缺乏足够的认识，我们的应试教育体制本身就是与人文理念背道而驰的。这意味着开放的办学体制本身就具有重要的人文教育意义，单一的办学体制本身不利于人文教育的深化。20世纪80年代以来初中起点的中等师范教育，实际上是在高中应试教育之外提供了另外一种个体成长的路径，除了中师培养出来的农村中小学师资外，对中国教育的一个重要意义就是提供了个体成人的不同样式。换言之，它的存在本身就具有人文教育意义。

一个民族，其人文素养的提升有赖于整体社会空间的合力，合宜的制度、对知识的尊重、公正的秩序，学习化的社会是提升民族人文素养的重要社会基础，注重人文涵养的家庭教育、学校教育则是提升民族人文素养的关键所在。社会体制对人文素质发展具有基础性的制约作用，但反过来教育应该具有相对独立性，我们需要在彰显教育的人文意义的同时，体现教育对社会发展的引领作用。这其中，最关键的有三个方面，即年少阶段的家庭教育、中小学语文教育与大学通识教育。家庭教育重在亲子阅读，尤其是亲子共读，自幼开始培养个体良好的阅读兴趣与人文意向；中小学教育重在语文教育以及以语文教育为基础向着文学、历史、哲学、艺术等学科的进一步扩展，以提升个体的人文感受力与人文思考能力；大学教育重在人文通识教育的深化，以超越大学的过度专业化与职业化倾向，促成个体人文素养的全面深化与整体提升。小学语文教育的人文意义，就是以审美为中心，培养个体积极的人文体验，从小形成的人文化生命体验对于培育个体的人文趣味有着奠基性意义。家庭阅读重在以个性化阅读选择与亲子共读的方式，来培养个体的人文阅读兴趣，以补充学校人文教育的不足。人文素养深度提升的关键在于大学，在于大学人文通识教育。大学人文通识教育的目的是以开阔的大学人文课程体系来启迪人的人文理性，在对世界之整全性的理解与追求中带出自我存在的整全。值得一提的是，家庭教育的改善仰赖受过良好教育的成年人，而大学通识教育同样跟个体低龄阶段人文敏感性的培育密不可分。综合比较，在目前的条件下，对一个人的语言、阅读、审美起着意向开启作用的小学语文教育更具重要意义。

　　这意味着我们或许需要重启以语文教育为中心的人文教育改革，全社会都来关注语文教育、重视语文教育，特别是重视以"立人"为中心的语文教育。围绕"立人"这个主题，积极拓展语文教育的视野，鼓励多样化的语文文本选择；建立小学、中学、大学多层次的、各有侧重的、立体的语文教育体系，促成大、中、小学人文教育的一体化；建立开放的语文教材编写制度，从国家层面扶植民间语文编写，遴选优秀民间语文教材进入学校；加强教辅读物的管理，避免粗制滥造的教辅读物进入课堂；拓展语文学习方式，鼓励多样化的语文教学方式；倡导家庭阅读，积极推荐社会阅读，增进社会空间阅读氛围。语文教育作为人文教育实践的基础形式，也是最重要的形式，不仅事关民族身份认同与个性彰显，更重要的是，它关乎我们每个人的生命品质。

体育作为生命的艺术

葛菲与顾俊是人们耳熟能详的杰出羽毛球运动员。她们的女双配对，所向无敌。自 1996 年 3 月至 1999 年，她们在国际比赛中从未输过一场，连胜的场数达到 100 场左右。虽然说每个人的特长和球风都不一样，但葛菲与顾俊两人实在是相当全面和优秀，特别是她们那种默契的配合令人叹为观止，可以说葛菲和顾俊开创的时代令后人难以逾越。但令人难以想象的是，这号称"东方不败"的拍档，虽然场上共同训练了十几年，但在场外却私交甚少。2004 年 12 月 1 日，已经退役 3 年，现任南京体育学院训练处副处长的葛菲在江苏卫视某节目录制过程中，向人们敞开了心扉，透露出了王牌搭档的"秘诀"。

原来，不论在国内，还是在国外，葛菲与顾俊从不住在一起。这是教练特地为她们安排的，唯恐她们相处过密，发生矛盾，并把这种矛盾带到球场上。一方面，葛菲和顾俊在生活中几乎没有交往；另一方面，两人在比赛场上却是战无不胜，公认的超级黄金组合。这两方面，看似不可理解，实则是一因一果。就是因为生活中很少来往，所以没有了"两个女孩儿在一起难免发生的矛盾"，不会影响到比赛，所以珠联璧合，锐不可当。生活中"冷"，赛场上"热"，冷热相伴，此消彼长，这就是她们成功的秘诀。

在《读者》上读到这则逸事，我的心中涌出一阵莫名的悲哀。原来我们的冠军竟是这样炼成的，秉承着成功就是一切的原则，把人当成了机器。我当时的心境就是为中国体育感到一丝悲哀，我们对体育精神的理解完全背道而驰。进入世界体育大家庭也已经有这么多年了，到如今，现代体育精神还是如此水准。如果体育带来的是人与人之间的阻隔，那么，即使获得金牌、打遍天下无敌手又怎样呢？因为我们首先就把自己打倒了，打到了"非人"的那一边。依我而言，这样发展下去的中国体育，几年后在金牌数量上肯定可以成为一个体育大国，但在体育精神、体育人格上依然难以到达较高的高度。

体育首先是一种人的游戏，一种人性的游戏。体育竞技场就是一个生命大放光彩的地方，是展现人性的丰富、美好、健康、和谐的地方，是在现实的人间建构生命与人性的美好天堂。换言之，体育的本质与灵魂乃是成全生命、美化人性，昭示生命的力与美。体育最直接的就是人类生命体的实践活动，通过身体竞技来展示发达的身体、健全的心灵以及身心的和谐。体育本身就是生活，就是人类生命实践的一部分。当我们把体育与生活人为的隔离开来，我们获得的是空洞的荣耀，失去的是生命的真谛。

作为完整的体育人，其在运动过程中的投入除了力量、速度、技巧，还需要或者说更需要生命的激情。体育作为艺术，正在于它呈现了一种激情、优雅、活力的人类生命存在样式。正是运动员的技术技巧伴随着运动员的激情四溢，才使得体育运动成为生命的艺术化的实践，体育上升到艺术的高度。运动员在运动过程中的激情投入如何？只有当生命与运动自然合一，运动员才真正可能把生命的激情自然地挥洒到当下的运动之中，并从中感受到体育带来的生命欢娱。运动需要激情，激情需要对过程的享受，只有真正享受体育的人才可能把生命的激情完全而自然地投入进去。

一位杰出的运动员，如罗纳尔迪尼奥，一个杰出的运动团队，如巴西、阿根廷足球队，他们带给人们的之所以是享受，因为他们在球场上展现的不仅仅是高人一筹的技术，更是一种生命的灵动，激情、灵光四射、创造性的随意挥洒，让人感觉到的正是生命的热情洋溢与蓬勃欢快。我们的足球运动员在关键时刻通常就表现得呆板、机械、过于紧张，很难看到生命欢娱的影子。运动员的创造性不仅来自高超的技术准备，还来自随意、自由的心境。只有能愉快、轻松地享受运动过程，才可能随意、自然地挥洒生命的创造品格。当米卢教练带给国人快乐足球的理念时，又有几人能明了其中的奥义？他不仅是在传达一种足球理念，更是在传递一种文化，一种生命的品格。当外在的名誉、荣耀、权力，成为生命与体育运动之间的遮蔽，竞技场就不再是生命的激情表演场，而是名誉和利益的冰冷战场。成则王败则寇，我们依然栖居在古老的生存法则之中，当生命承负着太多不该承负的东西，生命的激情、创造、灵气便隐而不现。

运动员首先是人，是这个世界之中的一个个鲜活的生命个体。他们是以独立个人的名义活在这个充满竞争的世界之中。他们不是金牌的机器，不是实现某种荣耀的工具，当然这绝不是说他们不要去力争金牌，而是他们首先是以人的身份去赢得金牌和荣誉，同时展现体育人积极美好的生命姿态。当他们连对自身存在的基本关切都无法把握，他们的人性实际上是处于高度挤压之中，他们的生命空间就十分狭窄，精神气度除了显明某种不服输、敢于拼搏的精神，作为体育明星所展现出来的人性魅力是十分有限的。体操向来是我国的强项，但我许多时候都有一种感觉，我们让那些瘦小的女孩去跟霍尔金娜她们比赛，简直残酷。霍尔金娜不止是漂亮，她的从容、自信、优雅、大气，让人真正感受到体操运动的美，与她的胜败毫无关系。由于体育运动员在运动生涯中获得的个人发展的局限性十分明显，他们退出赛场、走上社会后，除了以教练、体育官员的身份继续传递他们所接受的体育理念、体育文化外，他们对公众、对公共事物的影响是十分有限的，甚至可以说尚付阙如。

我们来看一下世界著名运动员的气度。在 2006 年世界杯的开幕式上，主办方别开生面地举行了一个"世界杯冠军入场式"。令人意外的是，当历届世界杯冠军队成员携手步入球场时，人们没有在阿根廷的队列中发现一代传奇巨星马拉多纳的身影。在开幕式结束后，马拉多纳表示，他本来就不想参加世界杯的开幕式，不想参加这样的游行队伍。这位率领阿根廷队夺得 1986 年世界杯的球王曾经告诉国际足联，他会来到慕尼黑，加入揭幕战前世界杯冠军成员巡游的行列。可是，虽然马拉多纳出现在安联球场，最终却没有走到冠军球员的队伍中来。马拉多纳告诉记者："我来到这里，不是为了见贝利或是贝肯鲍尔这些人，我只是想独自享受世界杯美妙的足球氛围。"他拒绝参加的一个重要原因就是，因为世界杯昂贵的票价实际上先在性地剥夺了穷人看球的资格。

马拉多纳自从退出球场之后，拒绝充当金钱足球的玩偶，也不做国家统治意志的权力符号，更不想做大众娱乐的玩偶，而是保持了对足球的运动的纯洁与尊严。反抗无耻媒体的炒作，他提倡为穷人踢球，为穷人的自由尊严与穷困募捐，他几次拒绝参加世界杯开幕式，他抵抗商业强权对足球本身的腐化。这就是马拉多纳，一个杰出的运动员。我们可曾看见他在与潮流的对抗中似醒非醒、似醉非醉的生命姿态？我们的体育是否孕育了或者说有这种意向来孕育这样的体育胸怀？我们的运动员除了在金牌的追逐中为国人争光，是否还有一点别样的情怀？

体育首先存在于我们的心中。体育首先是一种心性，体育的精神乃是一种心性的表达。心性品格就决定了体育的品格。正因为如此，体育运动的发展从根本而言，就是要培育一种良好的心性品质。唯有如此，优秀的体育人才会源源不断地涌现出来。为什么跟世界著名运动员相比，我们的体育明星缺少了深厚的精神气度，因为我们运动员的运动生涯并不是一个积极发育个人精神气度的过程，而恰恰是他们的精神气度被窄化、矮化、均一化的过程。自从一步步以体育职业人的身份走向赛场，他们就在一步步走向精神窄狭的轨道，走向工具人的生存状态。中国体育究其基本理念而言，一个重要的缺陷就是体育的过于功利化、工具化，体育被过多地当成为国争光的工具，反而忽视了体育的根本目标，即提供一种全体国民积极健康的生命存在样式的引导与拓展，孕育和谐美好的人性。与此相关，我们的体育制度，特别是运动员培养制度，一个根本的问题就是在体育文化十分浅薄、体育精神十分稀缺的背景下过早地让运动员专业化，阻碍了运动员对体育精神的理解，使体育运动过早地成为了一门职业，而不是生命的艺术。

我们的民族为什么没有乔丹，这位篮球精神的象征？没有马拉多纳，这个足球王国的宠儿？一代代的国内体育明星，我们记住的是他们的运动功绩，是他们在运动生涯中的辉煌战绩，却几乎看不到他们对体育的理解，他们一生的努力除了充当现存体育理念的注解，其中又有几人拓展、丰富、提升了我们民族的体育精神与体育意识？如果一代代体育明星的成功只是要昭示世人，成功就是一切，那这样的金牌，我们需要吗？我们依仗人多力量大，但许多时候，社会的发展依赖的并不是人的多少。1000个平庸的"1"相加，其结果还是等于"1"，而不是1000。金牌再多，如果金牌的意义只是重复，如果1000枚金牌后的体育理念与意识和第1枚完全相同，那么1000枚金牌和1枚金牌，并没有本质的区别。常言道，三个臭皮匠，赛过诸葛亮，许多时候，特别是在关键时候，我们需要的是体育的大智慧。我们需要的不仅是能披金戴银的体育明星，更需要有体育大智慧的体育人。

体育明星是一个国家体育文化、体育精神的集中代表。什么样的体育土壤，孕育出什么样的体育明星。正因为如此，我们谈论体育明星并不是要任意褒贬他们，而是要反思我们的体育文化，反思我们的体育土壤。体育是我们整个社会的缩影，是大家看得见的公共场域，更深的是我们整个国民深层的生存姿态。其实，这种训练中表现出来的生存姿态的设定大抵就是国人目前最重要的一种生存法则，只要是能带来现实的成功，就是好的。我们完全服膺于现实生活的冰冷法则，看到的只有结果。对结果的过分强调，榨干了我们在运动过程之中的丰盈人性，让我们成为一个完全赤裸的功利人、工具人，运动员只是获取金牌的工具。

我们对运动员的期待与记忆就是他们得到的金牌、实现的大满贯，我们的竞技体育给社会带来的还有什么？

当然，我国体育如此重视竞技体育，在竞技体育中又如此重视金牌，这中间一个重要的背景与支持，就是官本位的体育管理制度，是这种制度对片面体育政绩的追求。官本位的体育运作模式，看到的是一个个体育竞技的身体，是一个个潜在的能带来名誉的、能干的肉体，而不是一个个的"人"。正是这种官本位的体育管理模式，制作出一代代的能干而听话的夺金牌的身体。当然他们是明星，他们是活生生的个人，但我们的体育所需要的、所看重的更多的是他们的肉身，而不是他们的灵魂，所需要的灵魂也只是其中那能支撑他们夺冠的"拼搏精神"。

记得多年前斯纳普拉做中国足球队主教练的时候，说过一句话，说中国足球什么也不缺，就是"缺德"。其实我理解他所说的"德"并不是指道德，而是指一种体育的精神，对体育核心理念的理解与追求。二十余年过去了，我们今天的足球有"德"了吗？今天的体育有"德"了吗？也许，经济实力和体育发展，已经逼迫我们到了需要认真反省的时候了。我们的体育最需要的不是金牌，而是体育的文化与意识，良好的体育理念与体育制度，需要的是全体社会成员的体育意识与对体育活动自然而热情的参与。以金牌为重，那是舍本逐末；从金牌而求得体育文化的繁荣与体育大国的确立，那是缘木求鱼。

当体育完全异化为金牌、名誉的工具，体育就完全背离了作为生命实践的艺术。投入那么多的资金，换来的除了干巴巴的金牌，我们究竟从自家的体育竞技中得到了多少欢乐，展现了多少体育情操，领略了多少体育的魅力，繁荣了多少体育的文化，提升了国民多少体育意识与体育趣味，带来了国人怎样生命姿态的转变，这难道不是一个问题？

我们如何期待教育

近年来，教育越来越多地成了众人的关切点。不管怎样，这都是一件令人高兴的事情。细细思考，当前的关切以批判为主，教育问题成了众矢之的，好像谁都可以大骂几句。有些批判甚至是危言耸听，俨然作者就成了审判当代中国教育问题的"大法官"。在这种关切中，还有一种主导的倾向，那就是把当前的教育问题归结于老师，甚至北大改革的主事者都相信"一流的学生，二流的教师"，教师的问题是北大走向国际一流不得不先行改革的障碍。

我在这里不是为现成教育问题辩护，更不是为教师推脱责任，而是除了责骂，我们是不是还应该做点别的什么，比如，反思一下我们自己？鲁迅先生在《狂人日记》中发现了"吃人"的历史，也发现了弱势者之于"被吃"和"吃人"并存的双重命运。当教育问题变成人所共诛的时候，难道我们不应对着镜子照照我们自己吗？教育的问题果真如此吗？当我们把对教育的归咎简化为对教师的归咎，是否遮蔽了当前教育的深层问题？

教育问题难道不跟每个人息息相关吗？我们是否有意无意地在给应试教育的弊端添油加醋？我们难道不是现存不合理教育的共谋？打开电视，从各种炒作到各色广告，我们给孩子、给家长、给社会打造出来的是一种什么样的成功幻象呢？高考状元、名牌大学、出国、热门专业……商业与传媒的结合，实际上在很大程度上决定了多数社会成员的教育想象，他们除了把孩子按照社会所提供的教育想象去塑造的同时，也没少把钞票投进商人的口袋。在一个心急火燎地、接连不断地制造出来的各种成功幻象的时代中，作为弱势者，被动者的教师学生们，除了积极应对，还能做些什么呢？

生活中的无意识，把我们的"老底"一览无余地揭露出来。回到家乡或者见到熟人的小孩，我们自觉不自觉的问题方式就是"成绩好吗"、"考了一百分没有啊"、"得了三好学生没"……我们是否也想过要在我们的日常生活中坚持我们的先进教育理念呢？我们反对应试教育，但当我们自己的孩子面临升学的考验时，我们同样服服帖帖地表现为应试教育的忠诚守护者。在一个均等的教育机会远不能得到保障的社会里，适者生存的竞争法则，从很小就摆在受教育者的面前，任何对于教育的美好人文期待，都在现实残酷的竞争法则面前变得软弱乏力。

我们对应试教育痛心疾首，可是一旦接触到实际的学校，特别是高级中学，就能感受到那种无处不在的、甚至让人有些透不过气来的升学压力。从理论上讲，应试与素质教育并不矛盾，成功的素质教育，其学生的应试能力也不会差到哪里去，甚至可能会更好。但关键的问题在于：其一，应试的问题无法回避，其二，目前的教师，不论是教育教学经验，还是技能技巧，大都是应试教育传承下来的。一旦一分两分可能关系到一个人一生的命运时，家长、社会对教育的期望就成了只能成功不能失败的教育改革难以承受之重。换言之，学校的任何改革都只能是完善应试机制基础上的素质教育，而不能是"冒"应试偏差之"大不韪"。这使得无论采用怎样时髦的口号，新的教育理念，其结果都很难避免"明修栈道，暗度陈仓"、"东边日出西边雨，道是无晴却有晴"的局面。

　　我毫不怀疑，教育的问题与一线教师有着直接的关系，现实教育问题的根本出路最终要落实到教师的行动上，教师创造性的发挥、教师的教育理念和教育水平，直接关系到教育质量的高低。但进一步的问题是，什么在妨碍着教师的创造性的发挥呢？我们期待教师成为研究型的、自主型的、创造型的教师，但在社会日益走向职业化的今天，连教师专业自主权的问题都远没有进入我们的视野，教师在很大程度上是作为被决定者，从考试制度到教师管理、评价、晋升体制，其职业行为的自主空间相当狭窄的，这使得我国的教师资格证书在某种意义上毫无价值，因为它根本就不足以作为教师进入专业领域自主教学的凭据。我们在谴责教师水平欠缺的同时，是否给了他们有效的时间、空间，使他们真正地去提高自身的素养，提高教育教学与教研水平呢？即使是在沸沸扬扬的课程改革当中，其本意是要提高教师的自主权，呼唤教师的创造性，但在改革推进过程中，一线教师始终只是作为被动的新课程理念的接受者，改革者们并没有有效地唤起他们自主创造的内在需要，而更多的是以专家的姿态，以"新理念"的名义，灌输给教师。实际上我们的改革也还远不是从深层解放教师的创造性的改革。

　　国内外经验告诉我们，任何一次课程改革，如果没有大多数教师的积极参与和支持，是无法取得成功的。这意味着改革者们应该更多地理解、尊重教师，理解、尊重教师已有的理念与行为方式，理解教师的生存境遇，不把问题和矛盾转嫁或集中到教师身上，不把现实教育教学实践的弊端完全归结于教师的理念与实践，从而尽可能地赢得教师们的理解、支持、主动参与。任何一次教育教学改革都不可能是空穴来风，也不可能无中生有。教育教学改革既是对原有教育教学实践的批判，也是对教育教学实践中涌现出来的优秀经验的借鉴和升华。教师已有的观念和行为应得到理解和尊重。如果只是对教师提要求，耳提面命，把教师作为现成新理念的执行者，用强制的统一要求来代替教师的个体参与性理解与实践，甚至把教师纯然看做是改革的对象，要想获得教师的深入理解和支持是很困难的。

正因为把教育的问题归咎于学校教育自身的问题，教育改革的思路也就始终是一种教育内改革，即把基础教育的问题纯然看成是具体的基础教育教学本身的问题，只要把教师教育观念、教育水平提高了，把课程改好了，教育改革就算大功告成了。这样，整体性的基础教育改革就不自觉地等同于基础教育课程改革，企求以新的源自欧美的课程理念来改造我们的课程、改造目前的教师，书店里成堆的课程改革理论书籍，成为一线教师"捐弃前嫌"，重新做教师的"基本依据"，当前教育问题的深层根源就成了被遮蔽的对象。当北京大学改革把作为大学教育活动直接承载者的教师作为问题之根本与改革先行开刀的对象，其思路实际上与国家基础教育改革的思路如出一辙。由于既缺少一线教师的内在需要作为内源性动力，同时又缺少相应的外在体制、制度改革的保障，这使得我们的教育改革总是存在忽热忽冷的现象。

1917 年 4 月 9 日，胡适就其《文学改良刍议》一文发表致信陈独秀："（文学改良）此事之是非，非一朝一夕所能定，亦非一二人所能定。甚愿国中人能平心静气与吾辈同力研究此问题！讨论既熟，是非自明。吾辈已张革命之旗，虽不容退缩，然亦决不敢以吾辈所主张为必是而不容他人之匡正也。"陈独秀的回答是："改良文学之声，已起于国中，赞成反对者各居其半。鄙意容纳异议，自由讨论，固为学术发达之原则；独至改良中国文学，当以白话文学为正宗之说，其是非甚明，必不容反对者有讨论之余地，必以吾辈所主张者为绝对之是，而不容他人之匡正也。"这种"必不容反对者有讨论之余地"的"绝对之是"的改革姿态，对文言文到白话文的改革无疑起了十分重要的作用，但民众的启蒙却远没有达到相应的高度，甚至进一步应验了鲁迅所说的"倘以欺瞒的心，用欺瞒的嘴，则无论说 A 和 O，或 Y 和 Z，一样是虚假的"。

今天的教育改革，需要的也许正是全体教师乃至全社会的教育意识的重新启蒙。问题在于，缺少教师和其他社会成员对教育理念问题、对当前教育问题的积极讨论、参与，单以情绪化的批判，或者以先行正确的真理姿态来将他人的理念与实践模式强加于现实，要想从根本上推进社会整体教育智识的稳步提升，是十分困难的。更何况，还很难说改革主事者们所设计的理念就一定是很好的。苟如此，我们或许应该多一点点耐心，多一点点时间与空间，畅通言路，上下交流，相互理解，相互尊重，热情与理智结合，批判与反思并举，提高我们每个人的教育智识，稳步推进相关体制与制度的改进。

学校理念：现代学校的灵魂

苏霍姆林斯基曾在帕夫雷什中学的入口处留下校训：你们到这里来的唯一目的就是学会过有目的的生活。美国亚特兰大城附近多尔顿小镇的布鲁克伍德小学的校长汤姆·巴特勒曾说："在我们学校，每一个孩子都是独立的个体，是高贵和有价值的人。我们力争在我们的教学内容中反映这一理想。我们试图提供一种十分适合孩子的环境，在这里孩子受到尊重，从而取得良好的成绩。"四川都江堰东郊一所叫蒲阳中心小学的简朴的墙上写着："让我们的孩子知道什么是幸福，并懂得如何追求幸福。"不能说这些话语中所折射出来的学校理念是否真正能落实在各自的学校生活实践中，但至少表明，从苏霍姆林斯基到汤姆·巴特勒，到那所简单的小学办学者，他们心中都有着对自己如何办学的一种美好的期盼，并且或多或少，心中有着一种力量，指引着他们将其教育理想付诸学校生活实践。

学校理念一般简单而明了，但却涉及对学校存在的最重要问题的回答。学校理念表明的是一所学校存在的最根本、最重要的理由，是学校人对："为什么要有学校，老师和学生为什么来到学校？学校存在的核心或者说本质是什么？学校人究竟应该以何种方式在学校中出场或者说生存？学校区别于其他社会活动场所的根本标志是什么？"这些基本问题的回答，使得学校理念成为学校人一切活动的指南针，并直接成为学校管理、教师教学、学生学习等学校活动的准绳。它实际上涵括一所学校校长的办学理念和管理理念，学校教师的教育教学理念，学生的学习发展理念以及校长与教师之间的交往、师生之间的交往、生生之间的交往理念在内的一切学校活动的内在要求，贯穿于整个学校生活实践。一所学校是否成熟，是否现代化，要看它是否有相对成熟的学校理念，这是最重要的检验标尺。学校理念是作为实体的学校存在的核心与灵魂。

学校理念并不是简单地从某处借鉴而来，不是简单地靠校长拍一拍脑袋得来的奇思妙想，它来自学校人的探索、实践、积累、提炼，是学校人积极互动、共同尝试的产物，它是学校人集体积极自主的、创造性的教育生活的结晶。一旦形成，成熟的学校理念就成了整合学校内部不同机构、不同成员、不同阶段的黏合剂。正因为如此，一所学校的理念不仅写在墙上，而且挂在学校师生的嘴上，获得全体学校人的认同；不仅挂在学校人的嘴上，更实实在在地落实在全体学校人的生命实践之中，成为学校人学校生活、教师教的生活和学生学的生活的内在精神。

现代的学校理念应该是开放的、多样的、个性的，但多样化的学校理念中渗透着基本的精神：一所现代学校的学校理念应当充分体现对人的尊重，师生彼此之间的信赖与期待，引领学校生活成为师生生命积极舒展、张扬的空间，从而使学校成为以育人为核心，以人的全面发展、以个体人格的生成与完善为基本指向的场所，使学校成为有内在灵魂的精神场域。当以尊严、自由、幸福等为基本价值要素的学校理念深深地融入学校人的生活习惯之中，它就成为学校人存在方式的表征。

以审美趣味对抗坚硬的现实

傍晚，我在涞湾镇的一家小粉店里吃米粉。对面一个小女孩，跟她爸爸一起坐着。

小女孩应该是很乖的那种，一直没出声，认真地吃着，脸上没有什么表情。看着她爸爸在旁边打电话，我就开始试着和她聊几句。她的袖子上有少先队的一黄杠，我就问她，那是什么意思。她说是小队长。我问她在哪里读书，她告诉我，在南门口文庙街小学。我问她，学校里好不好玩，她说好玩。

"你喜欢你们的老师吗?"

"都喜欢。"

"有没有最喜欢的老师。"

"语文老师。"

"为什么最喜欢他(她)呢?"

"他(她)对我们很严格，要求严格，对我们以后好。"

"他(她)是班主任吗?"

"是的。"

"你们老师中有没有喜欢开玩笑的?"

"有，我们音乐老师喜欢给我们猜谜语，讲笑话。"

"你现在几年级?"

"二年级。"

随着谈话的展开，小女孩的勃勃生气开始慢慢释放出来。她说了语文老师和音乐老师的姓，我没有听清楚。吃完后，我走了，跟她说了声再见，她连忙说，叔叔再见。

离开小女孩，我心里一直在琢磨，这么小的孩子，为什么就开始知道从未来好坏的标准来衡量老师的好坏。要求严格是否一定对未来好，这可以存而不论，因为他们只能接受由父母、老师传递给他们的现成的标准。问题在于，为什么我们的孩子，小小年纪就学会了以功利、实用法则，来替代游戏、审美和趣味的法则，并以之作为生活决断的依据。

为什么我们的孩子活得这么沉重？为什么我们的成人自身就活得这么不轻松？难道这本身就跟我们没有充分愉快的童年生活，从而给高质量的幸福人生奠定一个美好的心灵基础有关？当我们的心灵世界，自幼就被灌以成人世界的生存法则，我们的人生就被囚禁在我们自幼获得的心灵法则之中。从整体而言，我们是在作茧自缚，以现在缚住我们的未来；而从个体而言，则是我们在给我们的孩子们过早地"作茧"，以功利法则"缚"住他们年幼的心灵世界。

既然如此，如果我们真的是为孩子们的明天考虑，眼下最应该给他们的恰恰正是基于游戏、审美和趣味的法则，从而给他们即将遭遇的功利人生奠定生命的审美品格，让他们的生命空间丰盈而美好，而不是冰冷与僵硬，并以此来对抗坚硬的现实，首当其冲的，就是对抗他们在求学的道路上需要遭遇的应试现实。

我们当下的教育使命，其实是"解缚"，而不是"作茧"。正如九十年前的鲁迅在《我们现在怎样做父亲》中所言：

"先从觉醒的人开手，各自解放了自己的孩子。自己背着因袭的重担，肩住了黑暗的闸门，放他们到宽阔光明的地方去；此后幸福的度日，合理的做人。"

生命的偶在性与当代教育的指向

一日游泳回来，和建国聊起生命的偶然性的问题，说到两年前常德有个漂亮的女孩子，各方面条件都不错，家庭条件也很好，有次去游泳馆游泳，她不知道泳池里水放掉了许多，一头扎进去，头撞坏了，成了植物人。那游泳馆本来就是濒临倒闭，全部赔下来也无济于事。一个好女孩，转瞬之间被无端地改变了命运。由此而谈开，人的生命确实是偶然性的存在，一个意外就可以改变一个人的一生。实际上我们没有办法掌握未来，真正可以把握的，唯有当下。对未来的把握只能通过当下才有可能。正因如此，生命的价值与意义就只能通过当下才能真正实现，我们对未来的想象只是作为对当下生命的引导而照亮当下，增进当下生命的价值与意义。既然这样，教育的目的，教育所能做的，所应做的，就是有效地敞开人的当下生命卓越之路径，增进个体当下生命存在的丰盈。唯有个体当下生命是丰盈与卓越的，个体整个人生的丰盈与卓越才真正得以可能。唯有如此，茫茫宇宙间原本脆弱的我们才可能坦然地面对生命深处的偶然。

尽管没有形成文字，但这个主题一直留在我的脑海中。心中牵挂着这个主题是因为心中还牵挂着另一段来自异域的奥斯特洛夫斯基的穿越中学时光的话："人最宝贵的是生命。它给予我们只有一次。人的一生应当这样度过：当他回首往事时不因虚度年华而悔恨，也不因碌碌无为而羞耻。这样在他临死的时候就能够说：'我已把我整个的生命和全部精力都献给最壮丽的事业——

为人类的解放而斗争。'"

有次偶然翻到1949年版《钢铁是怎样炼成的》梅益先生的译文是这样的："人最宝贵的东西是生命。生命于我们只有一次。一个人的生命是应当这样度过的：当他回首往事时，他不因虚度年华而悔恨，也不因碌碌无为而羞耻——这样，他在临死时候，就能够说：'我整个的生命与精力，都已献给世界上最壮丽的事业——为人类的自由与解放而做的斗争。'"在这段话的后面还有几句："保尔感到了赶紧工作的迫切的欲求，因为唯有这样，他才能充分利用他的生命，这生命是随时都会因疾病或是什么悲惨的意外而突然结束的。"

后来又买了人民文学出版社新版的《钢铁是怎样炼成的》，还是梅益先生的译文，找到相应的段落，仔细比较，发现略有些改动："人最宝贵的是生命。生命每个人只有一次。人的一生应当这样度过：当回首往事的时候，他不会因为虚度年华而悔恨，也不因碌碌无为而羞愧；在临死的时候，他能够说：'我的整个生命和全部精力，都已献给了世界上最壮丽的事业——为人类的解放而斗争。'"后面的话译文差别有些微妙："人应当赶紧地、充分地生活，因为意外的疾病或悲惨的事故随时都可以突然结束他的生命。"

新的译文更流畅，也略显通俗，而老译文略带生涩，但读来更有韵味。把这两个版本加以比较，其中有两处微妙的差别，一是1949年版中间多了个"自由"，而新版把"自由"去掉了，更强调个人价值对整体的归依；二是新版后面的译文变动较大，老译文是强调面对生命的偶然性，需要赶紧投入工作之中，新译文则弱化了工作意味，而强调了生命，"要赶紧地、充分地生活"。译文的改动，其中暗含着某种时代的精神变迁，一是主导价值的进一步强化，二是世俗生活的大门已经悄然大开。

不管怎样，人的一生应当怎样度过，这是人生的基本问题，是一个永恒的问题，甚至可以说是人生问题的全部。面对人的存在的偶然性，赶紧地、充分地生活，乃是基本的应答，甚至是唯一的答案。"赶紧地生活"意味着生命的根本在于当下，只有抓住了当下，才是真实地拥有了生命。"充分地生活"则是一个复杂的问题，这涉及人的存在的精神脉象。敞开个体生命价值的路径究竟在何方？我愿意重新借用老译文中保尔的话，那就是"人类的自由与解放"，如果把人类的解放首先看成是每个人自身的自由与解放。

1919年司徒雷登就任燕京大学校长后不久即与同僚商谈校训的制定，当时同僚曾建议用耶稣所说的"人本来不是要受人的服侍而是要服侍人的"这句话。司徒雷登想起了弗吉尼亚大学正门上方的一句希腊文，"你们必须晓得真理，真理必叫你们得以自由"。由此，司徒雷登便把这两句耶稣的话结合起来，将燕京大学的校训概括为"因自由得真理而服务"。司徒雷登曾自豪地称："我所知道的大学校训没有哪一个曾对它的学生产生过如此重大而有力的影响。"1998年3月4日，1940年考入燕京的李慎之先生写信说："你引哈佛大学的校训中有'真'，我的母校燕京大学的校训是'因真理得自由而服务'，我以为是世界上最好的校训。"这句话的英文 Freedom through Truth for Service 更易于理解，那就是通过知识与真理的获致而通达个人自由，并把这种经知识教化而提升的自由用之于社会，服务于社会。

实际上，无论保尔的理想还是燕京大学的校训，其中都蕴含着相似的精神旨趣，只不过燕京大学的校训表达得更充分、明晰。人的解放必然是人性的解放，即把人性从动物性中解放出来，经由教化而提升人的自由，使得人的存在越来越多地超越于动物之上；同时人的解放内含着从个人狭隘与自私中解放出来，这意味着成熟的个人必然向他人与社会敞开，由个体性走向公共性。

这样，教育的生命路径就清晰地显现出来，即真正的教育正是积极有效地提升当下个体人性的境界，提升生命存在的层次，以教化来提升生命的自由与卓越，并引导个体走向他人与社会，走向公共生活，服务社会，以至人类。面对人的偶在性，当代教育的基本追求就是：充分地激活人的当下生命存在，把个人的存在引导到卓越，同时以普遍性与公共性敞开个人存在的真正个性，敞开个体生命价值充盈的空间。

恰恰当下的教育有一种忽视个体精神价值，至少是弱化个体精神价值发展的趋向。在一个生活过于世俗化的社会中，急于推进教育的生活化设计，可能招致的真正的危险，就是陷入柏拉图两千多年前所说的"猪的城邦"的教育，这是我们今天需要警惕的。人是需要理想来引导的，人必须超越事实的存在。"要追究一个人自己或一切生物生存的意义或目的，从客观的观点看来，我总觉得是愚蠢可笑的。可是每个人都有一些理想，这些理想决定着他的努力和判断的方向。就在这个意义上，我从来不把安逸和享乐看作生活目的本身——我把这种伦理基础叫做猪栏的理想。照亮我的道路，是善、美和真。"这是爱因斯坦《我的世界观》一文中的话，先哲的话令人深思，令人慎思。

为什么我们会如此平庸

今天的儿童发展正在过早地遭遇被技术化的危险。一个人很小的时候就被渗透在这种技术化的生命结构，过早地把生命空间用一种粗糙的缺少精神滋养的教育形式所充塞，这样的结果便是个体生命空间发育的整体萎缩。一个人的成长应该是终身性的，我们本应在年少时期充分地舒展人的精神和心智，提高对世界的敏感性，从而给人生的创造性发展提供基础。正是过早遭遇的技术化的教育形式，特别是高度体制化的应试的渗透，导致我们的人生发展很难避免平庸化。

杰出的大家，包括各行各业杰出的人物，无不在年少时打下良好的基础。这种基础实际上包括以下几个方面：(1)丰富的情感；(2)发达的想象；(3)对知识的兴趣。他们杰出的人生往往直接受益于年少时期与自然的广泛接触、对艺术的爱好、从小开始的广博阅读以及由此而形成的自由探究的习惯。从小就打开广博的心灵世界直接成为他们不平凡认识的基础。

丰富的情感无疑是人生发展最重要的推动力，自幼形成的对自然、对他人，对人世间的爱，是一个人创造性的最重要基础，同时还为我们的创造性提供一种方向的保障。这种深厚的、广博的爱始至自幼形成的个人与自然、他人与世界的丰富而生动的联系，只有当个人稚幼的生命开始有了一种与周遭世界共同存在的意向，一个人才有可能免于孤立的生存，而培育起对他人和世界的无比的爱。伟大的心灵总是与伟大的爱连在一起的，在某种意义上大学就是大爱。

发达的想象力乃是提升人生创造品格的羽翼。一个人的生命空间是通过想象力来拓展的，想象的边界实际上就是一个人存在的边界。个人在与自然、艺术接触以及在广泛的阅读中开启的这种发达的想象力，实际上拓宽了人生存的边界，当然也是创造的边界。这就是爱因斯坦说提出问题比解决问题更重要的原因，提出一个新的问题，本身即意味着我们的精神空间开出了新的疆域。想象力是创造性人生最重要的基础，无疑，从小就开始的与自然、文学艺术的亲密接触，是夯实这一基础最重要的途径。

自由探究与求知兴趣则是创造人生的根基。一个人的创造力与一个人的创造实践本身并不是同一的，一个创造潜力高的人并不一定现实的创造实践水平就高，杰出的创造实践依赖于持久的兴趣与专注。在人生历程中，一种兴趣的绵延，一种韧性的坚持，很显然只有年少时期就存在的这种强烈的兴趣、自幼萌发的探究欲望才是为人生奠定持久兴趣的一个重要因素。这种兴趣必须是发自天性的，只有发自天性的兴趣才可能是持久的。这就意味着持久的兴趣，必须是根植于人性的自然与自由之中。

反观现实世界，狭隘的知识训练以及个人主义的生活取向，正在一步步挤压教育中个体的心灵生活空间。技术化的教育对个人与自然接触以及文学艺术爱好的排斥，应试化的艺术教育模式，使我们早期的教育模式沾染上了一种浓烈的功利主义色彩。在一定程度上，受教育越多，心灵世界反而越狭窄，因为我们的教育将他们自由想象的空间都占据了，这进一步强化了个人自我世界的封闭。儿童在教育中过早遭遇的深度体制化，大大限制了儿童的自由，或者说削减了儿童发展与儿童天性中的自然与自由发展的内在连接，这直接导致个体人生中很难出现持久稳定的兴趣，以至于我们很难有一种为求知而求知、为探究而探究的生命姿态，缺少伟大创造所需要的持久和高度的专注。

这意味着我们的教育越来越多地用一时的、可见的成绩取代对人生整体成就的关注，用小爱取代大爱，用私己之爱挤占了对他人、世界的广博的爱。当一个人的心中盛装的只有自我，那么他（她）就不可能再真正地装得下他人和世界，他者世界就全然在他（她）的生命世界中成为工具性的存在。当一个人更多地停留在自我的想象世界中，他要对人类做出卓越的贡献几乎是不可能的。所以，怎样走出狭隘的自我，是当代教育面临的一个重要问题，甚至是一个根本性的问题。

为什么我们会如此平庸？因为我们年少的教育已经打下了平庸的烙印，正如柏拉图所言，无论如何早期的教育决定了一个人发展的方向。这其中一个典型代表就是奥林匹克竞赛，我们带有浓郁功利性的奥林匹克竞赛一个重要的作用就是成功地把一些优秀的学生送入优秀的大学，而他们对其所荣升的学科从此不再有任何兴趣。奥林匹克竞赛体制实际上是我们今天这种功利化的、平庸的教育最典型的表现形式。由此可知，判断一种教育是否平庸，实际上就是看教育中人的存在或人的生命的丰富性和广延性、一种生命的高度，而不仅仅是当下的、世俗化的、基于功利的评价。

第二辑　寻找有"人"的教育

日常教育生活中的儿童立场如何可能

早在 1920 年，周作人在北平孔德学校做《儿童的文学》的讲演中就说道："以前的人对于儿童多不能正当理解，不是将他当作缩小的成人，拿'圣经贤传'尽量灌下去，便将他看作不完全的小人，说小孩懂得甚么，一笔抹杀，不去理他。近来才知道儿童在生理心理上，虽然和大人有点不同，但他仍是完全的个人，有他自己的内外两面的生活。儿童期的二十几年的生活，一面固然是成人生活的预备，但一面也自有独立的意义与价值。"①时间过去了将近一个世纪，周作人的话语放在今天似乎一点儿也不过时，一方面，我们的社会中还远没有树立儿童本位的教育理念；另一方面，即使是少数持有儿童本位理念的先行者，在其日常生活之中，同样难免流露出成人本位的生存姿态，在儿童面前耳提面命，居高临下。反思日常教育生活中的儿童立场，乃是当下教育改革与发展中的基本题。

---

① 周作人：《儿童的文学，艺术与生活》，石家庄，河北教育出版社，2002。

一、关切日常教育生活的内在意义

在某地，有一位经理，星期天加班。只有他的小女儿在家，他家住五楼，是租的房子，没有防盗窗。小女孩前几天跟爸爸玩时，画了一幅画，有窗子，有蝴蝶，跟爸爸说窗子外面好玩，要像蝴蝶一样飞过去，那多好啊。那个星期天，小女孩真的从窗口跳出去，死了。这位父亲缺乏教育学的素养，或者说父亲沉浸在自己忙碌的世界之中，忽略了孩子细微的感受，忽视了孩子生活世界中的诸多细节，缺少对孩子的必要引导。

当小孩子站在我们面前，问我们世界上是否有宝藏。我们是想想再回答，还是随口就来一句"没有"？如果孩子很小，我们说"有"，可以培养他们的浪漫想象；如果孩子足够大，说没有，可以培养他们的理智思维，鼓励他们去创造世界。这其中显现的是我们对待不同年龄阶段孩子的不同态度，低龄期教育应当更注重诗化，随着年龄增加逐渐理性化。贯穿其中的基本理念是，当孩子提出问题的时候，我们应该把问题视为儿童成长的信息，从中找寻教育的契机，而不是站在自己的立场上思考儿童的画。

教育真实地发生在日常生活之中，日常交往中的每一个细节都可能具有细微的教育意义。关注儿童发展，需要我们对日常教育生活有细致入微的敏感性。唯有如此，才可能把对儿童的尊重和引导，渗透在日常生活的每一个细节之中，让我们对儿童的影响成为一种自觉的行动。我们在学生身边，这其实就构成了学生命运的一部分。不经意的一句话，一个行动可能就改变了孩子的一生。我们的改变，或者说我们与学生之关系的改变，实际上就暗含着学生命运的改变。

二、教育是一种关系：活在师生关系结构中

钱理群先生在《〈藤野先生〉：鲁迅如何写教师》①一文中这样
分析道：

> 本文是通过自己和藤野先生的交往来写教师的；因此，
> 文章中显然有两个关注点，一是藤野先生，二是"我"，文章
> 是在"我"和"藤野先生"的关系结构中来写我的老师的。
>
> 开头五段写"我"与中国留学生的格格不入、写"我"在仙
> 台生活的不适应，都揭示了"我"生存状态的困境。而藤野先
> 生正是在"我"无法摆脱困境的绝望情况下出现的，他对"我"
> 的毫不经意的关怀，对于"我"孤寂的心灵无疑是巨大的
> 慰藉。
>
> 围绕所谓漏题事件，以及幻灯事件所引起的风波，则揭
> 示了"我"的另一个困境：一个弱国的知识分子在日俄战争以
> 后日本的民族主义狂潮中，所受到的屈辱、所感到的巨大压
> 力、所激发起的反省。藤野先生又再一次用他"为中国""为
> 学术"的大心，超越了狭隘的民族主义，让"我"看到了另一
> 类型的日本人、另一类型的知识分子，这对再次处于绝望的
> 黑洞里的"我"，无疑是一线曙光。读者只有在充分理解了
> "我"的这样的生存的、精神的困境以后，才能理解藤野先生
> 对于"我"的意义。

---

① 钱理群：《藤野先生：鲁迅如何写教师》，载《教师月刊》，2011(4)。

　　钱理群先生的分析对我们的直接启发是如何回到文本，引导学生通过琢磨作者"怎么写"来把握作者要"写什么"。当我们把握了鲁迅"怎么写"（在"我"的生存、精神困境与藤野先生对"我"的态度的对照中来展开描写）的用心时，也就同时理解了鲁迅要"写什么"——他要通过藤野先生在自己精神成长中的作用来表示他对这位老师的永远的敬意。我们的语文教学，更多地着眼于"写什么"，而不是"如何写"，其实如何写比写什么更重要。如何写涉及作者与文本的关系，写什么则仅仅是关注文本自身。

　　不仅如此，这里的分析对如何理解教师之于学生的意义同样富于启发。教师对于学生的意义总是以学生的教育意向性为基础，也就是学生向教师所敞开的心理结构为基础。教师对学生的影响如果契合了学生的心理需要，那么教师的影响就会在学生的心理结构中呈现扩展的态势。学生的心理结构则直接联结着学生个人的精神成长历程，我们需要把学生放在自我精神发展的历史之中，来显现教师之于学生发展的生命意义。正如《藤野先生》一文，只有在充分理解了"我"的生存、精神的困境以后，才能更充分地理解作为日本教师的藤野先生对于"我"的意义。

　　如果教师的影响完全忽视了学生的接受，教师只顾着展现教师自身的教学魅力，或者程序化地完成自己的教学工作，那么教师的影响就难以进入学生当下的心理结构之中。这意味着教育在任何时候都是一种关系，都需要立足于师生的关系结构来理解与实践。教育的质量即学生在课堂中、在交往中、在童年生活中的生命质量。作为教师，总是以成全学生生命的方式来成全自己。

　　"有意思的是，所有'我'的这些困境，藤野先生都不知道，他也无法知道，他仅仅是凭着一个教师的职业责任感，和一个医学研究者对学术的热情、忠诚，做他应该做的事。他也并没有特别看上这位中国留学生。但越是平常，越是不经意，就越是珍贵。这也是藤野先生绝对没有想到的：他的这些自然表现，却在'我'的心灵中引起巨大波澜，并且引发出崇高的敬意。"①这意味着教师对学生的理解，其实是一种无时不有的学生立场，也就是一种态度，而并不一定是基于教师对每个学生的生存境遇的准确了解。活在师生关系结构之中，才是教师生存的本质。

三、回到儿童即回到儿童的世界

　　教育活动中需要更多地以人为本，也就是以学生为本。作为理念的以学生为本，一般会得到认同，但实践起来往往事与愿违。我的一个学生上一堂小学语文课，题目是《我不是最弱小的》，是苏霍姆林斯基作品中摘录出来的文章：托利亚和萨沙、爸爸、妈妈在森林里玩，突然下大雨，雨伞在谦让中依次传递：每个人都要保护比自己弱小的人。萨沙把雨衣盖在蔷薇花上。萨沙说：现在我不是最弱小的了。这节课前面都上得非常好，井井有条，清晰流畅。结尾时老师设计一个问题，让大家表达一下蔷薇花的心声，学生们说开了："你是救命恩人"、"我要报答你"、"谢谢你救了我"、"谢谢你，萨沙"。这些回答给人的感觉是孩子

---

　　①　钱理群：《藤野先生：鲁迅如何写教师》，载《教师月刊》，2011(4)。

们不过是在重复成人世界中的答谢话语，彼此之间不过是同一层次话语的重复。这里折射出来的是孩子们在课前实际上就知道的答谢方式，到一堂课结束并没有提升他们对此问题情境的理解与应对方式，除了成人世界的话语，孩子们显示出来的是语言的贫乏。语言的贫乏，其实就是生命贫乏的表征。

这里就出现了一个教学中的核心问题：怎样超越成人世界的话语框架，切实地回到儿童世界，引导孩子们以自己的方式去感受世界，表达对世界的理解，而不是让他们漂浮在成人世界的话语圈之中，无法真正拥有属于自己的想象世界。这意味着课堂教学应该尽可能地引导孩子们进入当下的教学情境之中，在面对当下真实情境的过程中敞开自己的思维、情感、态度。譬如，就前面的课例而言，可以尝试让孩子们站在不同的角色中说出自己的心声：父母亲的心声是关心孩子，传递并启迪爱；哥哥的心声是关心妹妹，承担自己作为哥哥的责任；作为妹妹的萨沙的心声是感谢爱，生长爱，并传递爱；蔷薇花的心声是感谢爱，孕育美丽，装点世界。但这还是单向度的，我们还可以从另一个角度来启迪孩子们，即弱者并不仅仅是单纯爱的接受者或单向度传递者，他们同时也就是爱的主体，换言之，他们也可以是爱的施予者。譬如，蔷薇花也可以这样表达："萨沙，把伞拿回去吧，我没问题的，你这么娇嫩！"当然，孩子们的表达是不需要设计边界的，重要的是让他们真正进入情境体验之中，确切说是让他们成为教学情境的一部分。这样，孩子们就会在不同角色的冲撞中得到激励，并在彼此关爱之中获得对个人置身世界之中的复杂关系的认同，单一的成人世界话语就可能得到超越，儿童就可能真实地进入当下的教育情境，而不是浮光掠影地作为成人世界的传声筒。

　　显然，以学生为本，并不是简单的让学生发言，或者由原来的"满堂灌"变成"满堂问"，如果课堂不能真正开启属于儿童自己的想象、理智的世界，那么这样的课堂表面上是以学生为本，其实质不过是以作为成人世界延伸的儿童为本，而不是作为拥有独立价值观的儿童自己世界中的儿童为本。回到儿童，意味着要回到拥有着童真、童趣、独特儿童价值观的儿童生活世界，启迪属于他们自身的、独特的思维方式、价值理解和审美情趣，而不是简单地印证、认同成人世界的规则与秩序。让孩子们站着读书，学会思考，陶冶情感，孕育心灵，拓展自我，这样成长起来的孩子才是真正拥有自己的独立性和独特性、拥有自身价值观的健全个体。

四、尊重儿童自己的生活世界

　　儿童世界有自己的逻辑，这种逻辑跟成人的世界是不同的。一旦强势的我们把自己的逻辑强加给他们，儿童世界的逻辑就会处于遮蔽状态，儿童就不可能拥有属于自己的心灵空间，而不可避免地被置于成人世界逻辑的干预与改造之中。曾读到这样一篇文章：① 一个留着齐耳短发的小女孩，叫谭嘉雯，顿顿吃面饼、喝粥配咸菜，她爱笑，只有 9 岁，外公是公厕管理员，祖孙二人

① 武宁远：《别让同情打扰他人生活》，载《读者》，2011(14)。

挤在杭州某公交站对面不到3平方米的公厕隔间里。尽管生活环境简陋，但她依然笑容灿烂，满足感十足。网友的一条微博让她成了红人，引来无数热心的市民和媒体关注。也许，在很多人眼中，小嘉雯的生活可以用窘迫困苦来形容。但小嘉雯自己却不这么认为。有不少好心人捐助，小嘉雯的爷爷都婉拒了。

这其中涉及一个重要的问题，即帮助别人到底是基于那个"世界"的需要，还是基于我们想帮助的欲望，换言之，帮助成全的是我们自己的施助之心还是孩子世界本身的需要。一旦我们简单地把我们世界的逻辑加给孩子的世界，就必然破坏儿童世界的完整性。每个人的世界观与价值观都不相同，若因为自己不同的观念，就用同情把一个原本对生活充满幻想和希望的小女孩变得敏感。这意味着当我们进入儿童世界之时，首先需要的是充分地尊重儿童世界，找到其内在逻辑，促成儿童世界的美好，而不是简单地打破儿童世界的和谐。

当然，这绝不意味着我们不需要援手他人，帮助需要帮助的儿童以及他们的生活，而是说我们的帮助需要建立在对儿童世界的充分理解之上。关注儿童的世界，目的是怎样让他们的世界更加完满，而不是依照我们自己的设想强加给儿童。这意味着对儿童世界及其内在逻辑的充分尊重，不是动辄用成人世界的方式去改造他们。唯有当我们进入儿童生活世界、理解这个世界、发现这个世界、充分地尊重这个世界，才可能合理而积极地引导儿童生活世界的扩展。否则，就是粗暴、粗鄙地改造着儿童的生活世界。审慎乃是我们站在孩子们面前一切行动的美德，儿童教育需要有节制之心。缺少节制之心的教育成就的不过是我们对儿童世界改造的欲望，而不是儿童世界本身的需求。

五、理解并尊重儿童的想法

理解并尊重儿童的想法，特别是儿童的奇思妙想。听听他们的想法，再理解他们，给予他们释放自己想法的足够空间。

《教师月刊》中林茶居的卷首语①提到电影演员郝蕾。25 岁时全裸出演电影《颐和园》的演员郝蕾，其演艺生涯一直充满争议。在当下娱乐界，她有一种难得的性情，甚至有一股"女歹徒"的气息：不假装、不示弱、不回避、不妥协、不多要，认准了就载欣载奔。刚会说话时，郝蕾就指着电视对奶奶说："我以后一定要进到里面去。"上中学后，同学当她神经病，因为她老劝同学，抓紧买个本子让她签个名，要不以后再找她签就不容易了。她说："我一直有一个强大的意念，我一定要做成这件事。"

当然，不能说是郝蕾小时候的梦想成就了她的今天，或者说我们不能拿今天一个人的成功与失败来看一个人小时候念想的意义，成功的毕竟是少数。需要真正思考的是，童年的念想对于这个孩子本身意味着什么。我们需要把孩子们的奇思妙想看成是当下孩子们的生存姿态，即使他们今后并没有沿着他们的梦想走下去，这种念想对于当下的他们而言依然是有意义的，这种意义就在于它支撑了孩子们的童年，让他们的童年生活因为拥有了属于自己的梦想和想法而富于意义、充满生气，不再是少年老成。

---

① 林茶居：《童念》，载《教师月刊》，2011(6)。

正如卢梭所言，"在万物的秩序中，人类有它的地位；在人生的秩序中，童年有它的地位：应当把成人看作成人，把孩子看作孩子。"①儿童的未来是不可简单预知的，这意味着我们不能为了不可预知的未来而简单地规约他们的当下，更不能简单地牺牲他们的现在。儿童时代的念想，无疑是儿童生命成长的内在动力。虽然这种念想并不一定都能变成现实，也并不需要都变成现实，但心怀着自己的念想，对于童年本身的丰富与美好无疑是有着不可替代的意义的。理解并且充分地尊重他们的想法，关注并尊重每一个孩子个性，以多元的眼光去理解、包容每一个孩子的精神生态和成长方式，可谓儿童教育的基本原则。正如周作人先生所言："我们承认儿童有独立的生活，就是说他们内面的生活与大人不同，我们应当客观地理解他们，并加以相当的尊重。"②

具体说来，我们需要多一点耐心，多去倾听孩子们任何的奇思妙想，哪怕是荒唐的想法；在此基础上，尝试站在孩子的立场来理解孩子的奇思妙想；如果不能有效地理解他们的想法，那么只要这种想法有着基本的正当性，我们不妨即使不理解，也能接纳孩子们的想法、鼓励他们的想法。教师的热情与想象力的发挥，一个重要方面就是包容学生的念想，理解并尊重他们的念想，给予他们释放自己想法的足够空间，从中去发现对于儿童自身生命发展的意义。

---

① 卢梭著：《爱弥儿》，李平沤译，北京，商务印书馆，2001。
② 周作人：《儿童的文学，艺术与生活》，石家庄，河北教育出版社，2002。

六、让儿童拥有尝试错误的空间

儿童由于并没有习得社会生活所需要的各种经验，做错事，甚至犯错误都是难免的，可以说，成长的过程就是一个不断尝试错误、超越错误的过程。让儿童超越错误，最好的方式就是给他们以尝试错误的空间，在其中学会自我反思，自我调整，找到合理的成长路径，而不是以简单的批评、指责、矫正来替代孩子们自己的思考与判断。正如卢梭所言，"在他未犯错误以前，就应当向他指出他的错处；而在他既犯以后，就不要去责备他"，更不应当对他说："我早就告诉你了。"甚至，不仅不可使他感到难堪，还要用好言好语把他因为没有听话而感到的羞愧遮盖过去。"你对他的安慰，其本身就是对他的一种教训，如果他对你的安慰不起任何疑心，则这种教育便愈是能够收到效果"。①

一位高二教师，上课时发现一女生写情书，便拿起来朗诵，却并不是读她的情书，而是她写的抒情文字。课后女生坦率承认，她写的确实是情书，一位男生给她写了 7 封信，未拆封的 4 封信，她愿意主动锁在老师的抽屉里。师生之间有这么一段对话很有意思：

"你这么信任我？"

"当然。"

"为什么？"

"您就做个月亮教师吧。"

"此话怎讲？"

---

① 卢梭著：《爱弥儿》，李平沤译，北京，商务印书馆，2001。

"唯有月亮可以洞悉世间的一切，却又默然无语！"[1]

洞悉一切又守口如瓶，对学生充满着尊重和信任，在关爱与呵护中促成学生的健康成长，这无疑是一位教师面对学生时的基本姿态。课堂是孩子出错的地方，错出在课堂比出在未来成年生活之中要好。如果我们的教育、我们的教师（包括父母），在面对学生的问题之时，懂得任何时候都应该给孩子的成长留有余地，努力寻求最适合孩子健康成长的方式，而不是只想着简单地执行学校规章，或者发泄自己内心的怨愤，那么孩子的健康成长就会多几分保障。

七、理解儿童解决问题过程中的失败

一旦儿童置身解决问题情境之中，其遭遇的失败本身是尝试的必须，也是儿童成长的经历。儿童成长，不仅包括成功体验的获得，同时也包括面对失败过程中的各种体验以及面临失败寻求积极应对办法的诸种努力。我们总是过于着急，对儿童的成长失去耐心，或者以自己的方式来替代孩子们的自主尝试。这实际上就大大弱化了儿童解决问题过程中多重学习的可能性。

《第 56 号教室的奇迹》中有这样一个片段，学生们认真制作火箭。学生四人一组，利用分发的维京型火箭、操作指南以及材料进行组装。各组必须精确测量、规划、组装作业成品，才算完成任务。其中一组虽然做得很认真，却弄错了飞弹部分的配置。来访问的老师当中有几个人频频朝那一组走去，为孩子们示范正

---

[1]　李军斌：《做个"月亮教师"》，载《教师月刊》，2011(6)。

确的组装方法。有好几次雷夫老师都以有礼但坚定的口吻要求访客让孩子们自己摸索。① 教师为孩子们示范正确的组装方法，在一般人看来是可以理解的行为，雷夫老师却非常坚定地要求访客让孩子们自己摸索。培养孩子们独立解决问题的能力，这是雷夫老师试图教给孩子们的终身受用的课程的一部分。在雷夫看来，所谓失败，其实是身为教师、成人的我们自行认定的。在56号教室，飞不起来的火箭不是失败，只有当学生停止解决问题的尝试时才算失败。

对于孩子而言，重要的不在于结果，而在于过程，在不断尝试的过程中提高自身解决问题的能力。我们总是习惯于替代孩子们自己思考，恰恰替代本身就是一种剥夺，剥夺了孩子们自己解决问题的能力。我们往往以爱孩子的名义来对孩子们施以我们想当然地认为他们需要的指导与教育，剥夺了孩子们更多地自我探究与尝试的机会。目的的正当性不自觉地遮蔽了手段的不合理性，对儿童成长的害往往是以爱的名义在实行。

真正的教学不是信息的传递和交流，因为被告知事实是什么，实际上阻碍了听者获得辨别能力、灵巧能力和鉴赏力的能力，而只有这些能力才能使人们与本质的东西契合为一。因此，好的教学经常需要教师抵抗说出其所知道的东西的诱惑，因为那样会缩短了学习的过程，而恰恰是这一亲身体验学习的过程富裕了学生意义感，对什么是本质的东西有了感觉。海德格尔进一步解释说，教比学更难，因为教意味着"让—学习"（let－learn）。

---

① 艾斯奎斯著：《第56号教室的奇迹》，卞娜娜译，北京，中国城市出版社，2009。

真正的教师除了学习本身以外—无所教。①

八、旨在儿童发展的教育

强调教育生活中的儿童立场，目的是超越成人取向的教育文化。凸显儿童立场，是要体现儿童发展的需要，而不是为了迎合儿童当下的即时性需要。"在成人与儿童之间，具体教育实践活动展开的真正的起点，既不能归于教师，也不能简单地归于学生，而必须是置于教师和学生之间的、既能对教师具有引导性又能对学生发展具有引导性的事物，这个'引导性的事物'乃是建立在儿童生命之上的儿童发展的可能性，也就是儿童发展的客观需要，以及与这种客观需要相契合的人类、民族文化的精神内涵。教育的起点不在于教师也不是学生，而是基于自然之上的儿童发展的可能性。"②教育生活中的儿童立场最终还是要在理解儿童世界的内在逻辑、尊重儿童的各种念头、给予儿童尝试错误的空间、让他们在失败中学习之后，切实地转化成儿童的发展动力。旨在发展性的教育，意味着在儿童的现状与教育的目标之间建立切实的联系，激励儿童对真善美的追求，由此而激发儿童自我发展的欲望与可能性，从而给儿童周遭的教育生活以灵魂，来实现教育对个体发展的引导性。

有一本书叫《旅行箱的故事》③，讲述的是几位心理学家和艺

---

① 马克·莱索著，蒋开君译：《我们仍然需要面向思的教育——海德格尔论技术时代的教育》，载《教育学报》，2011(1)。

② 刘铁芳：《古典传统的回归与教养性教育的重建》，北京，北京师范大学出版社，2010。

③ 格莉妮丝薇芙琳：《旅行箱的故事》，北京，生活·读书·新知三联书店，2010。

术家一起，在南非的儿童难民营里发起的一项治疗项目。他们邀请来自不同国家的 14 个难民孩子加入进来，这些孩子来自卢旺达、布隆迪、埃塞俄比亚、安哥拉等不同的地方，他们失去了家园和故乡，在约翰内斯堡的街头流离失所，用恐惧和抵抗的眼神注视着外面的一切。面对这样一群伤痛中的孩子，仅仅给予关爱是不够的，带着他们做游戏同样是远远不够的，这些孩子活在回忆中，对现实与未来都充满不信任。在这种境况之下，克蕾契蒂和她的同事们表现出了足够的理解力和想象力，她们发动孩子们，把自己的回忆和梦想、温暖和恐惧都变成画面，画在一个个二手旅行箱上面。从此，这些从来不愿与人分享的苦难往事和温暖梦想便成了最形象化的回忆，与他们一路同行。这些故事的中心就是如何让那些哀伤、失落和流离颠沛的孩子们转向积极生活。不让孩子们沉浸在忧伤之中，而是设法从他们过去的生活中找到亮点，以此来重建生活的信心，获得积极的情感体验，由此而转变忧伤的生命姿态，这其中包含的就是发展性教育的真谛。

发展性教育的理念显然不仅仅是面对处境不利的孩子，每个孩子都需要唤起内心对美好事物的追求，唤起他们积极生活的热情与勇气，同时培育他们积极生活的能力。当批评、甚至惩罚有过错的孩子时，我们的批评和惩罚并不是目的，而是要在其中体现对儿童发展的引导，让他们找到健康成长的内在依据和动力；同样，我们对孩子的表扬也不仅仅是为了表扬本身，而是为了促成孩子们的自我发展与自我认同，扩大他们对美好生活的期待。任何时候，任何情境之中，我们都要尽可能地唤起孩子们内心对美好事物的爱，对真善美的爱，由此唤起他们积极生活的态度，启发积极生活的能力，让孩子们从小就学会过有尊严的生活，这就是发展性教育的灵魂。

当我们试图引导儿童努力去追求美好事物，追求真善美的生活，这意味着我们的内心本身就包含着对美好事物的期待，就包含着对真善美的向往。对儿童世界的发现，其实就是对我们自己心灵的发现，对儿童的教育就反过来成了对我们自己最好的教育，对儿童世界的尊重就成了对我们自己的尊重。在这个意义上，儿童其实也是成人的老师。

儿童生命成长过程中的祛魅与附魅

有一次听课，老师提问：你期待做一个什么样的梦？大多数学生回答，想考个好的学校。但有个学生回答，只想做平平凡凡的梦。老师问为什么，他说，做好梦，一下子就醒来，会很痛苦。我突然明白：今天的孩子是越来越留不住内心的梦，确切地说，今天的孩子已经越来越没有梦了。孩子们生活的世界，恰恰是不断被开启的世界，是一个强光的世界，是一个没有隐秘的世界，是一个缺少了内在孕育的世界，是一个过度喧哗的世界。今天的我们面临着一个消费主义的时代，孩子们的教学本身就成了一种消费的形式，面临着一个大众文化的时代。不成熟的大众文化，过度地把孩子们的生活空间理智化、世俗化，孩子们就失去了做梦的可能性。

现代化的过程，本身就是世界的不断地被理智化，祛除迷魅的过程，不断地被体制化组织起来的过程。教学也在体制化的过程中成了一种机械化的流程，成为一个个有效的模式。置身于这种模式化的教学情境之中，孩子们的生命被过度敞开，失去了基于儿童自身特点的必要迷魅，儿童生命世界自然而然就被割裂了。正因如此，我们今天的教育目标之一，就是要在这个世界过度敞开的背景之中，让孩子们学会做梦，更多地留一些梦给孩子，保持他们自我生命成长的必要的迷魅。

个体人性的发展是私密逐步敞开的过程。所谓"十年树木，百年树人"，个体生命成长原本就是一个复杂的过程。今天的教育就是要不断地回到百年树人的古训，回到教育的基本常识之中。近代以来的教育名家，从洛克到卢梭，特别强调早期的教育应该是家庭教育，过早让孩子进入学校教育，本身就意味着孩子们生命成长的私密空间被大大缩减。让孩子在家庭生活中间，就是尽可能地给他年幼阶段的成长的私密空间。父母们通常喜欢把自己的孩子带到别人面前，把孩子们成长中的秘密公开，但其实孩子们并不愿意，不管是讲成长中的好还是不好，他们都会不喜欢，因为孩子们不愿意他们成长的秘密在成人世界中过分地被分享。课堂教学本来就是一个公开化的活动过程，怎样在这种体制化的、全然敞开的学校生活中多一些情感，多一些呵护，在去私密化的过程中，对每个独具个性与特点的个人多一些细致入微的呵护，这是我们今天需要思考的重要问题。

今天的孩子们在成长的过程中，会出现各种各样的问题。一个很大的问题是，教学节奏越来越快，很多的时候，孩子们越来越多的是"被教学"、"被成长"。不管我们的教学中运用了多少启发式教学，实际上他们在这种体制化课堂生活中的位置总是被动的。他们更像是被牵着鼻子行走的小牛，失去了在课堂中自由成长的空间。在这个意义上，一位好的老师，一种好的教学在任何时候都应该是节制的，或者说保持必要的克制，而不是无所顾忌地对学生施加教育影响。节制是教育行动的美德，是教学的美德，也是一个优秀教师的美德。老师在课堂中要克制自己的情感，克制对课堂的驾驭，更多地让文本来贴近孩子们的心，让孩子们贴近文本的心，让文本在与孩子们的互动中，一点点孕育他们隐蔽的内心。课堂教学的过度规范化、条理化以及结论的精准化，都不过是成人世界的过度教化。

不仅如此，要呵护儿童生命成长的必要迷魅，还需要儿童生活对日常生活世界保持开放性，避免儿童生活全然限于体制化学校教育所给定的生活视界之中，失去了更广阔的生活。个体完整的生命成长不仅仅来自正规的教育，来自经典阅读，同样来自日常生活，来自日常生活中若隐若现的习俗与传统。繁复的日常生活世界，往往能给个体生命发展以各种细致入微的呵护，避免学校教育生活加之于个体身上的单一化影响。日常生活中的习俗与传统构成一个人教养性的基础，失去了日常生活对个人生命世界的呵护，可能导致教养性根基的破碎。而一个在经典历练中获得教养性越充分的人，越能理解日常生活的价值。尊重日常生活本身的教化功能，保护日常生活的基础性，这实际上乃是人的自由发展的重要基础。

今天是一个年轻人的时代，是一个鼓励创新的时代。年轻人与创新的结合意味着年长者及其所代表的习俗传统已经逐渐地在我们的社会中边缘化。以新为诉求，年轻人的生活世界更倾向自我建构，而不是承续习惯，这意味着年轻人越来越多地具有对日常生活样式的反叛性。适度的反叛性当然有利于年轻人的创造个性的生长，使他们保持对日常生活世界必要的张力。但不加分别的反叛将导致他们失去日常生活作为教养性的基本资源。他们什么也不相信，只相信自己的判断。殊不知对自己判断的相信，往往容易导致轻信，这正如同对传统和习俗的轻信一样。不同的是，传统和习俗毕竟经历了无数人和更多时间的沉淀，而来自个人的武断和轻信，带来的是个人的自我封闭和过度自负。我们一方面要引导儿童以开放、创新的姿态面对时代与社会，另一方面也需要——目前甚至更需要让他们学会适度的保守，理解传统，尊重习俗，积极谋求与年长一代的对话沟通，以获得个人生命世界的细致入微的滋养，这是促进儿童生命成长必要迷魅的重要途径。

这意味着我们需要充分地鼓励、引导孩子们投入日常生活交往之中，更多地融入地方习俗、传统之中，让他们多听听爷爷奶奶的故事，在丰富的代际交流中扩展个体的生命视野。与此同时，在课堂教学中，也需要避免简单地处理相关于地方习俗、传统的知识内容，把这些非正规的知识以非科学的名义一棍子打死，易导致儿童对日常生活世界产生内在的封闭，缺少必要的包容与吸纳。

今天，我们的孩子更多地沉迷在电视、网络等大众传媒所建构起来的虚浮的文化世界中，他们越来越多地失去了对日常生活的感知力，也失去了对日常生活中的各种生存理念的认知，导致生命空间失去了来自日常生活诸种资源的妥帖呵护。这或许是当下青少年各种心理问题出现的重要原因之一。重申日常生活的教养性意义，是当下越来越多地远离日常生活世界的教育形式所必须面对的重要主题。

"纯"与"不纯"的教育

在某种意义上，教育并不是让人变得不平凡，它恰恰就是要让人以平凡的态势首先成为一个"平凡"的人，一个"普通"的人，一个能像平凡人、普通人那样地生活的"人"，而不是"神仙高人"，更不是高智商的"机器人"。

清华大学学生刘海洋为了证实"熊的嗅觉敏感，分辨能力强"这句话的正确性，先后几次拿硫酸泼到动物园五只黑熊身上，造成其中三只狗熊严重烧伤。撇开其违反有关动物保护法规不谈，我们所要思考的问题是，一个智力很发达的大学生、一个成年的人为什么会做出这样的事情？有记者专门就此事去采访他的母亲。母亲叙述说，刘海洋的父亲很早就离开了这个家庭，她一个人带着孩子，还要照顾老奶奶，一家三口生活比较艰难，但作为公共汽车司机的她还是竭尽全力为儿子创造良好的读书的环境与机会，下班后经常带着孩子去补课，在家除了家务事就是照料孩子的功课；她对孩子关爱有加，小孩子想踢足球，她怕孩子摔跤跌伤了腿，孩子想学别的东西，她怕孩子耽误了功课，所以到现在，刘海洋既没有什么爱好（他不明白别的学生怎么可以围着电视看几个小时的足球），也不会交际，没有什么朋友；洗澡都要在家里，因为他在学校里洗一次澡就把衣服弄丢了；他在应试教育面前或许是个好学生，但其他素质很差。母亲的话或许能够提供对前面问题的答案。刘海洋的是非成败原来都跟他的教育经历息息相关，他的母亲想让他受一种纯而又纯的教育，不掺杂丝毫的跟升学无关的成分，正是这种纯粹的教育经历，给他的内在心灵建构出了一个纯粹的世界，这个世界里除了他母亲的教诲，就是书本、课堂、考试、大学等。而恰恰这个他生活其中的世界是不"纯（粹）"的，这个世界除了读书还有很多事情，这个世界不是你想做什么就可以做什么的，动物园不是你的化学实验室。以内在世界的单一、"纯（粹）"去应对生活世界的复杂、不"纯（粹）"，出现问题恐怕是迟早的事情。

这让我想起了另外两个人。一个是位十三岁的小女孩，很小就离开学校、由曾是清华肄业的父亲在家里完成其中小学教育过程，然后考上华中科技大学的她说了一句话：她恨她的父亲。为什么？因为她的父亲以她升学、要成功的名义"剥夺"了她的童年。她同样（或许更加）是在一种"纯"的教育环境中，在脱离普通孩子常规生活的情况下，建构起了一个"纯"的、单一的心灵的世界；另一个就是顾城，顾城的事情也许更加复杂，但相似之处是，他那童话般的自我世界离不开他那一直没有融入过的这个普通的、平凡的、复杂的、不"纯"的、我们正常地生活的世界之中的经历。

不管你今后会成为什么人，不管你今后多么有出息，你总得生活在这个普通而平凡的世界之中，你还得像个普通人一样跟这个世界上周遭的普通的人、物、事接触，你还得像一个普通人那样生活，或者说不管你多么的不平凡，你总得还有平凡生活的一面。所以，不管现在多么会读书，你还得不时从"纯粹"的"读书的世界"中抬起头来，去看看，并且尝试着去适应这个"不纯"也并不"伟大"的世界，从而给"纯粹"的心灵增加更多的、其实也是更自然的刺激，以增加你的心灵的敏感性、灵活性、复杂性，让你内心的世界变得不是那么"纯粹"，也不是那么不平凡，给它增加几分实在，让你实实在在地生活在这个平凡而朴实的"世界"之中，而不是始终以不平凡的姿态游离于这个"平凡"的"世界"之上。所以，在某种意义上，教育并不是让人变得不平凡，它恰恰就是要以平凡的态势让人就首先成为一个"平凡"的人、一个"普通"的人，一个能像平凡人、普通人那样地生活的"人"，而不是"神仙高人"，更不是高智商的"机器人"。

也许，有时候是我们自己把教育的事情弄得太复杂、高深；也许，真正的教育其实就是平凡、普通的。所以，有时候把教育弄得越复杂，越神奇，越想故意而为之，越想弄得不平凡，我们就离真正的教育越远。那么，在今天这样一个花样迭出的社会中，对于教育、对于人、对于世界，何妨不多抱持一份自然、朴实与宽厚的情怀？

何谓有"人"的教学

前天学院里安排系里教学研究，教育学系安排刘老师上一堂课。刘老师是从省教育学院合并过来的老师，比我年长几岁，他不长于交际、表达，衣装也很朴素，不大受学生欢迎。但他能埋头做些研究，写教育史的相关论文水平还不错，我一直十分敬重他。但现在学生评价对老师教学影响很大，他的教学因学生评价不高而在学院受警告之列，需要整改。故有此课。

刘老师讲了赞可夫的教育思想。应该说来，刘老师的讲课思路清晰，知识也比较深入而准确。但给人的感觉有些平淡。课后安排其他教师发言评论。我一般很少在学院、系公开场合说话，这次我破例说了几句。一是为刘老师的境遇做些无力的辩护，至少表达了我的态度，我对大学教师的理解是：学术研究是生命、是灵魂，这一点上他还是基本合格的。另外我也对他的教学提了些看法。

我说到教育学教学，其实更多的是无人的教学，过于把教学知识化，教学中人的趣味就失去了。以教育史的教学而言，一种是只讲知识，不管知识如何清楚，总是无人的教育史。还有另一种讲法，一方面是把教育史中的人物活化，讲讲他们的生平故事以及他们的教育实践中的故事，人就出来了；另一方面是把历史与现实、与当下人的活动联系起来，人也出来了。文学史专家陈平原老师的讲课就是典型，把历史讲活了，讲出了人的味道。

其实，任何教学都是一样，一种是纯知识的教学，另一种是充满人性趣味的教学。只要在教学中心中真正有人，我们就可以把本来无人的知识讲出人性的意味来。

让我们一道在树下坐一会儿

我生长在一个贫困的乡村，就读的学校是泥土筑起来的，破破烂烂的，地也凹凸不平，破旧的课桌脚下总要垫些砖头瓦片什么的。仔细回想起来，那时的教育经历，虽然谈不上美好，但确实也还愉快。一个重要的原因就是，那时读书生活比较单纯，简简单单的几本教材，没有任何别的什么读物、辅导资料，早上来上课，午后轻轻松松回家，帮助家里做些家务或简单的农活，作业有一些，也还有课文的背诵任务，但感觉都能比较轻松地应付。不仅如此，愉快经历还有两个重要由来，一是经常有伙伴一起自由的玩耍，二是与自然的随意的接触，在学校教育之余，正是这两者让我享受了充分的自由和闲暇。尽管教育条件很差，但我却凭借此享有了思维与情感自由徜徉的空间，这两者实际上成了我童年教育的重要部分。

回头再看今天的教育，教育条件，不管是硬件还是软件，都与过去有着天壤之别，学生知识训练的深度和广度都有了很大的提高，可为什么学生的生存状态本身却并不见得与外在条件的转变而一道发生着质性的转变呢？打着提高儿童素质的名义，名目繁多的训练充斥其中，机械刁钻的考试把儿童的思维和想象空间变得十分狭隘，儿童一年四季都在忙着从"知识之树"上"采摘果子"，并不断被告知这些"果子"对他们今后可能很重要，但他们自己却不能感受到这些"采来的果子"对于他们自己，对于当下生活究竟有什么意义。于是，学习在今天变成了孩子们不得不承受的苦役，对于学校，对于读书，缺少一种发自内心的爱，甚至有些厌恶的情绪，这绝不是个别的现象。

如果教育条件的改善，教育的发展，只是为了让儿童学得更多更快，也相应承受更大的压力，把童年变成一段紧绷的弦，而不是儿童生存状态的不断优化与提升，那么教育发展的意义究竟是什么？今天，当从一个个十几岁甚至几岁的孩子嘴里听到"我很累"的时候，我的感觉不只是心痛，更是一种悲哀，为了小孩本身，也为我们这个民族。我们不能不面对这样的问题：对于儿童，教育中究竟什么是最重要的？是精神与情感的自由舒展与陶冶更重要，还是把人当被训练的"物"或者学习的机器，不停地习得充分的知识技能重要？如果是前者，那么，学校存在的本质就不是漂亮豪华的教育工厂，而是以人为中心的、启迪人心、陶冶情感、锻炼智慧的人文场域；如果是后者，那结果必然是人在教育中的物化，是儿童的消失，人被隐匿在繁杂的灌输和训练之中。恰恰在今天的教育现实之中，由于教育不公平所带来的近乎恶性的竞争，强化了学生在教育中所承受的压力，并把这种压力不断前移，使儿童从很小开始就能感受得到，我们甚至希望从零岁开始就把孩子往如何成才的方向上加以"科学"的训练。这样，我们不能不面对的事实就是：人，或者说，儿童在我们的教育中的"消失"。

经济学中一个基本的问题就是收益与成本的问题，做任何事情都要考虑一下，得到的是什么，付出的又是什么。如果教育让学生得到了大量的知识技能与能力发展，却让他们失去了童年的幸福与欢乐，并且给他们的心灵留下了一生都抹不去的阴影，待他们有朝一日明白过来，原来以前花很多时间和精力，心力交瘁学到的东西，到此刻其实一下子就懂了，但此时已经无可奈何，这样的交易究竟成本与收益，哪个更大呢？

这些问题一直纠缠于我的内心，我期望以一种冷静的姿态反观当代教育的同时，也能以一种轻松的姿态来谋求现实教育的出路。湖南教育杂志社的编辑从众多的来稿中发现了一个有趣的话题：让学生独自在树下坐一会儿。凭直觉，我感到这是一个不错的、挺有意味的命题。苏联心理学家维果茨基提出"跳起来摘果子"的命题，旨在调动个体的学习动机，让个体在学习中有积极的思维状态和良好的思维情境，从而能有效地激发个体学习的潜能，提高学习的效率。让学生在不断去——跳或者不跳——"采摘果子"的同时，给予他们独立的时间与空间，让他们有机会去享受"摘果子"的快乐，也理解其中的辛劳；让他们进一步体会学习的意义，同时，让他们有可能自主地决定自己今后学习的方向；学习对于他们，不再只是外在的强迫，而是他们个人生活的需要，是个人生活意义的有效来源。他们通过学习不仅获得了潜能的开发与认知水平的提高，而且学会了学习，学会了独立，获得了个体人格的生长生成。这样，他们的学习生活就是完整的、自主的，而不是片面的、被动的。

早在 17 世纪，夸美纽斯的"泛智"教育，意在使所有的人通过接受教育而获得广泛、全面的知识，并使智慧得到普遍的发展。从那以来，以知识为中心的主知主义教育渐渐成为现代教育的基本追求，不管是注重知识的学习本身，还是注重思维能力的提高，不论是侧重知识的实质教育还是侧重智力发展的形式教育，不管是"伸手摘果子"还是"跳起来摘果子"，实际上都没有跳出主知主义的框架。尽管学会学习这一早在 19 世纪德国新人文主义教育中就明确提出的教育理念，所指涉的不仅仅是学会思考，学会求知，更是要引导学生理解学习的过程，通过自主的学习获得自我独立人格的发展，但人文主义的教育理念并没有成为现代教育的主流。学会学习的口号进入我们的语境之中，由于根深蒂固的实用主义的思维方式，轻易地就被简化成为可测量的、技术化的学会思考、学会解决问题时，这意味着我们始终停留在传统主知主义的教育框架之中，并没有将学生的学习有效地扩展到学生的生存境域之中，通过学会学习来全面提高学生的生活品质。让学生独自在树下坐一会儿，就是让学生跳出以认知为中心的教育框架，让学生不仅学会学习，而且学会去品味、反思学习，享受学习，使学习成为个体意义生活的来源。

我们的社会，教育发展到今天，应该说来，已基本具备了这样一种可能，那就是：给孩子们提供宽松、和谐、自由的学习生活空间，让他们的心灵在潜移默化中游弋，充分地张开自我情感、思维、想象的翅膀，慢慢去感受人类文化精神的熏染，逐渐地打开自己的心智之门，在学会去认识世界、发现世界、理解世界的同时，拥有健康、活泼、充实、明亮的自我。正因如此，我们不断地对儿童施与教育的同时，是不是也应该和学生一道在树下歇息一下，想一想，究竟为什么教，为我们的教育行为寻找一个更合理、更有意义的理由？

那么，且让我们一道在树下坐一会儿，共同享受此刻的宁静与自由，心灵深处的震颤，让我们心系教育生活的同时，多一点平凡和朴实，多一点清醒和自觉，让教育生活成为师生心灵自由徜徉、共同依恋之乡。

小学语文教育：人文陶冶如何可能

一

长期以来，从教材设计到课堂教学，小学语文教育已习惯于字词句篇、主题思想、写作技巧的机械式的思维模式，我们很少去追问小学语文教育究竟是干什么的，它应承担什么样的功能，可能承担什么样的功能，如何真正去达成其应有的功能？当开放的社会越来越呼吁全体国民提高人文素养和精神品性，当教育改革逐步走向深入的时候，我们或许也应从深层去思考小学语文教育的基础性问题。

小学语文究竟是，或者说应该是一门什么样的课程？传统小学语文教育中，强调小学生基本语文知识、技能技巧的学习，让学生获得交往的语言工具，与此同时，对学生进行符合社会要求的思想教育。工具性和思想（传输）性成了小学语文教育的基本性质。实际上工具性是第一位的，由于我们对小学语文教育的思想要求是先于教学活动本身而设定的，这使得实际的教学过程在某种程度上成了传输我们先在性的思想要求的过程。是不是让小学生经由语文教育而习得语言交往的技能，接受社会要求的思想传输就不重要了？或者说就不是小学语文教育的功能了呢？显然不是，小学语文教育当然要体现此基本功能。问题在于，小学语文教育应当以何种方式来体现，是专注于此，还是超越于此？

小学教育的过程是小学生思想、精神启蒙的过程，小学语文教育在此过程中展开，由于语言文学的特殊性，使得语文课程更亲近人的精神、情感、志趣、态度、价值观，这意味着小学语文教育理应深深扎根于小学生的精神、情感、志趣、态度、价值观养成的过程之中，全方位地促进小学生整体人格的提升，启迪他们的心灵，拓展他们的视野，使他们更多更好地受到人性的、人文的、人情的教化。这样，小学语文教育就不局限于单一的思想性，而擢升为全面的人文性。伴随人文渗透的同时，小学生慢慢习得了语言交往的技能和必要的语文知识。正因为有人文渗透和人文情怀的培养作为基础，才使得学生的语文知识和技能成了有灵魂的知识、技能，成了"活"的知识、技能，对学生的思想渗透也不再是单一的思想传输，而是促进了学生整体人格精神的生长生成。这样说来，人文性就应是小学语文教育的基本性质和根本追求了，工具性便居于其次，乃是伴生性的。

　　人文性乃是从小学语文教育的内涵，它实质上阐述了小学语文教育的基本性质，要真正实现人文性，还必须进一步问及小学语文教育在形式上的基本追求。一旦我们把人文性追求的要素一一例出，逐条落实，按部就班，就会使得人文的教育面目全非，人文陶冶近乎不可能。人文教化所倚重的是潜移默化，是涵养，是孕育，是启迪，而不是强迫灌输。是学生个人的自主理解，以各自的"生活世界"为根基去理解，并且又使这种理解回归到各自的"生活世界"之中去提升自我生活与人格的品质，而不是简单识记、机械记忆——僵化的知识堆积跟个人的"生活世界"始终相隔离，这意味着再多的知识也难以深入学生的"生活世界"而成为人文的"教化"。正是因为传统小学语文教育中的机械，教条，简单识记，阻碍了小学语文的人文教化之路，小学语文教育应当在实际的教学过程之中增强其开放性、灵活性、游戏性。在某种意义上，小学语文教学就是一种游戏。把小学语文教学看成一种游戏并不是降低、放任小学语文教学，相反是抬高小学语文教学。游戏的本质是游戏双方的全身心投入，是"沉浸"、"吸引"，只有游戏者沉浸到游戏活动中去之时，游戏活动才会真正达到其所具有的目的……游戏就是吸引游戏者的东西，就是使游戏者卷入游戏中去的东西，就是在游戏中赢得游戏者的东西。恰恰只有当师生双方都认真对待，游戏的精神才可能体现，只有当师生都把教育教学看成一种游戏，共同投入，小学语文教育的人文性陶冶才可能全面实现。

强调小学语文教育的游戏性，其实质就是要摒弃那种对小学语文教育的简单预设，不使教育教学成为贯彻某种单一主题思想的工具——这并不是指不要预设、预先准备，而是指不要让预设凌驾于实际的教育教学过程之上——只有这样，才可能使丰富的人文陶冶的线索在充满游戏精神的教育教学过程中凸显出来，让师生从中感受到丰富全面的陶冶与教育。

二

明确了小学语文教育的基本性质，对小学语文教学过程中的基本问题就可以进一步加以讨论了。

1. 主题先行与思想导引、自由陶冶

这里涉及小学语文教学目的的核心问题，即把教学过程变成贯彻我们先行预设的主题思想的手段，还是适当淡化先行主题，让小学生的自主性充分发挥，让他们在必要的引导之下接受陶冶。学生自主性的培养在当前似乎已成了人们的口头禅，它需要我们实实在在地去反思我们教育中可能压制学生自主性的因素，尽可能地清除障碍，真正给学生自主性的发挥开辟道路。小学语文教学中，主题先行和由此带来的强暗示就是重要的消解学生自主性的因素。教学某篇课文，老师学生都明白学习这篇课文最后要得出"歌颂什么"、"揭露什么"、"表现什么"的结论，这篇文章是要歌颂革命英雄主义，那篇文章学习"爱劳动"。学生的思维便完全处于此宏大主题的牵引、支配之下，根本就不敢、也不必去仔细体会其中的细节中蕴含的其他丰富的意义，更谈不上去批判、质疑其中可能存在的问题——尽管这些主题是正当的——比如，《凡·卡》一文就是要揭露沙皇的黑暗统治，《卖火柴的小女孩》就是要揭露资本主义的黑暗，激励大家珍惜今天的幸福生活，其实这两篇文章的内涵远不止于此。由于明确的主题预设，使得原本丰富的、可能深入人性深层的陶冶成为泡影。而实际上，学生对于此宏大主题也很难或者说没有从心坎里去认同，只不过是机械地附会罢了。

那么，小学语文教育中要不要思想的引导呢？当然要，语文教育要体现社会主义国家，体现我们民族的价值要求，但国家、民族的价值导引所提供的是最基本的价值方向，换言之，引导只是在保证基本价值导向的条件下激励学生自主思考，探索新义，体会人文、社会、历史中的丰富的、深层的、细微的思想感情，而不是使语文教育成为简单、机械的说教和灌输。这样，学生就不是被某种先在的主题牵引着投入教学过程，去做寻找、印证、充实、完善此主题的简单工作，而是真正带着自己的头脑和心灵去自我体验、自主思考、自主选择、自主判断，批判质疑，获得自己的真实感受，启发培育带有自我真实感受的思维，并在自我体验与思考中探询自己的结论，尽管此结论可能肤浅、不深刻，甚至可能超出教师的预设，但这是学生自我体验与思考的结果，是他们自我心灵与思维的真实果实，学生正是在此过程中获得了自由的陶冶。教师的职能就不再是牢牢抓住先行设定的主题不放，而是想方设法引导、激励学生进入自我思考、体验的情境之中，原来训导者的角色变成了启发者，启迪者，学生心灵的激励者。

2. 规范解释与学生的多元理解

这里涉及教师对课文（文本）的解读方式，传统的主题先行的教学模式，客观上要求课文解读的整齐划一，从字、词、句，到段，再到篇，都追求某种规范的、符合某种权威的解释方式，比如词典、教学参考书等，师生大都不知不觉地或者说习惯地把自身思维趋向于去寻找标准答案，他们很少考虑或者说先在性地放弃了真实情境，去寻求自我的真实理解，不管自己的内心如何理解，只是跟着标准化的整体教学思路去机械认同，这样的结果是一切都在预设中，教学的意义趋于单一化，甚至贫乏，自由陶冶也成了一句空话。

要使学生真正参与到课文的理解之中，首先必须把标准的、规范的解释"括起来"，暂搁一旁，让学生更多地去寻求自主理解。学生理解总是发生在个人的"生活世界"之中，以其自身的生活经验和知识积累作为其理解的基础，由于"生活世界"的差异性，必然导致个人理解的差异性，正因为理解差异性的存在，才使教学中的交流、沟通成为可能（否则，只有"牵强附会"），才会有教学内在的生动活泼（否则，只有形式上的"热闹"），使教学的意义免于平庸、单调而趋于多样化，语文教育中的陶冶也才有了可能。这并不意味着排斥、放弃规范解释，相反，是要把规范解释看成是一种理解，它并不享有对学生理解的垄断权，它的出现应当是丰富、加深学生的理解，而不是取代学生自我理解。换言之，一篇课文的解释应该是规范（习惯）性解读、批判性解读、创造性解读的合一。

3. 教学过程中的师生话语

师生话语过程乃是教学过程的核心，师生话语的品质是课堂教学品质的直接表征和集中体现。由于语文课程与师生话语的联系更紧密，所以这一点在语文教学中表现得更为突出。开阔的话语空间，自由的交流情境，真诚的表达氛围，使得小学语文教学中，由课文（文本）中潜在的艺术魅力创造性地"活化"成现实的艺术情韵，美的陶冶、思想的入渗、情感的交融、人格的激励，尽在其中。

传统小学语文教学中，由于主题先行、规范解释等先在性预设的限制，教师自身首先就没有把真实的人格自我投入教学过程中，没有去真诚解读课文。教师所做的工作只是按规范化的要求（公共解释）去理解课文，进而拿它们来充当其自我理解。这样教师实际上先在性地拒斥了个体性的自我理解，他只是在贯彻规范化解释而已。其结果就是，教师在整个教学过程中更多的是在说"假话"、"言不由衷"的话，公共性的话语，而缺少带有教师自身人格特征的个体性话语。学生也在此过程中"心领神会"，依着教师的指向，说一些教师期望中人云亦云的规范性话语，他们也紧跟着放弃了他们的自我理解。缺少了师生个体内心的思索，语文教学中充斥着"假话"、"空话"、"大话"也是理所当然了。其最终的结果是，学了几年语文之后，依然不会自我思考、自我发现、自我表达，写不出几句切己的话，作文只会"做文"，矫揉造作、胡编乱造、东拼西凑，概言之，即话语的贫困，或者说"失语"，"失语"并不是没有话语，而是没有真正经过了自己内心思考与感同身受、长期积虑的渗入个体真实人格的个体性话语。

语文教育一个重要的，也可以说是根本的任务，就是让学生领会别人是怎样认识、理解世界，表达自我，借以获得对世界、社会、历史、人生的多样性、丰富性体验与认识，然后自己也学会去认识、理解世界，表达自我，认识、理解、表达都离不开一个"我"，是"我"去认识、理解、表达，没有"我"的所谓"认识"、"理解"、"表达"，就是空洞的、虚假的"认识"、"理解"、"表达"。所以，在语文教育教学中就应该突出"我"的地位，让每一个"我"都去积极寻找切合自身的认识、理解、表达和个体心智的积淀性发展，让作为主体的"我"的"主体性"在"我"的积极认识、理解与言说中凸显出来。或许，这才是小学语文教育中培养学生主体性的核心与实质之所在，舍此，则"主体性"不过一空虚之框架而已。语文教师的职责便是努力营造一种自由交流的富于人文志趣的活泼情境，让每个学生都能有所思、有所说，有属于自己的"思"与"话"，并且能让他们充分地表达"自我"，教师也抒发胸臆，师生真诚交流，以积极的互动来寻求、创造共识，而不是把先在性的结论强加给人。不管师生的"共识"是否与标准的结论一致，语文教学的基本目的就已实现在积极的师生交流与师生个体性话语的创造、共享之中。

4. 教学流程的规范性与灵活性

这里就形式来谈小学语文教学过程中的问题。前面的分析可知，要实现语文教学意义的丰富性，依赖于语文教学情境的积极创设，依赖于师生开放的胸襟，自主的理解，自由的表达，开阔、融洽的话语空间和交流情境，以及师生对教学过程的积极主动的参与、创造、共享。这意味着小学语文教学的形式也应是开放的、灵活多样的，而不是程序化、模式化的机械流程。但目前的小学语文教学，更多地追求的是那种按部就班、有条不紊、整齐划一的教学模式，久而久之，习以为常，学生都知道这一步做完了下一步做什么，一堂课从头到尾时间分配十分清楚，课堂上学生回答问题后教师的奖励方式，比如，要同学鼓掌，鼓掌的次数、频率、声音大小都十分规范、整齐(令人想起电视节目中"作秀"，众人在导播的指挥下鼓掌)。我们的教育传统中原本就缺少了游戏的精神，课堂教学如同军事训练，这样的教学模式除了制造表面的热闹、浮华外，难以达到实实在在的良好教学效果。一味地追求规范整齐，就构成了对学生自由思考、自主理解、自我表达的制约，与小学语文教育的宗旨相去甚远。

三

由于小学语文教育在小学生思维、情感、态度、心向等的启蒙中起着相比于其他课程更为重要的作用，语文教材的编写就至关重要。教材编写的思路、模式直接影响，乃至在很大程度上决定了教学的基本思路、模式。编写思路的简单、机械，使得这门课程应有的丰富意蕴受到了局限。

当前小学语文教材的基本特征，其一是思想性胜于艺术性，选择课文时，首要的标准是，一篇课文一定要能让学生明白一个道理、一种精神等，只要道理好，不顾及写作的粗糙、简单，比如那种简单揭露旧社会罪恶而艺术性不够的课文，像早些年小学语文课本上的《半夜鸡叫》；其二是以成人视野中的语文知识图景去构造小学生的语文知识图景，选择那种切合于各种语文知识、不同文体类型的课文，大杂烩，样样俱到，缺少主导的核心，缺少教材的内在灵魂；其三，缺少时代感。有的课文要么主题与时代精神不合，要么思维方式简单，机械教条，比如有的写英雄人物的课文，为了突出英雄人物的伟大，总是用普遍人的平凡、甚至有意贬低去作烘托，这种写作预示的就是一种人格的不平等。显然，这种精神，这种写法都已难合于新时代的要求。

选择小学语文课文，首先要把小学生当小学生看待，对他们的要求只是对小孩子的要求，不可能让他们在几岁的时候就能充分理解社会、历史、传统、革命，我们选择课文首要的任务是让他们接受陶冶，让他们的心灵受到潜移默化的教化，拓展他们的胸怀，开启他们的心智，涵育他们的心性，陶冶他们的性情，让他们在充满着儿童情趣和艺术情境的氛围中去积极地感受广泛的精神价值，比如，爱、善良、正直、美好、和谐、博大、诙谐、幽默、轻松、苦难、信仰等。所以，语文教材编写原则就应是尽可能地实现艺术性与思想性的统一，情趣性与教化性的统一。其次，教材编写应立足于时代发展和儿童未来，考虑他们今后生活所需要的基本品质，在教材中加以渗透。创新作为当代社会的基本主题之一，对教材提出了新的要求，开阔的视野、发达的想象力、批判的精神、自由的思想都是创新素质的基本内核，教材就应立足于提高学生的阅读思考兴趣、拓宽视野、开拓思维、激化想象。不仅如此，独立人格、科学意识、公民意识、法律意识都是作为现代公民社会的国民基本素养，我们的教材显然应增进这些意识的养成。此外，教材也应体现民族优秀文化传统的要求，应选择那些最优秀的、最能代表民族文化传统精华的作品，这一点传统教材有得有失，理应加强。

就目前而言，小学语文教材可以考虑调整、增删以下内容：(1)增加优秀的童话、神话等故事。优秀的童话故事在儿童发达的想象、敏感的心灵的培养中有着不可替代的作用。这类故事在现行教材中存在，但分量太少，而且并不是最好的。(2)增加科普作品，特别是写得生动有趣的科普内容。生动有趣的科普读物是培养儿童探究世界奥秘、提高学习兴趣的重要依据。法布尔的《昆虫记》可作为参照、选择的样本。(3)增加优秀古典诗词的比重。古典诗词可以说是中国文化和汉语言文字的代表，更多地接触那些优美、和谐而又浸润着中国文化精髓的古典诗歌，不仅可以陶冶性情、接受教化，而且是培养对汉语言的感受性的最好的、甚至是不可替代的途径。当然，不一定要篇篇精读，有些让学生背诵即可。(4)适当增加能体现现代儿童生活精神、情感、志趣、心态、素养的课文。这类课文与儿童生活比较贴近，可以让儿童设身处地，更多更广也更切实地感受现代儿童生活，增进对生活、对现代社会的理解。这种课文不易找，可作为阅读性内容。(5)尽量删除那种艺术性、时代性偏弱的简单说教的课文，这类课文既难以培养学生高尚的品质，又不足以提高他们的认识、判断事物的能力，应精选那些富于美感的、充满人文志趣的、又适于儿童阅读的佳作。(6)适当增加能体现现代精神的历史故事，超越单一的革命历史故事结构模式。引导儿童在更宽广的视野中去理解中国革命的历史、理解英雄人物，不仅可以丰富对革命、对历史的理解与认同，还可以培养他们开阔的视野和宽广的情怀。(7)适当插入富于幽默情趣、充满想象活力的漫画作品作为学生阅读材料。(8)从低年级到高年级可以逐步、适当地增加篇幅稍长的阅读性文章，供学生选择阅读。这类课文不求完全读懂，重在参与，提高他们的阅读与思考的兴趣。

何谓教育的现代化：从华德福教育模式谈起

《读写月报·新教育》2008 年第 8 期上介绍华德福学校的文章——《面向创造性和人性的教育》，其中有几句让我特别心动："在华德福的幼儿园里，孩子们好像是生活在 19 世纪。但当他走进华德福高中，看到的又是另一番景象——科学实验室、电脑室、学生制作的精美图书。"这里透露出来的信息是，华德福教育真正把个体发展视为一个有机的整体，其特色正在于教育的契合个体生命发展的真正的阶段性。低龄阶段的教育尽可能地接近于原始、朴素的教育形式，设置农园教室在其中保持自然的泥土芳香。小孩子的成长其实是离不开泥土的，因为唯有在这里，他们才真实地接触到初始自然与古朴。而在高中阶段，由于个体心智渐趋成熟，需要他们直接面对时代和社会，面对现代化，这个阶段的教育才真正需要浓郁的现代品质。华德福乃是一种迥然不同于我们教育设计的教育模式，华德福教育让我们思考，我们对教育现代化的认识可能存在根本性的误区。

教育对于个体生命发展而言，是一个整体，正如人类自身的发展一样。个体的发展实际上就是种族发展的复演，良好的教育在于逐渐地呈现、引领种族发展史在个体发展中的复演。正是种族发展史在个体发展中缓慢的呈现，使个体的精神发展呈现出逐渐生成的过程。人的精神世界的复杂性和细微性，是不可能按照现代化的模式一蹴而就的。所谓"十年树木，百年树人"，人的心灵是需要缓慢发展的，唯有如此，个体生命的根基才会厚实。所以，在现代化的背景中，我们需要尽可能地延长现代化进入个体精神生长的时间，保持个体在复演人类精神发展史过程中获得生命精神细微而充分的发展。

在这种意义上，其实任何速成天才的教育模式都是片面的。在个体精神发展的层面上，任何缩短个体发展历程的教育模式，都不过是揠苗助长，尽管可能促进个体某方面特殊才能的发展，但就个体精神世界的整体完善，则显然是"欲速"而"不达"。人类历史上，天才往往都是光芒短暂的，他们在短暂的生命历程中给人类留下夺目的光辉，但实际上是用自己并不健全的发展成就了他们对于人类的贡献。

因为教育不仅是直线向前，体现社会发展的要求，同时又是迂回向后，呈现人类精神发展的复杂性，教育的现代化就表现为向前的对现代精神的追求与向后的对古典精神的不断重温。在这个意义上，教育的现代化本身就内含了教育的"去现代化"，或者说，教育的现代化追求本身就内含着某种以古典精神来对抗单向度现代化的张力。教育现代化是一个综合性的概念，而非单一的。

今天对于教育现代化的追求，无非是两个方面，其一是物质手段的现代化，其二是实施过程的现代化。综合起来，现代化不过就是明确的目标和有效的技术手段。由此，教育变成了一个技术化的、准确而高效的流程。这样，我们对教育现代化的追求主要就集中在三个要素或者环节：物质手段的现代化、教育目标的明晰化、教育技术手段的效率化。我们欲求达到的教育目标就是怎样越早、越多、越快地让个体获得我们期待之中的有效发展。这样实际上就导致了儿童在教育中的物化，教育本身成了训练的机器，儿童不过是这架巨大的训练机器之下的被动容器，其结果直接忽视了个体精神发展的复杂性与细微性和建立在这种复杂细微性之上的个体精神发展的不可预见性。现代教育的追求建立在人与心理学化之上，而直接表现出对人的发展的一种预见性与控制性，以可见的、一时的、当下社会期待性的目标，替代了人类在长久演进过程中自然形成的精神发展的各种细微性目标，这样的结果就是大大缩减个体生活的丰富性。

正因如此，我们必须超越单向度教育现代化的追求。教育作为人类生活最复杂的一种细致入微的活动，它不仅仅应该是面向当下，面向未来，面向社会的预期性目标，同时还要面向过去，面向初始的人类生活，面向非预期的教育目标，面向个体精神发展的幽暗之所在。教育的现代化追求同时又蕴含着两个过程，即对未来的"前瞻性"与对过去的"后顾性"。向前的现代化追求引领着个体对当下和未来社会生活的适应，而向后的现代化追求则意味着给个体提供潜移默化的、细致入微的、缓慢生成的、全面而深入的精神滋养。一个人愈深入地扎根于种族发展的历史之中，其精神发展就愈宽厚而充分。相反，如果我们的精神根基直接地扎在当下现代化单向的层面，我们就预先斩断了个体精神向深度发展的根基。

当然，教育的现代化与去现代化的展开，既是同时性的，也是历时性的。一方面，教育在任何时候对现代化的追求都有一个"去现代化"的维度，从而让我们在现代化的繁华视野中去见证古朴的教育精神世界，例如大学，大学之所以大师重于现代化的大楼，正是因为大师的存在乃是人类历史文化之丰富性的见证者；另一方面，教育以去现代化来抗衡现代化，也可以是历时性的，比如，前面提到的华德福的教育实践，在低龄阶段尽可能施行一种质朴无华的去现代的教育形式，让孩子们在自然与古朴之中获得精神的自由发展，而在学生中后期，逐渐开始现代化的渗透，让孩子们在足够的古典精神准备的基础上获得现代智识的充分展开。

今天，对单一教育现代化的追求，一点点蚕食着儿童的生命世界之时，儿童的去儿童化就成为一个不可避免的现实，保卫童年就成为当前一个急迫的任务！毫无疑问，保卫儿童的根本就是以一种"去现代化"的教育形式来呵护儿童精神世界的缓慢生成，站在单一的现代化教育追求的背景中，保卫儿童的儿童性，乃是一个不可能完成的任务，因为这种现代化模式本身就与儿童性背道而驰。

在这个意义上，教育其实就是等待的艺术，成人世界需要有足够的耐心来等待儿童生命世界的慢慢生长生成。此刻，沉迷于效率与功利之中的现代国人，还有这样一份耐心吗？

教学的趣味

任何教育教学活动总是为人的活动，应当充满对于人性的关爱。适于人性的教育教学活动应当是那种充满自由、和谐、趣味、爱的活动，总是有人性"趣味"的活动。教学的"趣味"来自师生真实的交流与沟通，来自师生双方作为人性个体之间的真实交往。提出教学的"趣味"意在从我们师道尊严的文化传统中凸显教学活动的为人性、教学意义的丰富性以及师生在真实教学情境中的自由创造性，而非对教学活动的随意与浪漫的简单怀想。

经常可以看到，小孩子在不同场合的行为总是中规中矩，总是满脸庄重严肃，总是彬彬有礼，说出的话总是不偏不倚、一套一套的，好像在背书，他们的言行都非常标准，俨然一个模子里打造出来。这个"模型"在哪里呢？教室里，小学生们坐得规规矩矩，整整齐齐。其间是否有必然的联系？有。我曾看到这样一份颁发给一年级小女孩的印得比较精致的"喜报"：

家长同志：

　　贵子弟××在课堂(此处可替换的词语有语文课、××课、学校等)中表现好(此处可替换的词语还有"表现突出"等)，特向家长报喜，以资鼓励。

　　　　　　　　　　　　　　　　　　　　××小学

　　　　　　　　　　　　　　　　　二零零一年×月×日

据说，这种"喜报"累计几张后又可以得到进一步的奖励。我不知道在老师的"视界"里何谓"表现好"，何谓"表现突出"。我想那些有点调皮的学生一定难以得到，那些不太听话、课堂上喜欢挑刺的孩子也一定难以得到这样的喜报。

长期以来，我们所信奉的行为准则是，"三思而后行"、"察言观色"等，应该说，这些行为规范的合理性是显而易见的，其中甚至不乏传统美德的内容。但其不合理性同样明显，即过分地强调人的外在行为规范，导致对人的生命活力、激情的压抑，"没有规矩无以成方圆"，但太多的规矩则使人根本就体现不出生命的活力与趣味。不仅如此，如果直接把成人世界的行为规范过早地加诸儿童世界，儿童的世界便会失去童趣，尽管教育并不全然为童趣而教，但教育也绝不意味着舍弃儿童世界的趣味。当社会越来越多地关注人的创造性，关注人的个性，关注生活（生命）的质量之时，也许应从整体上来反思我们既有的生活品质，首当其冲，就是反思教育活动的品质。

一

任何教育中的个体都同时面临着两个世界，"知识的世界"和"生活的世界"。任何教育都旨在从"知识的世界"中引导个体获得知识、开启智慧、拓展个人的心智视野，在"生活的世界"中启迪、培养个体的生活感受力，增进、丰富个人的生活体验，达到"知识的世界"与"生活的世界"的融合，使个体的人格得以生成与完善。

个体行为在教育中的意义与价值也同样对应于两个"世界"，

在求知的"世界"中看似无意义的事情，并不一定在个人生活的世界中没有意义，它们都有可能是个体生命的表达形式。理解个体生命表达的丰富性以及表达形式的多样性，从而积极发掘看似无意义的个体行为中的潜在意义以及它们在教育活动中的价值，进而关注个体在教育中成长的作为其"生活的事件"的完整性，增进教育之于个体人生意义的完整性。人在"知识的世界"中获得知识，在"生活的世界"中获得意义。知识的获得全凭理智；意义的获取则有赖于心灵体验，知识与意义的全面追求，理智与心灵的整体关照，这两者构成属人的学生个体的完整的"教育的世界"。课堂上情到真处的自然流露，学生课间自由的嬉笑打闹，这些在"知识的世界"中并无意义的事情，都是儿童生活中的"事件"，是他们生命的表达式，都是人的正常需要之中的活动，都是属人的活动。

生命表达的丰富性依赖于儿童与周遭丰富多样的世界的丰富交往，恰恰因为这个世界是不"纯"的"世界"，儿童才可能从中感受到意义的丰富性与多样性，教育的意义才可能是多样的、完整的，"意义"不过是人与周遭世界的"牵涉"而已。当把儿童"（受）教育的世界"弄得整整齐齐、纯而又纯、标准规范的时候，教育之于儿童个体的"意义"的繁复性也被缩减成为规范、整齐的教育目标的达成，这时的教育就成了使人性的丰富性、完整性大大缩减的教育，甚至可以说就是一种"非人"的教育。

二

任何教育总（应）是人的教育，是为了人的教育。为人的教育总是洋溢着人性的光辉。适于人性的教育总是充满自由、和谐、趣味、关爱的，是有某种人性"趣味"的教育。好的教育应该能让师生双方作为人感受到来自其中的趣味。"水至清则无鱼"，有"趣味"的教育活动是那种蕴含着某种难以明确言传、在体验之中的、超越预设、在过程之中的趣味的教育活动，且这种趣味并非全然有意而为之，而是师生以求知为核心的交往活动之中的自然流露。"清清白白"的教育可能是有效率的教育，却是没有"趣味"的教育。

任何教学活动都是人的活动，是人与人之间的对话、理解、沟通、交流。作为人的活动，意味着教学的过程不可能成为那种完全控制的、一丝不苟的、准确规范的、明白清楚的科学流程，但任何现代教育活动又总需要借助于适当的规范、技术、控制、目标来确保教育活动的效率、效果，对教学过程的追求总在科学性与艺术性之间漂移。那种借助于适当的规范、技术、控制、目标而又超越于这些"规范"、"技术"、"控制"、"目标"，带有随意性、创生性、情境性、情趣性、自然性、个体性的内容就是教育的趣味性之所在。

"趣味"不是知识，"趣味"也不是单方面的"教"，是"摩擦"出来的；不是事前有意的设计，而是作为整体的师生交往间的来自教师或者学生的随意间的自然流露；"趣味"不是单个的行为，而是师生共同的创造；"趣味"不是"作秀"，而是师生间的真诚和无言的感动；"趣味"不是控制、支配、教导、规训，而是欣赏、关系、牵涉，是真实发生的师生生命中的情感与理智的纠缠。

"趣味"并非玄奥莫测，恰恰它太平凡。平凡的"趣味"并不一定在井井有条的教学设计本身中，不一定在精密的电教设备里，不一定在高深莫测的师道尊严中，它或许就在教师、学生无意中的一举手、一投足、一句机智精彩的妙语、一个意想之外的动作、一个精心设计中的不小心、一个严肃中的诙谐、平淡中的灵泉涌动、随意中的款款思绪，它无非是真实教学情境之中的智慧、情感的自然流露，是师生真实人格的彰显。甚至，包括教学过程中善意而适度的"越轨"行为，都可能包含着难以言表的"趣味"。知识激励人脑，"趣味"感动人心。年深日久，留存在人的记忆中的可能正是那些当时并非重要却在无意中感动人心的有"趣味"的平凡细节。

三

科学主义的教学观，把教学的过程视为以认知为中心的、知情意行的直线流程，强调教学目标的规范性、明晰性，强调教学过程的可控性、可预见性，教学结果的可检测性，教学过程就成了按照科学的理念，如何有效地达到预定目标的手段，教学过程可以在设计中成为高效有序的模式化的操作流程。机械的人文主义教学观，打破了单一的知识授受的过程，强调多方面调动学生的积极性，把单一的教学目标转化成多样的教学目标，并且一一按原来的方式有条不紊地纳入其教学设计之中，把游戏的、情感的、愉悦的活动添加到传统的教学活动之中，显然他们组织的思路还是一种科学主义的思路。

归根结底，教学过程所面对的就是两个基本问题：认识如何可能、人与人如何相处。前一个问题关涉"知识的世界"，后一个问题关涉"生活的世界"。现代教育置身于厚重且繁杂的知识图景之中，教学过程如何有效地乃至高效地传递人类文明的精华和知识的火种，开启年青一代的心智视野，使他们成为人类文明的创造者，这是现代教学活动无法回避的问题，其中的问题虽然只是知识与智力孰重孰轻、孰先孰后的问题，但基本目标确是一致。不管我们反对也好赞成也好、喜欢也好厌倦也好，认识如何可能乃是教学目的的核心，也是今天教学目的的核心。关键在于，师生如何去认识，而师生认识的问题归根到底就是师生在教学中如何交往的问题，所以教学的关键问题实际上在于后一个，即人与人如何相处的问题。而且，当社会对教育的要求越来越高，教育中知识获得的压力也越来越大时，我们更应该关注教育活动中人与人相处的问题，以创造不仅利于学生，而且利于教师的卓有意义的教育情境，以减缓师生各自所面临的压力，为师生生命在教育情境中的创造和谐的空间。

传统的教学只重视前者，后者完全是为前者服务的，目前人们对于教学越来越多地认识到了后者在教育中除了服务于前者的目标外，还有自身独特的、也是相对独立的价值，换言之，师生在教学中的交往本身就具有相对独立的教育价值，这意味着师生在教育中的充满人性、人情、人格之美的交往活动在教学中本身就是有价值、有意义的，都是真实发生在师生生活世界中的事情，都是跟师生生命息息相关的活动。教学的趣味在于师生正常的作为人与人的交往之中，当我们超越科学主义、机械人文主义的教学观，把教学从那纯粹的、标准化的构想中拿回到现实"不纯"的世界中来，教学的趣味问题就凸显出来。

四

师道尊严的文化传统使得教育中一直缺少了人性的趣味。中国几千年的文化历程，逐渐形成了师道尊严的文化观念，对教学情境中的教师和学生进行着各种形象设定。对于教师而言，"君子不重则不威"，教师要显得庄重、威严；"教不严，师之惰也"，教师要表现出严格、严肃；"师者，人之模范也"，教师时时处处都应当以身示范，示社会要求的种种规范，成为社会规范的代表者。在传统教学视阈中的教师形象设定总是庄重、威严、权威、神圣，高高凌驾于学生之上。对于学生而言，"子不学，非所宜。幼不学，老何为？玉不琢，不成器，人不学，不知义"，他们被设定为老老实实的学习者，"学习是学生的天职"，学习就是绝对命令，作为"无学"或"少学"的儿童在"有学"或"多学"的教师面前，认真听讲、虚心好学、埋头苦学乃为正道。实际上，在依然根深蒂固的教育教学观念中，教师和学生更多地被设定为训导者与听话者的形象，由于教育情境中权力的控制与被控制的关系，在这种控制与被控的关系中，师生双方的人格趣味都被掩盖，使教学情境的意义被束缚在简单的知识授受之中。

因此，当我们谈及教学的趣味之时，并不是为"趣味"而"趣味"，它是在更深的层面关注教育教学的基本理念和追求，关注现实教学的背景。当我们热衷于谈论民主、平等时，如果不能触及关于教育教学的基本旨趣的转换与拓展，新型的师生关系实际上只能是空中楼阁。当我们呼吁教育向人的"生活的世界"回归，要关注人的生命之时，一个基本的追求就是要把教育活动中的师生当活生生的人看待，就是要把掩藏在传统教育理念背后真实的人性之趣味在教育教学情境中凸显出来，让师生双方不至于成为带着厚重的面具而相互疏离的教与学的"机器人"，而是有着人格旨趣的、开放的、活泼的现代人。

五

强调教学的趣味，并不是让师生视教学为儿戏，恰恰需要师生个体全身心的投入，把自我理智、情感、个性魅力都投入教学情境的创设之中，真诚参与，平等交流，自由表达，师生志趣尽在其中，教学自然就成了对于师生而言有趣味的活动。师生在教学中，围绕教学的主题，展开各自的智慧之心、求索之情，积极表达自我的思想，认同或者反对——反对本身也是一种对教学进程的积极参与——在师生"视界"的逐渐"融合"中达成师生的共识，使教学中的师生认识成为可能。

"闲暇出智慧"，这是古希腊的格言。"school"这个词在拉丁语中就是闲暇的意思。教学中师生从容而略带闲暇的心态，是教学中师生展开灵感之羽翼、自由创造的基础。教学活动不仅仅是井井有条、科学规范、紧凑严密的论文，它同时也可以是诗意的、散步式的散文。当然，这并不是要消解教学的规范性，完全走向随意性的那一头，而是在把握教学基本目标的前提下，尽可能多地给予课堂中的师生双方以自由创造的空间，而不是使课堂成为教师先行设计的"彩排"，使教学活动完全成了依葫芦画瓢、按部就班式的表演，从而把一切与之无关的师生言行统统排弃。

六

追求教学活动的趣味，并不是主张师生情感、人格的无遮拦自然流露，并不是把教育活动过程理想化、浪漫化，教学的趣味应是建立在师生对教育教学的倾心投入，强调的是对师生在教学中如何交往问题的密切关注，强调师生在教育关系中的真实、自然的参与、表达，使师生的活动为教育活动本身所吸引，不是简单受制于外在的牵制，而是把教学的事情看成是人与人之间的活动，是为了人的活动，是一种与人性、人情、人格息息相关的活动，让教学活动更多地充满生命的趣味，让师生生命的活力在课堂上真正焕发出来，反对机械化的教学过程。

教学趣味的根基在教学本身。没有"趣味"的教学肯定不是好的教育，但如果只讲究"趣味"，为"趣味"而"趣味"，那可能根本就不是教学，至少不是教学本身的"趣味"。

我对大学教学的"思"与"行"

我所理解的大学教学应该是一种智识的活动，是一种师生之间双向的心智与灵魂的吸引，我把教学看成是一场师生之间作为知识人的精神相遇与对话。"学高为师，身正为范"，热爱教学岗位，努力提高自身的智识素养，保持活跃的思考状态，真诚待人，平等交往，教学相长，这是我在教学岗位上的基本追求。教学作为一种智识的实践活动，它需要的不仅是知识的投入，更是心智的展开，同样也是教育教学理念和智慧的显现。我这样想，也努力这样行动。我"思"，我"行"，我力求在"思"中"行"，也在

"行"中"思"。

大学教学以"学问"为基础，以"思想"为底蕴。踏实为学、认真做人，这是走上大学讲台的基本准备。

一

"板凳要坐十年冷，文章不写一句空。"一直以来，认认真真读书、思考、写作，几乎成了我生活的主要内容，成了我生活的兴趣、生活的意义之所在。一心一意沿着自己所理解的教育学思想路径，广泛涉猎，从哲学、伦理学、美学，到文学、历史、宗教学，从"四书五经"到柏拉图的《理想国》、亚里士多德的《尼各马科伦理学》，从陀思妥耶夫斯基到沈从文，从巴赫金到鲁迅，凡是能拓展视野，培养人文旨趣的好书，都是我心之所在。"学而不思则罔，思而不学则殆"，读书与思想相结合。我思考的领域从教育的基本理论问题，到教学的基本原理，到大学的理念，到道德教育，从教育的问题到社会文化问题的思考，从现实到历史，努力给自己的问题思考敞亮一个开阔的空间。

二

开阔的思维空间、敏锐的问题意识、深入的问题思考，是大学教学之为"大"之所在。努力以积极的思维状态提升自己在教学中的问题视界，拓展课堂教学的思维空间，提高课堂教学的思维品质，是我对大学教学实质的理想追求。

大学之为"大"，不在于高楼大厦，而在于大学师生精神的开放，大学存在的形式不是世俗的，而是精神的。大学的高度正是思想与精神的高度，大学的空间乃是心智与情感的空间。我所理解的大学教育教学的目标，乃在于拓展视界、启迪思维、涵育心智、激发热情，培养学生如何看待、思考世界的眼光，培养学生对知识与真理的渴慕。我在教学之余，注重平时所见所闻所思的积累。这样做，一是使自己能经常保持一种积极的思维状态，在课堂上容易进入思维情境之中。二是积累自己的问题意识，准备课堂教学中的材料，不管是读书、看电视，或者平常散步，生活中看似无意的事件，只要在思考中发现有意义，都可能成为我平时累积、课堂上随机发挥的材料。我每期必看的杂志主要是《读书》《随笔》《书屋》三种，电视看得较多的是《今日说法》。在教学中，我十分注意结合所讲内容，把平时积累的各种材料联系起来，随时能把学生引向与生活世界的广泛交流，与学生一起共同思考人生、社会、教育的问题，让学生真正把教学的过程变成自己理解世界、开启思维、拓展心智的过程，教学的深度与广度无形中得以拓宽。

三

大学教学应该是把大学生作为平等的思想者纳入到教学过程的建构之中，让他们超越简单的记诵式教学模式而拥有自己的思想空间。开放教学，平等交往，共同思考，是我对大学教学流程的基本思考。

大学的本质是对知识与真理的无条件追求，这意味着大学的教学必须是开放的而不是僵化的，必须充分注重探究知识的过程而不是简单的结论与结果，重视对知识与真理的态度与方法而不是充当知识与真理的"传言人"。我对教学过程的基本追求是"活"。我很少拘泥于书本，通常能结合自己的思考和阅读，在开阔的视野中就某一问题随意道来，尽自己所能，从多个方面去条分缕析，让学生有所领会。在教学中，尽量结合自己的平时积累，表达自己对相关问题的独到理解，但力求不把自己的见解封闭起来，不以真理自居，鼓励学生拥有、表达自己的见解。课堂上有更多的师生交流，轻松愉快，师生共同在不知不觉中恍然有悟。民主平等、对话交往的师生关系是我对大学师生关系的基本理解，也是我教学实践之所求。

上课时，积极拉近与学生的距离，尽量引导学生，师生共同思考。共同寻找问题、共同发表意见，避免做出终结性的结论，更多的是以个人身份发表自己的个体性的看法，尊重学生不同的想法，强调学生创造性的想法，关注学生良好的问题思维方式的养成。考试中我也力图超越常规，改变那种死记硬背的考试方法，让学生把考试变成一学期学习的创造性延伸与综合，并大胆尝试让学生以开放性的分析思考替代标准答案似的简单记忆，让学生既考得没有死记的压力，又有思想的收获，从而把考试变成一次积极的、张扬与显现活泼心智的实践。

四

课堂只是大学教学的主阵地，师生的交流应该是超越课堂的。课堂之外，努力成为学生的知心朋友，增进师生了解，使教学的思维空间有效地延伸，这是我理解的大学教学的有机成分。我会写个人博客，充分利用网上交流的平台，在那里，我与学生、朋友经常展开对话，我把自己的课堂实录发布在博客上，在那里，结束的课堂作为文本继续被置于对话之中。博客因此成为课堂与教学的延伸，成为我生命的延伸。

我不主张外在的教师权威，主张教师凭自己的学识素养、人格力量来赢得学生的尊重。师生之间的交往，应是平等、真诚、自由、宽容、轻松，包括彼此之间的争论、激励、回应。这些年来，不少学生经常与我课后交流、讨论问题、交流感受、切磋文章。教学相长，师生交流中，我的感受也多多。家里的电话经常可以听到学生的声音，电子邮箱里也常会有学生的来信。在那里，我们的精神自由自在的生长生成。

有位学生曾这样说：

"作为心理系的学生，对教育不感兴趣，可刘老师您的课，让我感受到了教育的独特魅力。你的学识、你的品格、你的为人都令我很仰慕。

您也许会说，'不要美言吧'，是的，这有美言的性质，但又不完全是，这是一种师生之间平等的交流对话，尽管您的学识让我觉得惭愧，觉得即使交流，也会有一种知识层面的不平等。

我想表达的是一种感动，是一种从未有过的收获后的满足感，您教给我的，是智慧给予的力量，是另一种看世界的观点。

谢谢您，刘老师。"

我十分感谢他们，是他们的鼓励让我感受到作为教师的快乐，感受思想与人生的意义。学无止境，教无止境。尽管我的行动远不及我的思想，但我在努力。尽管我的努力还不足道，尽管我的力量亦微茫，但我将继续，以我心中之烛，以我头顶之星，以我对教育、对海德格尔所称道的"思"境界的梦想与追求。

新课程改革：回顾与前瞻

十年，不算太长，但对于一个人的成长而言，却已足够深远。十年课程改革，风生水起，从启动之时的群情激昂、心驰神往，到如今的渐入平静，新课程改革可谓走过了一个轮回。现在需要的是反顾前瞻，发现问题，厘清思路，重新出发。

一、新课程改革：观念的起航

在我看来，课程改革的成功印迹，首先是观念上的。观念的起航，首当其冲就是逐步扩展了传统的知识观，并由此扩展人们对教育目标的认识。[①] 这其中，关键性的变化是两条：一是把知识还原到过程之中，强调知识的生成性与体验性，切实打通教育与生活的联系；二是由此而来，在打破确定性的固化的知识学习观念的同时，强调情感、态度、价值观与知识的并重。长期以来，知识在教育中具有绝对的优先性，从而使得学习者更多只能是作为被动的学习者，知识本身的威权化大大弱化了学习者的主体人格。知识的过程化，以及由此而来对个体在求知过程中的情感、态度、价值观的强调，无疑是大大凸显了个体面对知识时的主体性人格，这对于当下独立健全人格的培育可谓开启了一道关

[①] 在这个意义上，钟启泉先生和王策山先生围绕教育中知识问题的争论，可以说是抓住了课程改革的中心问题。尽管双方各执一词，但站在中间立场来看，两者并非不可调和，前者以求变为主，强调传统知识观的超越；后者以不变为主，强调新知识观对传统知识观的必要的保守。两者站的立场不一样，观点自然有别。

键的门。

以传统知识观的突围为契机，相应带来的是课程观与教学观的转变，强调课程作为解释的文本而不是摹写的蓝本，突出课程实施中的可选择性和自主性，这无疑增加了教育实践者的课程权利，扩展了教师对教育实践的深度参与；强调教学过程的生成性与对话性，这大大扩展了教学过程中教师与学生的共同投入，使教学过程成为师生共同建构的过程，而不是教师的表演与学生的被动接受。与此相关的另一个重要观念的转变就是学生的学习观，新课程改革强调自主学习、合作学习、探究学习，无疑是对新知识观、新课程与教学观的进一步延伸与落实，注重理念最重要落实到学生身上，落实到学生学习方式的转变上。而强调学生在学习过程中的自主、合作与探究，则显然不仅是学习方式的转变，同样是在培养他们的积极合作、独立自主、乐于探究的科学精神、独立人格、合作态度的培养。学习方式的转变，归根结底，是学生生活方式，或者说生活姿态的转变。

新课程改革不仅试图转变学生的认知方式、学习方式、生活方式，同样也试图改革教师们的教学方式、学习方式，乃至生存方式。新课程改革理念发动的一个重要内容是教师专业发展理念的提出，一方面，强调教师的专业化，突出教师素养与技能的专业性，提出教师的专业自主；另一方面，强调教师发展的生涯化，关注教师职业的幸福。前者强调教师职业的专业性，后者强调教师职业的完整性。在凸显教师的专业地位的同时，意在保障教师的主体地位。

二、新课程事实：成功的印迹

理念无疑对现实具有重要的引导作用，但理念并不会全然落实为现实的行动。但不管怎样，新课程改革从理念到实践，在当下中国教育实际中留下了诸多成功的印迹：

新课改引进了一系列西方先进的教学理念，诸如"民主平等的师生关系"、"交往合作的学习方式"、"对话教学"、"研究性学习"等新名词带来了新的思想，滋生了新观念，由此产生了一场思想上理念上的革命，并直接影响了教师的教学行为和学生的学习方式。就我个人而言，十分赞同新课改的教学理念，并自觉地在教学中努力实践。新课改以来，身边的大部分教师的课堂行为方式发生了较大的变化，以上反映新课改核心理念的名词已经自觉不自觉地成为了"教育流行词汇"。暂不言这些词汇背后的教育理念是否真正得到落实，但至少已经获得了广泛的认可。

新课程最大的变化便是反映在课程设置上，品德与生活(社会)、综合实践活动、科学、艺术等综合课程的设置，语文、数学等教材的改革，体现了综合性、活动性、生活性等特点，具有一定的进步意义。以我最先接触的品德与生活(社会)学科为例，相对以前的思想品德，无论是课程标准，还是教材编写，都更贴近学生生活，一改原先思品课僵硬、死板的教化面孔，注重动手参与的学习方式，活动形式多样，学生非常喜欢也深受其益。

对于一线教师而言，新课改带来的影响是巨大的。一是新课改为教师打开了一扇窗，大量新的教学理念的引进冲击了教师的头脑，开阔了视野；二是课改伊始，大家都是站在同一起跑线上摸着石头过河，无形之中给老师们提供了相对自由的空间，一定程度上赋予教师以自主权，从而最大范围地激发了教师的创造性。记得课改伊始，我一度以最大的热情投入教学。由于我任教的品德与生活没有正式的课标，没有教材，教学时基本上都是自己根据看过的日本、中国台湾的课例进行模仿发挥，比如，带学生参观学校社区、捡落叶、种菜、捉蝌蚪、养蚕等，充分体现了该课程的生活性、综合性、活动性等特点。虽然后来有了相对成熟的课标与教材，相应的参考资料也日渐丰富起来，但我依然觉得，最初那一年的课程实践情况其实是最理想的。

另外，新课改的实施给一线教师提供了相对广阔的平台。由于课改是全国范围内首批试点，再全面铺开，有幸加入首批实验区的教师无疑有更多的机会与课改专家直接对话，走出学校与其他实验区进行交流，在交流对话研讨中，分享教学成果，共同解决困惑，从而更容易获得专业提升的机会，并体会到一定程度的职业成就感。

新课改给学校、教师赋予了一定程度上的自主权。如校本课程的实施，一定程度上改变了国家课程一统天下的局面，给学校的自主发展、教师的自主创造留出了空间，利于激发学校的办学积极性和教师的教学积极性。对教师而言，自主开发校本课程，自主选择教材，自主安排教学内容教学进度以及评价方式，这在课改以前不可能想象的。虽然校本课程的实施有各种各样的现实条件限制，但无疑校本课程的开设，本身是课程与教学史上的一大进步。

可以看到，一批批的学校借着课程改革的东风，正涌现出自己的鲜明个性。就我极有限的见识来谈，清华大学附属小学、成都草堂小学、江苏海安实验小学、海口市英才小学、南京行知小学、深圳中央教科所南山实验学校等，都在各自的发展基础上创出了自己的品牌与特色，足以在某些方面成为当下中国教育改革的示范。他们的成功都与新课程改革有着不可忽视的重要的关联。

三、新课程改革：问题与反思

新课改存在的最大问题：课改总的方向是很好的，但实施起来过于激进，过于仓促。虽然此次课改号称是"自下往上"，从课程设置、教材、教师层面全面铺开，但实际上，课改实施的模式实质依然是"自上往下"，行政命令、统一安排、一个模式。而且，课改实施伊始便暴露出一个巨大的矛盾，即课改先进的理念与落后的教育现实之间的矛盾，随着课改的推进，这对矛盾日益突出。一旦课改没有考虑到我国学校、社会、家庭的教育现实，那些立足于西方社会文化生活现实之上的先进教育理念便没有办法真正落到实处，而理念乃是支撑课改的核心力量，理念层面的东西不能到位，课改的持续发展就难以为继。这让新课改给人的感觉就像一阵风，风吹来时，来势凶猛，去时则毫无声息。

正因为以上的原因，新课改的实施便直接导致以下问题的出现：

1. 教师队伍的素质并未因新课改得到多大的提升

观念的转变不是一朝一夕可以完成的。而事实上，试图通过仅有的几次大规模培训学习、听专家报告就可以转变教师的观念是不现实的。课改的关键在教师。教师没有真正领会新课改的核心理念，课改就无法取得成功。目前出现的普遍现象是"用旧瓶装新酒"，新课改的新名词包装下的，实质依然是老一套教学方式方法，新课改的核心东西并没有被老师们普遍真正吸收。相反，由于新课改的出现，直接导致目前教师队伍中存在着两种常见的思想：

（1）功利主义思想滋生。就我所在的实验区而言，新课改实施的最初，就隐含着一种功利主义的因素，我们和其他实验区较着劲，看谁的成果最多。这样的结果，容易直接导致新课改层出不穷的成果与改变不大的教育现实相脱节的问题。真正的教育是慢效应的，而短时间内产量丰硕的教育成果，除了满足少数人的既得利益外，就是直接导致教育的浮夸风现象严重，滋生功利主义思想。

（2）怀疑主义、虚无主义抬头。由于新课改的先进理念落实困难，美好的教育理想与残酷的现实环境的日益冲突，相当一部分老师不得不戴着镣铐跳舞，这样便直接造成了怀疑主义、虚无主义的抬头局面。由新课改的无法顺利实施而质疑新课改本身，从而排斥新课改，到怀疑一切。或者，对新课改对教育彻底失去希望，由最初的激情满怀到低迷颓丧，直至虚无。

2. 新课改的最关键部分——课程未落到实处

由于学校的办学自主权其实并不充分、社区家庭的教育条件还远不成熟、应试教育依然一统天下等一系列复杂因素，导致新课改的最大亮点——"综合课程"（在小学是综合实践活动、品德与生活社会、艺术、科学）难以为继，甚至沦为形式。如我所了解的综合实践活动、校本课程、品德与生活社会等，基本上都没有专任教师，学校往往作为"搭头课"安排给语文、数学、英语老师兼任，实际上，这些"搭头课"又会变成可有可无的课。如此，那些堪称"完美"的课程理念便如同一纸空文。即使教师有心想按照课程标准的要求实施新课程，但由于某些课程如品德与生活（社会）、综合实践活动等，对于社区教育设施的配备、家庭的教育条件等提出了较高的要求，而现实情况往往很难满足，这些课程的实施便无疑遭受到现实客观条件的限制，而无法落到实处。

英语课程的问题更大，英语课程从三年级起在全国范围内全面铺开后，英语确实做到了"从娃娃抓起"，可带来的直接问题是极大加重了学生的学业负担，尤其是在我国地区发展极不平衡的教育现实情况下，很多孩子连语文、数学科目的掌握都有困难，遑论英语了！可事实是，不管是城市还是乡村，不管是先进地区还是落后地区，不管学校的师资条件如何，不管学生是否有兴趣有条件有精力，英语课程已经和语文数学一样，纳入了应试跑道的一部分，而且愈演愈烈，大有和语文数学齐头并进之势。

如果课程的实施不是"大一统"的齐头并进，而是真正给予地区、学校以适当的自主权，并在确保核心课程的基础上，适当增加选修课的成分，课程的实施情况或许会是另一个样子。

3. 评价体系没有跟进

无论是对学校、对教师、对学生，评价体系一直是新课改最薄弱的环节。新课改实施之初，学校与上级行政部门"两张皮"，同是上级行政部门，教研室与教育局又是"两张皮"。随着上级行政部门日益对学校的"精细化"管理与监督，学校与上级行政部门的关系渐渐变成"一张皮"。目前的情况是：对学生的评价："分分分，学生的命根"，对老师的评价："分分分，老师的命根"，对学校而言，则是"分分分，学校的命根"。应试教育的现实日益与新课改所提倡的"多元评价"、"综合评价"背道而驰。

尽管新课程存在这样或那样的问题，我个人依然是十分赞同新课改的方向，并尽可能在自己的教学实践中实践。只是，越来越觉得当年从上至下为新课改摇旗呐喊的场面，什么时候竟渐渐远去，对此，我十分困惑。或许，目前教育的主要问题，并不是讨论改不改革、怎样改革，学不学谁、怎样学谁的问题，因为有些东西是短时间内学不来、改不来的。在我看来，广开言路，倾听来自教育一线的真实声音；追根溯源，无论是从自身教育传统，还是从国外的教育经验，回到对教育根本问题的追问，廓清对"什么是教育"、"什么是好的教育"等问题的认识，并在此基础上，拓宽渠道，赋予学校和教师一定的教育自主权，或许是可行的方向。

基础教育的课程改革，在理念和内容上大部分是好的。问题是一颗种子的发芽和生长，遭遇到了许多还没能破解的生存性的困境。

一是学校的自主空间很少。教育行政部门的管理力度，往往是微观的、具体的学校内部事务，包括许多检查、评估，检查要检查教师的教案，听课情况。这造成学校的空间狭小。例如，湖南省教育厅规定要统一进行学业水平测试，结果大家懈怠不得。研究性学习、社区服务、社会实践、音乐、美术是考查，学校随便应付，而对于文化科目，紧张气氛从高三延伸至了高二，高二下学期，老师和学生们都疲于奔命地应付学业水平测试，结果文化课的老师急于要加课时，音乐课、美术课砍掉，校本选修课程砍掉，学生喜欢看的书只好搁置在一边。

二是学校之间，没有公平的竞争环境。而对于周末补课、争抢生源等不良的办学行为，不予强制性地制止，结果造成的局面是：只要一所学校补课，一所学校抢生源，其他的学校必得补，必得抢生源，不然该校就不安心，不然该校就会在升学大战中，在高考上六百分的人数中，在考清华北大的人数中，处于劣势。如此，应试教育的加班加点愈演愈烈，老师负担重，学生负担重，何来"闲暇"搞课改？

三是学校承担了太多本该由社会承担的义务，造成课时紧张，学生负担重。比如，社区服务，社会实践，本来可以由社区街道办统筹安排，给居民区的子女提供若干服务社会的机会和岗位，学生就在自己的生活中服务社会，不必另起炉灶，硬要开设什么综合实践活动课程。结果由于社会政府这方面管理的缺失，使得学校要想方设法寻找实践基地，学生要到很远的社区去寻找"就业"机会，结果有的学生本来课业负担重，休息时间还要想办法去找服务社会的机会，找不到，或者无心去找，就只好动用家长的社会资源，随便在哪个部门盖个章，表示参加了社区服务、社会实践。办教育不仅是学校的事情，政府、社会力量都要配合。

四是城市设计取向，掩盖了农村的独立价值。无论是课程标准，还是教材编写，都有无视农村实际之嫌。特别是有的教材里出现的探究性学习作业，多以调查城市现象、城市问题为主，农村孩子怎么办？有的教材举的例子，也是城里的事，农村的小孩根本就没听说过，怎么去理解？

五是各个学制段的统筹安排不强。以初中和高中的衔接为例。初中的教材编写有的没有考虑与高中的衔接，这一点在理科教学中很明显。在高中教学中，老师教数学，教物理，讲到某个知识点，必须要停下来，因为与之相关的知识学生在初中没学，于是只好重新给学生补初中的课。造成高中学习负担的加重。

六是教材质量参差不齐。有的教材编排体例，既打乱了原来的学科逻辑，也不符合学生的心理逻辑，很难教。比如，历史以主题为单元编排体例，由于没有明晰的时间空间线索，学生对一些基本的历史事件和概念的理解，很难放在一定的时空背景下去掌握。比如，语文教材的编写，原来是以文体知识为体例编写，包括诗歌单元、小说单元，现在苏教版以人文主题为单元编排，类似于"向青春举杯"这样的主题，导致同一主题下问题芜杂，很难给学生以完整清晰的文体知识，也就是语文知识，没有语文知识做基础，人文教育将丧失它的根基。

四、课程改革的元思考

（1）新课程的实施过于理想化、浪漫化，没有考虑到教育的现实情况。一方面，过于理想化的东西本就容易导致幻灭和虚空；另一方面，在现实的物质、心理条件均不成熟的情况下，盲目推进，缺乏后续，必然失败。

（2）对奋斗在教育一线的人员缺乏基本的尊重。绝大部分的教师都属于沉默的大多数。不倾听来自底层的声音，就了解不到真实的教育情况。作为课改的主力军的教师，几乎一直是以被动的姿态投入到课改之中。在这样的情况下，教师的自主性、创造性如何得到真正的发挥？

（3）课改的评价系统一直受制于高考。现在的教育现状是徒留课改的形式，里面装的全是应试的货。不但课改的目标达不到，传统教育好的方面也都丢得差不多了。

（4）教育本身缺乏必要的独立性，教育在为经济为政治服务的同时，完全失去了自身的独立地位，受制于政治经济的需要，这样的改革，改来改去依然只是老样子。

五、教育改革的限度

由于教育问题的复杂性，教育的事情从来就不仅仅是教育自身的事情，这意味着课程改革，乃至教育改革的限度。当下教育实际中呈现出来的问题，并不是课程改革本身的问题，任何改革都只能解决自身限度内的问题。把当下的问题都归结为课程改革的不足，显然是不恰当的。当然，这反过来提示我们，置身一定历史条件中的教育改革需要明确自身的问题与边界，如果教育改革一开始就没有清醒的界限意识，就会使得改革在没有明确的改革目标的条件下进行。

1905 年的改革，革掉了科举考试，可谓为现代教育的发展铺平了道路，此后才会有蔡元培的北京大学、梅贻琦的清华大学作为现代大学的昂首挺立，才有现代学校制度的逐步推进，才会有二十世纪二三十年代从大学、到中学、中等师范，乃至小学各层次诸多名校的涌现，成为至今依然让人津津乐道的教育星火。

任何改革都不可能凭借一次改革的运动而达到改革的目标。教育改革应有"大气象"，正如孔子有言，所谓"本立则道生"。这提示我们，教育改革如果未从教育之本着手，则任何细枝末节的改革都不足以带来教育内在的繁荣与秩序，正因如此，教育改革就应该着眼于教育的大问题，基本问题，着眼于教育之本的确立。实实在在地探索、建立现代教育体制和现代学校制度，让教育的事情回归教育自身，以人为本，以切实投入教育实践中的每个人为本，把教育内改革的权利交给学校和教师，充分激发每个教育人作为教育人的主体意识，发挥他们的创造力和教育智慧，而不是把教育内改革的事情由少数人包办代替。所谓"善教者使人继其志，善歌者使人继其声"，良性的教育改革正在于让教育实践者能充分地秉承教育改革的内在精神，并转化成实际的行动，而不是停留在口号式的学习。

黑格尔说，存在的就是合理的，这提醒我们，不要过分地夸大自己的理性，而是首先要学会倾听，倾听历史与现实，去把握历史与现实之中的幽微理性，不要单纯以个人浪漫化的主观设计来替代实存事物中的理性。否则，事倍而功半，欲进而反退。

六、当前教育改革的重心

任何教育都是由人去承担的，什么样的人办出什么样的教育。

所有的问题最终都依赖于人来解决，所以，教育改革真正需要解决的是建立合理的人际路径。事关教育的人际路径主要包括三方面：

一是教师，是他们在真实地影响着孩子们的发展。一个社会，无论怎样重视教师，都不会过分。只有重视了教师，才可能真正吸引优秀的人才进入教师队伍，提升教育实践的水平。当然，所谓重视教师，首先是待遇，但绝不仅仅是待遇，更重要的是如何发挥教师的作用。所以，就教师而言，吸引优秀教师、发挥教师的主动性，这两点是关键中的关键。

二是教育管理阶层，增强教育管理的专业意识和服务意识是核心。如果说真实影响孩子们发展的主要是教师，那么真实地影响教师发展的则主要是教育管理层。只有增强教育管理的专业意识，才能管所其当管，依照理来管，而不是随心所欲。只有增强教育管理的服务意识，才能凸显教师的主体意识，否则教师们就只可能是管理只配之下的教育工具，而不是独立的教育人。

三是各级各类教育辅助人员，提高他们的教育责任意识，超越单纯的教育市场意识是主要内容。教育不仅仅是教师、教育管理者的事情，还牵涉注重教育辅助人员，包括教育研究、出版、新闻、社区服务部门等等，只有强化每个儿童发展的牵涉者们的教育责任意识，有效地引导、适度地约束他们的市场意识，才可能给孩子们的发展提供健全的空间。否则，当教育成了每个人都急于分一杯羹的利益场，教育的完整性就必然被破坏殆尽。

总结起来就是三句话：突出教师在教育实践中的主体地位是核心，强化教育主管部门的服务意识是关键，树立教育辅助部门的责任意识是条件。

要做好这三点，需要理念和制度的相应改革与支撑，这三点是改革理念与制度设计的灵魂。离开这几条，所有的改革都只能是没有灵魂的改革，是伪改革。

人的问题的解决路径主要是两个，一是内在的，一是外在的。内在的路径是教育素养的全面提升，也就是让这个社会不断地涌现真懂教育、真爱教育的人，这意味着教育思想启蒙的重要性；外在的路径是现代教育体制与学校制度的建立，也就是让那些真懂教育、真爱教育的人能找到适合自己的舞台，使他们的教育抱负得以施展。二十世纪二三十年代教育的短暂成功乃是建立在那一代教育人的杰出心智之上，是蔡元培、胡适、梅贻琦、张伯苓、竺可桢赋予了北京大学、清华大学、南开大学、浙江大学以灵魂，也是经亨颐、夏丏尊、朱自清、丰子恺等人的存在赋予春晖中学以灵魂。没有杰出心智的开启就不可能有杰出的教育想象，而没有杰出心智施展的空间，就不可能有杰出的教育实践。

这意味着当下教育改革的真正的重心不外乎两条，一是教育观念的启蒙；二是教育体制的改进。

时至今日，教育观念的启蒙应该从被启蒙到自启蒙，也就是如何凸显每个人置身教育实践之中的主体意识——而非作为教育改革的终端——鼓励探索与争鸣，扩展教育实践的思想空间，扩大教师专业自主权，激发每个教育实践者自主探索教育真谛的内在动力，由此而促进教育启蒙的深化与内化。如果说教育被启蒙的主体是高端教育主管部门和教育理论专家，那么教育自启蒙的主体就是每个教育实践者。怎样把教育改革的自主权还给广大教育实践工作者？教育管理、教育研究、教育服务等诸多部门应该各司其职，逐渐形成完善的教育体系。

在这个意义上而言，我们教育改革的发展方向，应该在两个层面展开：一是以教育体制为中心的教育外改革，也就是实实在在地、逐步地探索、建立现代教育体制以及相应的学校制度，核心内容包括扩大办学自主权、大力扶植教育家办学、招生制度改革以及与之相应的学校内部的民主治校，还有义务教育制度的深化以及教育公平的推进；二是教育内改革，也就是实实在在地吸引优秀教师，充分发挥教师们的自主性与创造性，在全面提升教师教育观念和教育素养的基础上，扩大教师教育教学自主权。这意味着教育外改革需要往上走，也就是提升到国家整体教育战略与教育制度的层面来推进；教育内改革则需要往下走，也就是在相应体制的保障与激励的基础上，逐渐下降到学校和教师，让他们成为教育自我改进的主体，鼓励创新，培育教育实践的自我发展、自我完善的能力，而非动辄举国上下一盘棋，绝大多数教师只能作为教育改革的陪衬，改来改去，教师自身不过是"被改革"的对象。

第三辑　教育是一种柔顺的力量

教育是一种柔顺的力量
——在长沙市望月湖二小听课后的发言

"好一朵美丽的茉莉花，好一朵美丽的茉莉花，芬芳美丽满枝丫，又香又白人人夸……"美丽的音符从孩子们活泼的生命世界中穿过，听课的我也自然地得到了音乐的抚慰，享受其中的古典美丽和浪漫，心胸柔柔地舒展开来。这是今天听的第一节课。第二节是三年级学生的美术课，主题是画草，草无处不在，可以随意画来。这对于缺少艺术细胞的普通学生而言，无疑是一个不错的选择。

听两位艺术老师的课，我觉得做一个小学老师很幸福，做艺术老师尤其幸福，而最幸福的是做这样的艺术老师的学生。今天，我也做了一回幸福的学生，感受到一种柔性的力量。这也是母性的力量，就是妈妈在孩子面前的那种感觉，很柔顺地安抚着在场每个人的心灵。

我们就从听艺术课出发，思考当下教育很重要的问题，也就是教育中的根本性主题。一堂课好不好，老师教得成不成功，最根本的是什么呢？很显然，最根本的并不是知识的习得和技能的完善，或是孩子们把我所教的歌会唱、画会画，最重要的是孩子们的积极参与。这不仅仅是艺术课程的主题，也是所有学科的主题，就是如何引导孩子们的投入，真切地进入课堂之中。如果我们的课堂追求的不是外在的，表浅性的，就会真切地感受到这一点。教育面对的是活生生的、活泼可爱的个体，怎么让孩子们在这个世界中度过一生，这是多么神圣而需要审慎的事业！

　　面对各个不同的孩子，发自内心地促进每个孩子生命的发展，这是教育的永恒主题，也是永恒难题。作为个人的经历，小时候上音乐课怕老师说自己唱不好，美术课上怕自己不会画，上体育课也怕自己学不会武术中的拳法。从某种意义上说，技能往往会妨碍孩子们对课堂的投入，使其对课堂有恐惧之心。而在今天两位老师的音乐和美术课上，孩子并没有恐惧之心而是真切地投入进来。也许课堂有点无序，但课堂的追求并不是以秩序本身为目的，教育的主题是促进各不相同的可爱的孩子进步，让他们在课堂上更可爱。而且，课堂也不要求全，而是要有闪光点。这就要求课堂回到最简单，最基本的问题，而不是在虚华的、外在的艺术性追求中掩盖了最基本的问题。教育的基本主题是促进每个各不相同的、活泼的孩子的生命，让孩子内心增加一些美的发现和对日常生活的敏感性，这是教育的核心。

　　由此，我们怎样来看待技术与生命的关系。教育中面对的是各不相同的孩子，每个人达到技术的层次是不一样的。即使再笨拙的艺术，也可以发现美，感受美，投入美的体验中，这是比技艺更重要的。在艺术课程中，不是以技艺的高低评价孩子们，不要过分地在意自己吹得好不好，画得好不好。其实，其他课程的教学也一样，相对于儿童生命的生长而言，知识技能总是处于次要地位。

要处理好技术与生命的关系，我们需要反思教师在教学中的身份。教师不仅仅是知识技能的传授者，更是对生命的引导和守护，更重要的是，教师是孩子心灵的陪伴者。张文质曾提到"天使妈妈"、"伙伴爸爸"，这是很有意思的角色。特别是在早期教育阶段，好的老师就是孩子们生命中的天使，他们用自己的"魔法"与魅力，给孩子们开启一个天真烂漫的生命世界。天使妈妈无疑是理想的教师形象，隐含的意思是教师在教学过程中需要自我人格生命的投入，充分调动人格的力量，全身心地进入到课堂之中。所谓"内行看门道，外行看热闹"，作为看门道的内行，我们需要更多地看到孩子们生命的美好以及美的力量对他们的引领，在这种美的感受中，生命得到丰富的滋润。孩子们生命生长的期待与教师对这种期待的积极回应，乃是教育过程内在的力量。

我们再进一步思考教学改进的方向，最根本的就是回到教育基本的主题——对孩子们的生命的促进。刚刚美术课老师教学的主题是草，也许，我们每一个人都是平凡的草，教学就是让每个孩子作为平凡的草，找到在课堂中的位置。在课堂中的位置，也就是在世界中寻找自己的位置。面对大千世界中的草草木木，培养对日常生活的敏感性，让自己活成一棵健康的草。这样，孩子们就不会对教学中要求的技艺表现有恐惧之心。不管教育的手段有多少种，最后都要回到最简单的教育问题，让每一个各不相同的生命得到充分的发展。我们要避免单一的课堂追求，避免孩子的边缘化。教育由此而成为一种柔性的力量，一种内在的舒展孩子们生命的力量。

以人性之爱补缀破碎的生命世界

——听窦桂梅老师绘本课《我的爸爸叫焦尼》有感

12月11日早晨，应清华附小窦桂梅老师之邀，我匆匆赶去听第一节课，是她给五年级的学生上绘本课。我进去课已经开始，听窦老师一张一张地引导孩子们读绘本，让孩子们猜下一个内容是什么、接下来会发生什么。开始还没有什么感觉，就当是一个平淡的故事，讲的是一个叫狄姆的小男孩跟爸爸在一起的琐碎的故事。慢慢地，随着自己融入窦桂梅老师所开启的绘本世界之中，那丰富而温暖的人性气息，扑面而来，让人如沐春风。

故事的梗概如下：妈妈先把狄姆放到站台上，让他一个人不要动，等爸爸来，狄姆终于在早上十点半等到了爸爸的到来，然后和爸爸在这一天里一起吃比萨，一起看电影，一起到图书馆读书，一起喝咖啡；然后是火车站的道别；最后是火车走了，狄姆又在等待妈妈的到来，直到妈妈来了；狄姆依偎在妈妈的身上，看着铁轨的远处，妈妈则安详地注视着狄姆。

故事以孩子与爸爸的相遇为线索，本应该是爸爸带孩子去玩，但整个过程其实都是以狄姆为中心。焦尼带孩子去吃东西、看电影、吃比萨，都是以狄姆为中心，父亲深情地时刻注视着狄姆。在图书馆里看杂志，实际上父亲看的并不是杂志，而是自己的儿子。在爸爸陪伴的过程中，狄姆也真实地感受到了父亲的爱，他说"爸爸的手真大呀"，实际上是说爸爸对自己的爱很大，或者说此时的爸爸以博大的爱的空间围裹着孩子。父亲的陪伴增加了孩子生命的自信和阳光，这从狄姆不断向周围的人说"这是我爸爸，他叫焦尼"可以看出来。他不仅遇见熟人时说，看到陌生人也挺直腰杆，几分高傲地说，"这是我爸爸，他叫焦尼"。父子之间的爱在火车上的告别时达到了顶点，爸爸把孩子举起来，伸出一只手，大声地说："这孩子，是我的儿子。最好的儿子。他叫狄姆！"父亲对儿子的温情陪伴，就是为了成就阳光、自立的狄姆。当爸爸告别，儿子站在站台上时，实际上是以一种独立的自我形象而存在着。父亲走后，他依然手拿着从图书馆借来的那本书，并向从身边经过的一位陌生的叔叔说："我在冲爸爸挥手！我在送爸爸呢！我的爸爸叫焦尼！"

从此，在母亲到来之前，他就是以一个坚强而独立的自我出现在人生往返的站台上，怀抱爱的体验、爸爸远去的惆怅、对下一次相遇的期待，面对自己的生活。如果说父子相遇前孩子的生命状态有些阴郁，那么此时此刻，父亲对儿子真情的生命陪伴改变了孩子的生命姿态。狄姆始终是画面的中心，内含着狄姆作为世界的中心，正是焦尼的生命在激励着狄姆生命世界的成长。正是在父亲的注视中，他一点点成长，从骄傲地向世界宣称："这是我爸爸！"到自己读书，到向陌生人说话，到成为父亲怀中的骄傲，到独自的面对生活，再到母亲的到来，整个生活片断的完成，其实就是孩子所经历的一个完整的生命过程，这一个过程本身就可以看作孩子生命成长阶段的缩影。

贯穿整个过程之中的核心要素就是爱。从父子之间爱的传递，还有由母亲到孩子到父亲，他们之间的这种爱的传递，虽然父亲母亲并没有在故事中相见，而是彼此分隔，但他们都毫无疑问地把爱给了孩子。到这个孩子向陌生人说话，实际上是孩子在父母爱的围绕之中成长，并把这种内心生长的爱的力量传递给整个世界。在绘画中有一个很重要的细节，父亲的围巾是红色的，最后母亲的围巾是绿色的，而孩子身上的围巾是红绿相间的。假设父亲和母亲的爱像是围巾，那么父亲和母亲都把之间的爱围在了孩子身上。但是这种爱又让孩子意识到：你是一个独立的自我。包括母亲让孩子一个人站在台上，到父亲让孩子一个人站在站台上，都是让孩子清醒地意识到自我的独立性。

不仅如此，这个绘本还有一个重要的主题，那就是什么是爱？爱其实就是生命中的彼此温情相伴，爱的形式不过就是父子之间一起去买热狗、看电影、借书、吃比萨，不过就是日常生活细节的展开，包括爸爸对于儿子的举、搂、抱、盯，就是这一些平凡的举动。正是这样一种作为日常生活形式的爱的表达融入狄姆的内心，铸就坚强的生命，让他在生命中获得自我内心的从容与坚定，坦然地面对父亲的离去与陌生的他人。当分别成为常态他依然能够把爱、依恋、期待留在心中，独自地面对生活。这实际上显明爱的质朴性，人性本有的人伦之爱乃是心灵世界之中的阳光，是生命成长的最重要的养分。

课后一位老师提示，这个故事讲的是一个父母离异家庭的故事，但我在听课的过程中并没有感觉到这样一个特殊的背景，或者说，在我看来，是否有父母离异，并不是绘本的关键，充其量，父母离异只是一种现代性问题的典型表达。今天，每一个人都行色匆匆，追求自己的成功，追求个人利益的最大化，忽视了生命最重要的因素，就是人与人之间的朴素的、人性的连接。现代社会的外在性发展就是一种物化向度的发展，掏空了生命的内在温暖，人的存在本身功能化，由此而导致生命本身的破碎。我们匆匆行走于各自的社会角色之中，生命的有用化遮蔽了人性的价值与温暖。这个绘本其实就是提示我们，回到纯粹的父子身份，以父子之间最简单的生命的温暖来弥合现代社会所造成的人性的裂缝。不管现代社会所造成的人与人之间的裂缝有多大，我们依然需要用爱来呵护孩子们健康的心灵，他们内心的阳光就是我们的希望。

　　整个绘本的背景颜色是灰色的，实际上是隐喻现代社会人性所周遭的某种灰色的背景。但在人的活动中，却不时地跳动着红黄绿的亮丽颜色，隐喻对抗灰色时代最重要的质素就是爱，是美好的人性，是生命之间的温暖联系。灰色背景中的亮彩之光，是沉郁中孕育着希望，这种希望就是爱与温暖的人性。如果说现代性的生命品质本身就是断裂的、破碎的，那么补缀置身现代性中的生命破碎，现实的路径就是爱。今天，心理疾病吞噬着无数人的心，我们也使用着各种心理治疗的方法，但心理治疗的技术本身就是现代性的组成部分，对于人性自身的缺漏而言，这种技术不过是一种不得已的治标之法，穿越现代社会的裂缝、治疗置身现代性中的人性深处的疾病，最根本的出发点还是人性之爱，是善良的人性本身。

　　讲课之后，窦桂梅老师要孩子们每人想一句想对父母说的话。一个孩子说："我想对天下的父母说，你们要多陪陪你们的孩子！"这虽然是一句很简单的话，但却是现代社会中的一个最基本的问题，那就是，不管我们如何劳碌，人与人之间的温情陪伴，乃是生命的基石。更重要的是，成人世界的荒疏，不要给孩子们的成长留下阴影。怎样给孩子一个充满阳光、自信的心灵世界，实际上不仅仅是一个教育的主题，而是整个现代教育的主题。不管我们教育的主题多么的复杂，不管我们尝试怎样的教育路径，教育最根本的主题乃是启迪美好、优良的人性。窦老师她们不断地引入包括《我爸爸》以及《我的爸爸叫焦尼》等绘本的行为，实际上是希望在平庸的教育中，给孩子们敞开一道人性的亮光。

　　无疑，窦桂梅等老师的努力让我们思考一个重要的问题：我们今天的教育改革，最根本的问题究竟是什么？在我看来，就教育而言，最重要的是内容。为什么我们的孩子们会缺乏优秀的儿童读物呢？当各种花哨的流行读物一统天下，我们看到的是文化创造力的贫乏，视野狭隘，缺少内心的纯净与广博，这使我们文化的创造无法真正地超越个体，面对时代的生存问题而上升到生命、人性。文化的平庸直接催生平庸的个体，催生出儿童精神生活的平庸与狭隘。在这个意义上，窦老师她们的努力，实际上也是开启了当下教育改革的一扇新的窗口，甚至可以说是最重要的一扇窗口。

教学过程与儿童精神世界的扩展

10 月 16 日，在清华附小听窦桂梅老师讲《三打白骨精》，感受非常深刻。这是一堂名著导读课，窦老师从引导学生逐步得出小说的基本要素开始，然后回到"三打白骨精"的环境、人物和情节之中。先从白骨精入手，提炼出她的"三变"；接着是分析孙悟空的"三打"，再是唐僧的"三责"。然后，引导学生分析"三变"、"三打"、"三责"各自之间的不同以及相互之间的联系，进而让学生理解小说的反复叙事，体会其中不变中的变化、相同中的不同，进而在交织的情节网络结构中凸显人物性格，并显现叙事中的基本主题——"一心向善"。然后，从"三打白骨精"扩展到引导学生对整部《西游记》的内在结构的把握，再延伸至中国古代小说与文化，如"三顾茅庐"等；通过不同的人、不同时代的人谈《西游记》来提示西游记的意义在历史中的变迁以及在当代的意义，从而显现出一种解释的脉络，再顺其自然地延伸到当下社会生活，从而使得古典作品的阅读与学生当下的生命世界发生紧密联系。

这堂课让我思考的一个重要问题是教学中儿童精神世界到底是如何扩展的，或者说儿童思维究竟是如何通过教学获得发展的。

教学的中心环节是文本解读，如果我们只是就文本解释文本，我们的立足点实际上就是文本自身，而不是儿童的精神世界，是让儿童的精神世界简单地接近文本，而不是以文本的解读来有效地启迪、激发儿童的精神世界。怎样由文本解读到儿童精神世界的积极扩展呢？或者说由文本通达个体精神世界的起点？找到这个起点，实际上就是找到了教育成功的起点。这个起点就是文本潜结构与儿童思维潜结构的统一。

我们先来看文本的结构。文本有自己显在的逻辑结构，即我们通常能从字面上看到的由语义、语段构成的文章基本结构。不仅如此，文本还有隐在的结构，即构成文本出发点的内在秩序，在《三打白骨精》中的潜结构就是以环境、人物、情节为基本要素而引出的"三变"、"三打"、"三责"。以文本为中心，除了向内的潜结构，还有向外延展的结构序列，即文本向文化、历史与生活世界扩展的开放性结构，在《三打白骨精》一课中，就是《三打白骨精》向整部《西游记》、向古典章回体小说的解释史。

与文本的结构序列相似，儿童的精神发展同样存在着扩展性的精神结构与内在秩序。儿童对文本的学习不仅仅是认识基本的字词句篇，同时是开启个体内在精神世界。无疑，儿童面对文本，有着潜在的思维结构，也就是基本的认识水平。教学如果停留在文本的一般性地解释上，教学就只是在一般性地利用儿童已有的思维结构与认识水平。只有在教学有效地引导个体认识自己已有的思维结构、并在已有认识结构的基础上，充分地激活、扩展个体既有的思维水平与精神空间，在对历史、文化与生活世界的延展性认识中提升个体的精神结构，并使心灵世界潜在的认识结构秩序化、明朗化，从而提高个体心灵世界的整体水平与能力，儿童精神世界的内在秩序获得有效的发展。

由于文本的潜结构与延展性结构都是在逻辑上、在想象中发现与建构的，对文本潜结构的发现以及向文本开放性结构的扩展，实际上就是儿童精神世界的内在结构的发现与扩展。儿童精神世界的发展正是在儿童精神结构与文本结构彼此合一的过程中实现的。当然，这个过程是循环往复的，正是教学过程中，在教师积极的引导下，由文本潜结构（元结构）、到文本自身，到历史、文化与生活世界之间的不断回返，激活儿童心灵世界的潜在认识结构，并使得这种精神结构不断地向历史、文化与生活世界扩展，从而获得个体精神世界的不断提升。

在这个意义上，我们需要回到维果茨基，这位 20 世纪上半叶苏联天才心理学家，他提出："儿童思维发展过程真正的运动不是从个人到社会化的，而是从社会性的到个人的。"正是文本向潜结构与延展性结构的发现与扩展，激活、带动儿童精神世界的发现、扩展与内在精神的提升。正因如此，教学应该是为儿童发展中的最近发展区服务的，教学必须立足于儿童心理结构与精神秩序的发展，而不是简单地顺应儿童的已有心理水平。

正如维果茨基所说："我们始终应该确定教学的最低阈限。但事情并未止于此，我们还应该确定教学的最高阈限。只有在这两个阈限之间教学才能取得成效。教学一门课程的最佳时期就在这两者之间。教育学不应当以儿童发展的昨天，而是应当以儿童发展的明天作为方向。只有那时它才能在教学过程中发现在处于最近发展区里的发展过程。"教学指向儿童发展的明天，从儿童发展的潜结构出发，指向儿童发展的延展性结构，从而有效地扩展、提升儿童精神世界的内在秩序，这是教学担当的儿童成长责任。

不断地回到原点，是为了更好地出发。回到个体心理的潜结构，是为了指向个体精神世界的延展性结构，是为了个体精神世界内在秩序的发展与提升。

今天，当我们一味地倡导教学如何顺应儿童当下的心理需要的时候，我们必须看到儿童心理需要的客观性。这种儿童心理需要的客观性主要表现在两个方面：一是当下儿童心理发展水平实际以及发展中的问题指向，即儿童自身发展的客观需要；二是社会文化与历史发展所给定的当下儿童发展的可能性，即由社会历史与文化决定的当下儿童个体发展所能达到、需要达到的基本水平。

在这个意义上，教学不是随心所欲，有责任感的教学需要站在儿童心理发展的高度，站在历史、文化与时代的高度。教学的指向绝不是当下儿童的简单快乐，尽管教学过程并不排斥学生愉快的心理感受。教学在任何时候所真正指向的都是，或者说应该是儿童精神世界的扩展。

教育的真义在于爱的交流
——从《爱与罪》的故事谈起

这是中央电视台一个周末栏目《讲述》里讲述的故事，故事的题目叫做《爱与罪》，故事的主人公是一个中年男性。大概在四五岁的时候，主人公就没有了父母，无人管教的他很小就开始小偷小摸，也因此进过几次监狱。第四次从监狱出来的时候，已经三十六岁的他下决心重新做人。后来在北京，他遇到了一位让他心动的导游小姐。为了博取这位小姐的欢心，他隐瞒了自己的过去，极力表现出自己好的一面，两人有了一个很好的开始。一年之后，他们到他的家乡武汉结婚了，婚后很快有了孩子。就在这个时候，他的妻子慢慢地了解到了他的过去，知道他曾经坐过牢，所以对他很不满，说他骗了她。无奈之下，主人公只好继续去偷盗，用偷盗来的钱财挽留妻子的心。武汉几乎所有的高档商场他都盗窃过。终于有一天，他又因此而被送进了监狱，他的妻子带着他年幼的儿子离他而去，一去就再无音讯，他们的孩子因为没人管，被送进了一家幼儿园，一家三口就这样离散了。这一次刑满释放以后，他打听到儿子所在的幼儿园，于是战战兢兢地跑过去。这一天，幼儿园正好组织外出郊游，他在空荡荡的幼儿园里转了一圈，以为没人在。这时，楼上一个管生活的婆婆告诉他说还有一个小孩，他想都没想就知道那肯定是他的孩子。他的儿子就被锁在一间小阁楼里。虽然这个小男孩很小的时候就与父亲分开了，根本不认识自己的父亲，但是当门打开的时候，他见到这个陌生男人，却张口就喊："爸爸，快接我出去！"看着儿子，父亲止不住泪眼婆娑，他这回真的想好好地做父亲，好好地补偿对儿子的爱。此后，他对儿子百般疼爱。他靠摩托车出租谋生，每天从早忙到晚，总不忘给儿子带点东西回来。后来，他又结婚了，妻子对孩子也很好、很关心，周末一家人经常一起出去玩。故事到这里，这个家庭也算是重新找回了幸福，但是意想不到的事情也就在这个时候发生了。

由于一度没父母管，小男孩也和他的父亲一样学会了偷盗。他偷过家里的钱，到楼上同学家去时也顺手牵羊从同学家里偷了一点东西，所以邻居都不喜欢他，对他们夫妻俩都不太友好。对儿子疼爱有加的父亲自己有过痛苦的经历，所以一旦知道儿子偷东西，就把他打得半死。被痛打之后，小孩保证自己再也不偷了，大家过了一段相安无事的日子。谁知又有一次，儿子的老师告诉这个父亲说，他的孩子偷了同学几块钱去商店买东西吃了。父亲本来已经骑着摩托车出去了，听说这件事，马上又骑车回到家责问儿子。儿子争辩说没有，父亲气愤之下又开始打人，儿子慢慢承认了。父亲还是不解恨，就把他两脚捆在凳子上倒吊起来，拿起衣架子就打，儿子大喊救命，喊痛，喊自己再也不偷了，父亲用爱人的长裤袜捆住儿子的嘴巴又打了几下，孩子的声音突然变小了。父亲发现不对劲，赶紧把孩子解下来，发现孩子已经说不出话来，马上送到医院抢救，医院诊断为颅内出血，抢救了几天，孩子还是死了。

　　父亲心底里是很疼爱自己的孩子的，却因为恨铁不成钢，气愤之下亲手把孩子送走了，他内心的悔恨和苦痛自是无法言说。孩子对父亲的爱又是怎样的感受呢？后来，记者找到了小孩的书包，看到小孩生前写下的日记，有几页日记的大意是这样的：父亲他从来不顾及我的感受。他只知道做他的事情，和我从来没有过一种朋友式的交流，他根本就不了解我。毋庸置疑，父亲爱他疼他，但父亲爱的形式是一种什么样的形式呢？——要么就是给他好的东西，尽可能为他谋取到好的条件；要么就是打，用一种暴力的方式让他走上正道，父子之间却从来就没有过一种实实在在的交流与呵护。这样一种畸形的爱所导致的，恰恰是一种畸形的教育和畸形的教育结果。

　　我们回过头来追问，这究竟是谁的罪呢？是爱的罪吗？爱有没有错？这就提醒我们思考一个问题。一种教育，作为一种真实的教育，作为一种发生在亲子之间的实实在在的教育，必须通过爱来传递，必须在一种爱的氛围中传递心灵之间微妙的感受。你仅仅在心底里很爱自己的儿子，却没有让儿子真真切切地感受到你这种真实的爱，你表达给儿子是威严，是专横，是恐怖，尽管你为他做出了很多，提供了足够的条件，这并不构成亲子间优良的教育，因为这些条件对他而言并不十分重要，他感受不到其中你的良苦用心，或者感受得不够真切，所以这种亲子间的教育就始终没有触及到孩子心灵的深处。相反，你提供得越多，他感受到的可能却是父子之间隔膜的加深；而从父亲这边言之，好像你给子女提供了好的条件，他（她）就理所当然应该做个好孩子，应该听父母的话。这无疑提醒我们，亲子之间，仅有物质层面的关爱，并不构成好的亲子教育。

　　这就不能不让我们进一步思考这样一个古老的问题：什么是真正的教育？什么是父子之间的真正的教育？什么是父子之间真正的充满爱的教育？人世间有多少爱、多少正当的意图，反而造成了不好的后果，原因何在？在电影《刺激1995》中有一句话，也许这句话能够提示我们对于前面这个问题的回答："记住，希望是好事，也许是人间至善，而且美好的事物永不消失。"在这个意义上而言，什么是爱的教育？爱的教育必须是心灵的教育，是敞亮个体内心世界的教育，亲子之间的爱要切切实实地转化为子女内心的希望。唯有通过实实在在的爱的交流唤起个体对未来、对生活的一种乐观和希望，可以让心灵获得一种幸福、美好的体

验，这种亲子交流才实实在在地变成了爱的教育，变成了一种爱
与希望的教育，才实实在在地进入了个体内在的心灵世界，充实
了个体内在的心智生活。

《圣经》中有这样一段话："你们是世上的光，曾照在山上是
作为隐藏的。人点灯，不放在底下，是放在灯台上，就照亮一家
的人。你们的光也当这样照在人前，叫他们看见你们的好行为。"
爱的教育也应该是一种光的教育。只有当这种光实实在在地照亮
个体的心灵，那么这种爱的教育才会浸润于个体的心智生活，实
实在在地浸染其中，建构个体美好的心智空间。这样，我们凭着
爱，敲开个体心灵的门扉，激发深层的智慧，照亮个体朦胧之中
的心智空间，把个体引向光明和希望。没有真实的爱的交流，就
没有充实、和谐、高贵的教育。

在教育的世界里，爱不是万能的，没有爱却是万万不能的。
没有实实在在的爱的交流，就没有真正的教育。让我们记着雅斯
贝尔斯所说的，教育其实不过就是"与人格平等的求知识获智慧
的人进行富于爱心的交流"。

教学中不能承受之重：我的一堂评估课

下午接到通知，评估专家东北师大的柳海明教授今天要听我
上课。我上的内容是最拿手的德性与教育问题。这是我的本行，
原本是有把握上好的，但真正来到眼前，还是难免几分紧张。

院里马上几次打电话过来，要安排试讲。我本不太愿意，试
讲会使自己上课不能自由发挥，限制自己的自由思考，但试讲也

是好意，所以我赶紧准备。原来备课是按三节课一起备的，现在要备成一节完整的课，所以内容要做些调整。匆匆忙忙，七点多才把课件做出来，赶过去试讲。没有现场感，只是简单把过程演练一下，发现其中确实还是有些问题，便在顾基平老师试讲的空隙修改理顺。

回到家里已是十点多，心中老牵挂着这个事情，找了些资料，又丰富了一下。想早点休息，一到床上，却还是老惦记着上课的事情。一下想出一句话，就打开手机，用短信的方式记下来，发给自己，怕第二天早上忘记，再重新关机。一共反复了三次，到十二点多才尽量使自己不想。但还是睡不着，本来就有失眠的老毛病，这下有点事在心中，更加难以入眠。心想，只要能睡好觉，上好课就没有什么问题。

折腾了很久，才稍微睡了一下子。早上七点起来，又查了两个小问题，一是重新看了下刘小枫《沉重的肉身》中关于赫拉克勒斯的评述，二是查了古希腊关于德性的词"arete"。

七点半不到就连忙往院里赶。到 101 教室，学生早已坐好，辅导员正在给他们讲有关事项，气氛难免有点紧张。我把上课所需要的东西一一在讲台上摆好，选了一支粉笔，把粉笔头磨了一下，好正式写字。教室里鸦雀无声，等待上课的来临，一片紧张气氛。

柳老师是七点五十到教室的，我下去打了个招呼。八点钟到了，电铃还没响，我就开始上课了。前面的上课确实没有放开，有些紧张。基本只能按照预先想好的话来说，没有多少自由发挥。准备写粉笔字时，我到处找自己磨好的粉笔，没有找到，只好重新找了支粉笔开始板书。上完课才知道，其实那支磨好的粉笔正躺在我打开的教案正中间，睁大眼睛望着我！

讲到中间才慢慢放开，下课正好完成了自己设计的内容，感觉应该还过得去，如果单从评价的视角而言，应该还是有很多可圈可点的地方，知识性与思想性的结合，教育学、哲学与文学的交织，历史梳理与当下问题的关注并举，课堂结构的起承转合，中间关于赫拉克勒斯的选择的互动交流气氛也自然而活跃，但确实没有平时随意发挥时讲得生动自如，很多话没有完全融会成自己的语言，做到口语化，通俗化。而且，我预先做好了课件，我的讲课只能一步步按照课件的预设讲下去，这使得我在课堂上的自由发挥减少了许多，课堂上的"神来之语"太少，大大改变了我往日上课的风格。自我评价，如果从效果来讲，确实没有我平时上得好。整堂课都感觉没有真正把自我融入进去，是始终感觉有一种外力在牵扯着，让自己无法沉浸其中，而只能以一种清醒着的主体的姿态，一步步地控制着课堂的走向。

第一节课讲完，我和柳老师稍作交流，他就走了。第二节课开始，感觉一身轻松，我开始重新回到自然上课的状态。我跟学生讲了一段话："前面上课有个很重要的转变，我是作为教科院的一员，外在的身份要求就会掩盖真实的自我，我的自我就会禁闭其中，我就很难发挥出自我的本色来。人的存在有一个微妙的差别，现在我又一身轻松，由一个大我被围裹的自我到真实的自我，这样我和大家的交流就成了自然的交流，没有第三者的介入。他者的离去使我又回到了一个普通的教师。"

评估课中我承载着学院、学校的名誉，我不属于自己，我必须讲出作为学院代表的水平来。越是这样，我就越不属于自己，我讲的话就无法真正成为一种切身性的语言。当我重新回复到一名普通的教师身份站在讲台之上，我终于又回到自我，跟学生自由地交流。我的思维和语言又重新回复到原来的状态，慢慢地进入自由思考的情境之中，我的思维重新激活，思维的连贯性、随意性和创造性开始重新打开，后面讲的内容才开始一点点鲜活起来。

经历了这一次，我深深地感到，课其实不是上起来供别人听的，理想的课堂必须是一种师生自由交流的活动。唯有如此，课堂才可能成为张开思想自由绽放的翅膀，才是真正面对学生、面对问题情境，而不是面对听课评课的人讲的。一切外在的干预，都可能破坏课堂师生交流的自由与和谐。

放飞语文的梦想

语言是存在的家，这是哲人海德格尔给我们提供的认识我们自己的"家"的一个重要的论断。在我们说话之时，那"话（语）"首先在言说着我们自身，换言之，我们说什么话、我们如何说话，在很大程度上是由我们所拥有的话语资源所决定的，我们只能说我们所"能说"的话，这意味着我们实际上无法超越我们所拥有的话语空间来自由地说话，我们所拥有的话语资源的丰富性直接决定了我们思考与言说的丰富性。我们生活在语言所筑的"家"中，话语影响着我们的人生，我们拥有何种品质的话语资源，意味着我们拥有何种品质的人生。

我们的话语资源从何而来？我们从小所受的语文教育就是给

我们提供话语资源的最重要、最基本的方式。正是在一笔一画、吐字发音、字词句篇的阅读、训练的过程中，语文教育教给我们思考与说话的方式，同时也在塑造着我们思考与说话的方式。语文教育提供给我们思考和接触世界的基本话语，打开我们对世界、对社会、对人生的基本想象空间，打开我们心灵通向世界的窗口。实际上，语文教育（当然也包括其他文科课程）在很大程度上支配了我们对我们身在其中的世界以及我们自身与这个世界之关联的想象。当我们说语文教育给我们提供了基本的话语资源的同时，也就是说语文教育给我们提供了基本的精神资源，语文教育直接影响着我们早期人生的精神品质。

一旦我们在人生的早期接受的语文教育是机械的、单一的、内容贫乏的，又没有别的语文阅读资源的补充，久在其中，我们在思考与说话的方式单一、机械的同时，精神品格也会不自觉地变得单一、机械，思想空间狭窄，思维不通达、缺少灵性。等到我们长大成人，要想完全超越我们年少时所受的这种单一、机械的话语训练，除了个别天赋极高的人，一般说来是不可能的。柏拉图《理想国》中说道，无论如何，一个人年少时所受的教育往往决定着他后来的方向。年少时贫乏的语文教育会在我们漫长的人生道路上留下抹不去的阴影与遗憾。

世纪之交，一群可敬的学人，一群富于理想气质的教育关爱者，他们是钱理群先生、王尚文先生、吴福辉先生、王晓明先生、曹文轩先生等，他们怀抱着一个美好的心愿："要用我们民族与全人类最美好的精神食粮来滋养我们的孩子，让他们的身心得到健康的发展，为他们的终身学习与精神成长'打底'。"他们默默地从事语文课外读物的编选工作，从一篇篇选文，一条条注释，一篇篇阅读建议做起，为中国的语文教育改革添砖加瓦。历时两年余，从文学作品到历史、哲学、科学、宗教、艺术等，涉及不同民族、不同国家、不同时期，可以说是从浩瀚的文化海洋中一点点萃取精华，从小学到高中，共计 24 本，给我们提供了一个丰富的、经典的、饱含人文乳汁的阅读盛宴，给我们打开一条慢慢地窥见、领略人类思想与智慧的道路。

面对《新语文读本》，我无法不正视自己的阅读局限性。作为一个早已从中学门槛跨出来的人，我发现自己必须从头开始，从"我是谁"开始，从稚幼的童谣开始，沿着《新语文读本》成长，慢慢地回溯个人成长的历史，细细地去感受我们那时未曾感受或者很少感受到的成长中的纯真、趣味、欢乐、焦虑、幸福，感受人性的丰富与美好，感受自然的神奇与美妙，感受一个人存在的价值与尊严，感受思想的力量。我忽然发现，人生成长中的阅读之旅原来也可以是如此的丰富、有趣，而且如此的牵动人心。我把我的感受尽可能地传达给我所能及的人们，于是在我的身边，不断地又有人拥有了一份与我相同或相似的感受。

我内心充满感激，我知道我应该深深地感谢《新语文读本》的编者，不只是作为一个教师，一个关切中国以及中国教育事业的教育学工作者，更是作为一个现代社会的普通的个体。一个人凭借什么而成为一个现代的人？因为他（她）站在人类发展至今的智慧之上，享受着人类智慧与精神的发展成果。《新语文读本》呈现给我们的，正是一个现代人的广阔的、优秀的思想、情感与精神的阅读之路。

话语的力量

有一首叫做《女人是老虎》的流行歌曲：

小和尚下山去化斋 老和尚有交代

山下的女人是老虎

遇见了千万要躲开

走过了一村又一寨 小和尚暗思揣

为什么老虎不吃人 模样还挺可爱？

老和尚悄悄告徒弟

这样的老虎最呀最厉害

小和尚吓得赶紧跑

师傅呀！呀呀呀呀 坏坏坏

老虎已闯进我的心里来 心里来

女色是和尚伦理的雷区，为了避免小和尚走进这个雷区，老和尚以老虎喻示女人，在小和尚的想象中预先编一道话语的栅栏，师傅的言说作为权力话语，成为小和尚的想象空间。当小和尚被训以女人是老虎并且真诚地相信女人就是老虎时，我们不难想象，话语的力量真有些神奇。其实，这道栅栏不仅修在作为听话者的小和尚的心里，而且同样修在作为发话者的老和尚的心中，作茧自缚，蚕食着老和尚真实的心灵感受。老和尚苦心经营的话语栅栏，也许能束缚小和尚的身体，但小和尚真实的心灵感受还是在有意无意之中乍然而泄。当涉世尚浅的小和尚越过老和尚的语言栅栏，自己去感受真实的女人时，发现栅栏之外的女人原来是可爱的。

当然这只是流行歌曲，是我们一笑了之的材料，现实中话语的力量可能要远在"女人是老虎"的想象之上。实际生活中类似的话语有时候不知不觉中束缚、控制了人们的嘴和身体，久而久之，就束缚、控制了人们的心灵，使人心失去了感受世界和他人的能力，使人真的"把女人当成老虎"，并且远远地躲开，连望也不敢多望一眼。

我们每天都在不知不觉说着各种各样的话，话语就像空气一样，与每个人须臾不离。表面看来是我们在说话，其实，仔细想来，却是那"话"首先在"说"我们，我们所"有"的话语的世界就是我们所思与能思的世界的界限，话语实际上构成了我们生活的想象空间，一层层的话语就像是编织在我们肉身之上的想象织体，直接或潜在地支配着我们思考与行动的方向。那激励着多少英烈舍生忘死地奋斗牺牲的《共产党宣言》《国际歌》《国歌》的话语力量是巨大的，它们敞开了人类生存的新的想象空间；那激励着雷锋时刻想着别人的话语力量是巨大的，它们指引了雷锋的生存方式。不仅如此，话语还有另一种负面的力量，那让女人成为贞节牌坊的牺牲品的话语力量是巨大的，那顷刻间让父子、母女不相认，彼此脱离关系，视亲情为粪土的话语力量是巨大的，那让人变成兽的话语力量是巨大的，那种指鹿为马的话语力量同样是巨大的。

我们生活在一定的社会中，社会在引导我们一步步去感受世界、发现世界的同时，有意无意地影响着我们感受世界、包括感受自我的方式。我们生活在世界中，我们也生活在话语之中。我们身在客观世界之中，我们心在客观世界之上的话语世界之中，我们所拥有的话语的世界成为我们心灵生活最切近的世界，也成为我们整体生活基本的想象空间，制约着我们思考与行动的方式。正因如此，话语的渗透成为社会对个体施与的最基本的控制形式。如果说传统社会的社会控制方式主要倾向于硬性的控制，包括严酷的刑罚、各种规训制度等，现代社会的控制形式则越来越多地转向了软性的话语控制，从小开始，就给个体以符合社会要求的话语渗透，从而逐渐地支配个体思考与行为的方式，并把这种支配变成个体的潜意识，等个体长大成人，要全然超越这种年少以来积久形成的潜意识，是一件十分困难的事情。

如果说人被社会化的过程，就是人的存在被格式化的过程，人的格式化主要就是通过话语控制来完成的。实际上，在分工明确的现代社会中，社会对个体的话语控制主要是通过教育完成的，在个体很小的时候，我们就开始了对其进行规一性话语渗透，开始了经由话语的规训而使个体格式化的过程。我们常常乐于高谈人的主体性，在一种单一的话语想象空间里，无论怎样的主体性的教育，实际上都跳不出"如来佛的手掌心"，个体无法超越这种单一的话语模式而自主地建构个体生存的想象空间，唯有在不知不觉中自我顺应，成为单一话语支配、控制的对象。这种主体，不管多么耀眼，在某种程度上很可能只是如鲁迅所说的做奴隶的主体。

当我们在教育中，从小就被灌输，唯有国家、民族、社会、集体，才是一个人生活的价值根源，个人是无足轻重的；从小就学会要听话，听老师的话，听大人的话；从小就被告知只能说老师允许的话，符合标准答案的话；个性是不重要的；性教育的缺席与性意识的抑制、阻隔……久而久之，我们就在这种听话的话语空间中变得麻木，即使我们可以用更多的后来培育起来的激情和智慧去创造、超越先前自我，但骨子里沉淀的那种听话意识、中规中矩，总会成为我们挥之不去的生存姿态。如此，我们就不得不思考，我们究竟应该给个体从小就建构一种什么样的话语空间，让他们积极自主地感受并且发现世界和自我？我们是否在无意识之中培养和创造新的奴隶，还是在为现代中国培养具有现代意识的公民形象？

如果从这样的视角来更深入地看我们今天的教育现代化追求与对传统教育的超越究竟达到了什么程度，也许我们还刚刚起步，抑或尚未真正开始。

良好的教育把人引向正确的方向

几位朋友一起吃饭，朋友的小孩边吃边玩，不小心把杯子弄倒了，情急之下又把要倒的杯子扶起来。母亲的朋友马上表扬她的儿子："不错，不错。"小孩得到表扬，马上变得高兴起来。

人的发展是一种情势，每一个瞬间、每一个生存的细节，都存在着多种发展的动势。

良好的教育把人引向正确的方向，并加速人的发展。

期待一种给生命以温情陪伴的教育

几年前，我曾在一篇文章中写道，如果要用一个字来概括当代教育的特征，那就是"忙"。在老师学生以及相关部门的忙忙碌碌之中，教育究竟对于个人意味着什么？或者说教育究竟给学生个体的生命存在带来了什么？教育是否开启了个体生命通向美好人生的智慧和温情？这实在是一个如烟如雾的谜题。幸好，还有那么一些教育的理想主义者，他们不满足于花样翻新的教育口号，他们试图以沉默者的姿态切入教育问题的深层，他们要用理想和虔诚来接近教育中最神圣的主题：生命。生命化教育的提出，让人耳目一新。

生存、生活、生命是生命的三个层次，是人类永恒的追求。生存即指活着，生活即指有质量地活着，生命则是指有价值有尊严地活着。其中，生存与生活的问题我们可以依靠物质来解决，而生命的问题则需托付给教育。"润泽或点化生命"便成为了教育的一个十分重要的课题。最早提出"生命化教育"理论的是我国哲学家、中国人民大学博士生导师黄克剑教授。1993 年黄克剑教授第一次提出了教育的三个境界即"授受知识、开启智慧、润泽或点化生命"。后来，张文质和肖川等教育学者丰富了生命化教育理论，他们和几十位有着丰富教育经验、深厚教育情感以及独特教育思想的中小学一线教师一起将生命化教育理论变成了现实的教育行动。

"生命化教育的核心是成全人，既要成全学生，也要成全教师，因此要研究个人的生命价值和生命发展。生命化教育是建立在对人的尊重、对人差异的尊重、对人在教育中的困难的帮助和呵护……"生命化教育尊重生命的自然状态，承认学生的个体差异，尊重学生的差异，始终相信人，相信生命的意义。生命化教育对于教师就是要让教师回到真实的对人的理解、期待和成全上去，就是要让他把自己直接关联到教育的理念上去，并从中获得一种尊严，这种尊严不需要靠权威获得，这是他的天职，是每个人赋予自己的。

仔细思量关于生命化教育课题的点点滴滴，我们发现生命化教育课题在理论上表现为一种深入、独到的教育哲学追寻。黄克剑老师指出的教育的三个境界，"授受知识、开启智慧、润泽或点化生命"，是层层递升的，是对当代教育实践样式的一种突破。"授受知识"是教育最基本的职责，唐代韩愈就提出了"师者，所以传道、授业、解惑也"，这也是教育的第一个境界，是历代教育都可以做到的。但知识是无限的，人的时间和精力却是有限的，我们如何处理好这个矛盾呢？生命化教育便提出了教育的第二个境界"开启智慧"，即我们教育的目标不仅是教会学生一些知识，更要引导学生学会学习、学会选择，让知识更好地为我所用。第三个境界"润泽或点化生命"是站在生命的高度对教育的整体把握，长久以来被人们在教育中遗忘的人的尊严和价值在此找到了立足之地，给置身宇宙苍茫之中的个体心灵以温情的陪伴。"润泽或点化生命"是对教育的基础性和整体性的思考，表现出对一直以来我国教育实践中存在的技术主义倾向的超越。具体地用于指导教育行为的技术是非常重要的，但不是所有的教育问题都能通过某种特定的技术模式来解决，对技术的崇拜可能会使教育变得越来越肤浅。教育中越是基础的东西越不能转化成技术化的东西，只能转化成一种理念，潜移默化地影响着教育，起到"润物细无声"的效果。

　　在现实中，我们对待教育问题先触及的往往是政治意识形态的问题，然后才是教育学的问题。黄克剑老师曾经指出：从根本上说，教育不应该是政治的侍从，教育和政治应该是相互服务的。生命化教育便从这一角度出发，力图使教育从关于人性的最基本的问题谈起，而避免抹上过于浓厚的政治色彩。说起卖火柴的小女孩的命运，大多数受着传统教育的学生都会异口同声地说揭露了资本主义制度的残酷和资本主义社会的黑暗，我们那些原本活泼可爱、充满幻想、富有激情的青少年的思想怎么会变得如此贫乏呢？在生命化教育实验学校泉州洛江区河市中心小学里，《卖火柴的小女孩》这篇古老的课文以一种令人耳目一新的方式出现了。这次的教学没有被定位在揭露资本主义制度的残酷和资本主义社会的黑暗的思想教育层面上，而是从人性的角度开始谈起。童年对于大多数儿童来说是一段多么美好的回忆，而卖火柴的小女孩却如此不幸。在残酷的现实面前，她选择了幻想，在幻想中得到幸福，是人性的真善美没有使小女孩走向另一个极端，去偷、去抢或放下自己的尊严去乞讨。而路人对小女孩之死的冷漠便是人性中恻隐之心的散失，是真善美的毁灭。前后对比，足以引发学生对人性中真善美的思考和追求。

　　在内容设计上，"生命化教育"课题研究采用教育理论专家与教育实践能手共同合作，具体的课堂教学指导与课后的畅谈讨论相结合的方式。课题组有将近十所实验学校，这些学校的背景各不相同，甚至还包括了办学条件相当困难的农村学校。和一些只选择城市重点学校作为实验学校的教育改革相比，生命化教育的实践突出地显示了它深厚的人文情怀和对社会弱势群体的关注。

生命化教育就是个性化、个人化教育，它始终关注生命的差异，努力成全所有生命各自不同的发展目标，对所有的生命都表现出一种真正的善意。因此，它使学生从抹杀个性、屈从于外在权威的生存状态中解脱出来，使学生自由地生活在自信、宽松、和谐、快乐的氛围中。在福州市台江区第三中心小学的二年级课堂上，当漂亮的沈凌夷老师对小朋友说道："同学们好漂亮！"时，孩子们一边笑也一边不约而同地回答："老师也很漂亮。"沈老师这一用意深刻却又能轻松办到的小小举动给孩子们带来了自信和快乐，师生之间的距离一下子被拉得很近。童心是最纯洁和善良的，生命化教育对每一个学生的关注、尊重、满足、善待和成全，换回的将是每一个学生美丽人生的开启。

生命化教育既要成全学生，也要成全老师。因此，生命化教育实验学校的目标之一就是学校确立"教师第一"的理念，尊重、信任、关爱每一位教师，为所有教师的发展提供制度保障，切实提升教师生活质量，改善教师的生命状态。在生命化教育课题中教师的参与是非常积极有效的。与其他教育实验与改革模式相比，教师不再是单方面地接受指导，简单地等待课题专家的指正，而是亲身参与到课题研究之中，把自身的教育感想融入生命化教育中，同时又用生命化教育理念指正自己的教学。教师在其中的思考、实践、表达性参与本身就是教师生命的鲜活实践，就是生命化教育的重要内容。龙眼树下气氛热烈的研讨会，每一位实验教师自然真切的公开课，公开课后教师与专家平等真诚的交流沟通，教师用鲜活的语言文字道出最真切的教育感悟……这一切都是教师在生命化教育课题研究中的成长。生命化教育提出"教育是慢的艺术"，生命化教育中的教师生活是优雅而从容的，他们慢慢感悟着生命，感悟着教育。他们的教育理念不是外在的权威赋予的，而是出于对人生的理解和对教育的切身性感悟产生的，这样的理念不会轻易动摇。教师不会再有对上级政策和升学压力的惶恐不安，有的只是对生命个体的敬畏和发自内心的责任意识。在这种真正发乎人心的理念中，教师的存在显明了一种为人师的尊严与价值。

"润泽或点化生命"是一个十分重要的教育课题，同时也是一个永恒的人类生活基本问题。也许，生命化教育课题所要传达的与其说是一种行动模式，不如说是一种理念、一种意识、一种对待生命、对待教育的态度。教育究竟应该在其中扮演什么样的角色，或者说教育究竟应该以何种方式去点化、润泽生命？面对每一个不同的、独具个性的生命存在，教育能在何种程度上点化、润泽生命？如何在共性之中发展并保护好个性化的生命？如何让学生生活得轻松快乐又能承受起成长中的挫折，让生命的点化不只是阳光灿烂，也可能有惊涛拍岸？如何利用好现成的有限教育资源来给予每个学生的生命形式以足够的关注、尊重、满足、善待和成全？……值得我们思考的问题还有很多，生命化教育要走的路也许还很长。

研究性教学：一种以问题为中心的教学理念

任何教学总是以有效地传承人类既有的文化、生存经验为己任，总得"教点什么"、"学点什么"，在此过程中去涵养人的德行，开启人的心智，濡染人的性情，让人通过教育而成为"文化"的人，成为有教养的人，成为社会期待之中的"人"。

在社会发展和文化更新相对缓慢的时代（玛格丽特·米德所言"前喻文化"即社会文化以长者为本位），教育教学的功能更多地限于传递、继承父辈生活的基本经验，传递"旧"的文化，授以一生所需的基本知识、技能和社会伦理规范的基本要求。当社会发展、知识更新的速度加快，知识共享的程度大大提高，教育教学活动的信息空间得到了前所未有的丰富与扩展，社会的文化质态正由前喻型的文化转向后喻型即长辈反过来向年轻辈学习的文化，教育教学的功能不再限于传递既成文化，而逐渐转向创造新的文化，确切地说是培养个体创造新的文化意识与能力。人的教育不再局限于学校教育阶段，而贯穿于人生始终，成为"终身"的教育，学校教育不只是个体教育的一个阶段、一个部分，正因如此，学校的教学活动就不能再局限于传递既定的知识供个体一生享用。教学所依的知识越来越成为一种开放的结构，这意味着立足于"终身"教育之上的教学活动的根本意义在于把个体引向"终身"教育的历程之中，让个体在有限的教学活动中学会获取有效的知识信息，并培养一种对现成知识进行思考、判断、质疑、选择、加工、改造与灵活运用、创造新知识的能力，让他们经由教育教学而"学会学习"，准确地说，学会自我思考，自主质疑、判断、选择、加工、运用、自我探究新的问题，自主创造新的知识。从而把个体引入自我教育历程之中，使教育人生化。在此意义上，"教"是为了"不教"。

如果说传统意义上的教学目标更多地在于解决问题，那么，立足于终身教育之上教学目标则并不在于"解决"了多少问题，相反在于"激发"了多少问题。"解决"的问题归根到底体现的是教师作为教学的中心和主体，而"激发"出来的问题才真正是师生合作产生的、属于学生自我的"问题"，是他们"视界"中的问题，这意味着教学过程真正成了他们作为思想着的"主体"而参与的过程，成了他们的"视界"渗透到教学之中、并且在教学过程中与教师及其他学生发生"视界融合"的过程。这意味着好的教学实际上只是为了把学生引入"问题"之中，引入他们属己的"问题意识"之中，并且不断扩展他们的"问题意识"。这样，好的教学就不再是以其过程中的知识、技能的传授作为教学的终极目标，好的教学不再是一次性地解决问题，而只是通过暂时地解决问题来唤起学生的问题意识，让他们自觉地走上自己的问题思考之路。这样，教学过程就成了学生个体属己性的"问题意识"的中介。

问题意识，这是学生个体认识世界、关爱世界的起点，唯有如此，他们才真正有了属于他们自己的"世界"，一个切身于他们心灵思索的、充满着"问题"的世界，他们才会既有对世界的探究之心，又有对世界的思想之域。正是学生属己性的问题意识才真正内在地、实质性地把学生个体与外在世界连接在一起。

研究始于问题。"研究"，汉语词典上的解释是"探究事物的道理、性质、规律等"。任何研究，先要有"探究"的"事物"，有"探究"的"世界"。作为探究意向与对象的"世界"中的"事物"，必然是充满着疑问与问题的"世界"和"事物"，正是那些萌生于个体身上的对世界及其事物的"疑问"和"问题"把个体引入对世界的探究、思想、研究之中。任何研究都得有探究的"世界"，有研究的"问题之域"和对世界的"探究之心"。

"问题意识"，使得"教学"与"研究"内在性相关联与契合。"研究性教学"意味着教学的追求突破了单一的传授既定的文化知识与经验，而把学生引向更广阔的活生生的世界，让有限的教学过程成为他们探究、质疑、思想、设计世界的开始，让"问题意识"去积极地整合他们习得的间接知识经验，并使之活化、内化为个体切身的人生经验。问题意识的不断开启，使得学生个体知识的增长、心智的启发与个体对世界、对社会、对人生的认知、理解、参与相伴相生。问题意识的形成、累积与扩展，这就是研究性教学的根本之所在。离开了问题意识，就没有了"研究性"，也算不上好的教学。"研究性教学"，其"研究性"实际上并不是一种外在的强加给教学的品性，而只是一种切合于教学内在要求的教学品性的凸显与强化。研究性教学就是以"问题"为中心，以培养学生的"问题意识"为根本目标的教学。研究性教学并不奢望把每个人都培养成学术研究的"专家"，而意在让每个学生都能自己"想问题"，能独立思考、判断、评价、选择、创造，视野开阔，并最终落脚在对社会、自然世界以及自我人生的价值与意义的关注之中。

目前，研究性学习正备受关注。关注学生的自主、探究的学习方式的养成，这是极有意义的，但教育教学活动是一个整体，我们必须把研究性学习纳入作为整体的教育教学活动之中来考察，换言之，学生的研究性学习应该直接纳入整体教学活动之中，使"研究性"的学习成为"研究性"的教学活动的一个有机的成分。如果研究性学习不能与课堂教学有机结合、并使之成为学生整体教育经验的有效的实践活动方式，而只是作为一种孤立的活动存在，那么它在教育整体活动中的作用将会是极其有限的，很难从宏观、整体的维度来提升学生个体在其整体教育教学活动参与过程中的活动品质，难以使其整个受教育的活动过程成为孕育其自主探索性品质的活动过程。

　　研究性教学作为一种以"问题"为中心的教学，意味着这种教学是创生性的，而不是按部就班的表演。教学的过程并不只是教师把预先设计的属于教师知识范围之中的知识图景如何有效地、按部就班地传输给学生的过程，而是在师生既有知识、经验的相互沟通的基础上寻找、发现问题，借助于一定的新知识传授，师生共同去谋求解决问题的办法，在师生的积极交流与合作中，共同走上思想问题之路。教师不是作为传声筒，而是作为一个带着理智、情感、智慧的与学生平等的个体，参与到超越简单知识授受的、深层次的、充满问题的教学情境的创造性建构之中。创生性的教学，意味着教学对于师生而言，永远充满着超乎预设之外的魅力（而不是一开始就知道结果如何），一种源自师生思想的魅力，它永远对教师和学生的知识和智慧构成挑战，并且随时召唤着师生创造力、智慧、才能的涌动与勃发，使师生潜能在富于挑战与激励的教学情境中不断释放、展现出来。缺乏创生性的教学，不可能是研究性的教学。

研究性教学作为师生共同去寻找、发现、解决问题的教学，乃是一种师生合作性的教学。师生之间彼此信任、互相激励、互相启发，把各自的思想、情感都真诚地投入问题情境的创设、解答、再创设的教学过程之中，使教学成为师生共同参与的充满着"问题意识"的"研究性"的教学。没有师生真诚合作，就只有单向的传输，就只会有教师的表演，只是表演水平的高低不同而已。师生之间的"合作性"应该是真诚的、发自师生内心的、自觉的、互相吸引的、实在的、深入的；而不是基于教师权威的慑服力的、应付的、被动的、牵强的、机械的、盲从的、人云亦云的、浮华的、表浅的、单向的传输合作不是基于师生对问题倾心投入的对话性的合作，只不过是师生相互配合中的简单表演、"作秀"而已。思想的投入需要的是热情、冷静，"思"的辛劳、艰苦、努力，思想的魅力是质朴的、踏实的。研究性教学不需要"作秀"，表浅的浮华与"研究性"背道而驰。

富于创生性的研究性教学，是一种开放性的教学，这种"开放性"包含着三重含义：它追求的根本目标不是确定不移的知识结论，而是以一定知识为基础的对世界的开放的"问题意识"，是敞开的问题视野，教学就是把个体带入其对世界、对社会、对生活的"问题"（好奇、疑问与探究之心）之中，让学生经由有限、但有效的教学活动而培育出对世界的问题空间，心中有问题并且知道怎样去寻求解决问题的办法，他们获得的乃是创造性地运用知识、加工知识的能力和智慧；教学的形式不局限于课堂、教材，而是向课外、向更广阔的世界开放、延伸，这不是简单的教学与社会生活实际相结合，它意指教学活动乃是一种灵活的而非机械呆板的、意义丰富而非贫乏单调的活动，教学活动时刻抱持着对活生生的外在世界的活泼联系；内容也不限于教学计划中的固定安排，能根据当时当地的教学情景需要作出必要的调整。开放性的教学充满弹性，富于张力，有意味可寻。

　　研究性教学作为一种开放性的教学形式，意味着这种教学是广延性的，时间和空间上的广延性。课内与课外相结合，一堂课的开始，包含着师生课前的必要的知识、经验、问题的准备；一堂课结束了，这只是研究性教学的起点而不是终点，这不是指学生简单地完成教师布置的课外作业，而是指学生在课堂上激发、累积起来的问题意识把他们引向课外、引向对世界的积极主动的探求与思索之中，当然，也包括教师给学生布置的研究性课题的作业；问题意识的累积、扩展、深入，绵延、渗透在学生个体的整个教育历程之中。教室与图书馆室、实验仪器室相结合，教学的地点可以是多样的，教学的形式可以是灵活的。教材与课外书籍相结合，好的教材不仅能给学生提供必要的知识基础，而且能有效地激发学生的问题意识，给他们提供自主探究的思维方法。但是，任何教科书总是有限的，它需要课外书籍的补充，广泛的课外书籍能给学生提供多样的选择，可以极大地拓展学生视野，全方位地训练学生发现、思考、综合、解决问题的"研究性"能力，这对于积极的思想感情的养成也是十分重要的，因此，课外读物对于研究性教学必不可少，而非可有可无的点缀。学校与社会、自然世界相结合，教学的视野决不限于课堂、教材、考试，而是能随时把师生引向外在的社会与自然世界的关注之中，这大大拓宽了教学的空间，师生得以在更广的视野中去寻找、发现、把握问题，研究问题，正是广阔的思想空间的创造，"研究性"才有可能。

与其说研究性教学是一种具体的教学操作模式，不如说它是一种态度，一种师生在教学过程中对待课程、对待知识、对待问题以及师生之间相互对待的基本态度，即一种开放的、探求的、务实的态度。正因如此，研究性教学并不是一种确定的教学模式，其具体教学的形式是多样的。我们可以立足于基本的教学形式，增强常规教学的研究性成分，把传统的教学形式改造成为"研究性"的教学形式。

增强日常教学的研究性成分，一种重要的方式就是增进师生教学过程中的探究性交流、对话，积极拓展师生交流、对话的时间、空间以及交流的深度，使教学的过程真正成为师生双方共同参与、共同创造、合作建构、共同分享的过程，而不是教师传输、学生接受的单向过程。

怎样使教学过程成为师生对话交流的过程？克里夫·贝克在《学会过美好生活》一书中提出，对话的关键是：（1）尊重彼此的观点；（2）尊重彼此的传统习俗或经历；（3）言论、信仰和行动的自由；（4）共同决定对话的形式；（5）关心具体的生活经验；（6）通过具体行动（实践）验证。要真正使学生参与到教师引导的对话性教学过程之中，首先得让学生有话可说，所以，探究性交流对话的第一步是积极寻找、创造师生对话的话题与说话的空间。这种"话题"的来源大致有四种：学生的知识基础、学生的生活经验、师生共同关心的社会话题、来自教师的新观念信息等。教师应善于结合相应课程教学实际，从多种角度，积极寻找、创设师生对话的问题空间。

让学生有话可说，还要让他们有话能说，而且会说、敢说，这需要以下条件：师生平等、相互信任、彼此尊重、教学民主；学生有充分的说话的机会；学生自我表达的信心、勇气和能力；师生不受太多的外在干预，教学中有相对的自由。

深入而不流于空乏的对话离不开来自教师的方向性引导。这意味着教师一方面要有对相关问题的必要的知识基础和开阔的视野，能更恰当地把握问题，引导对话的深入；另一方面又要积极地促成师生共识，让大家在对话中能有所获；同时，我们追求共识但却不能强求共识，师生双方都应有一种积极的态度对待交流中的差异，尊重差异的存在，而不是强求一律，任何强加，都是对对话的破坏。

当然，我们也应适当尝试、大胆引进各种开放的教学形式，包括：师生讲座，在低年级主要采用教师讲座的形式，高中阶段可以让学生上台讲座，当然，更多地还可以请校外教师、专家和其他有关人员进行讲座，开辟讲座的话题，拓宽学生的视野，培养学生的兴趣；师生座谈，可以采用正式或者非正式的形式，师生平等地坐在一起，选择师生都感兴趣的适当话题，畅所欲言，活跃交流气氛，融洽师生情感，缩短师生距离；师生、生生辩论形式，辩论的主题、形式可以随意，关键在于学生的参与；几位教师同时参与的师生合作性教学，当然，这只能是在个别情境中，由几位老师轮流主持一堂课的教学，不同教师采用不同的教学方式方法，发表不同的看法，从多种视角激励学生思维；教师适当参与的学生课题研究形式，选择适当课题，以教师为主，吸引学生广泛参与，重在培养学生兴趣；学生兴趣活动形式（当然不止是"课外"），这里主要以学生为主，教师提供必要的指导；社会调查、考察，加强学校、学生与社会的联系，更多地赢得社会对学生、学校的支持，让学生更多地以积极的形式去了解、关心社会，在深化课内知识学习、能力锻炼的同时，增强其求知欲和对社会的认同与关爱。凡此种种，可谓不拘一格，最重要的是师生研究性参与的态度和实际的效果。

乡村教育：呵护乡村少年的快乐成长

——对话湖南师范大学教育科学学院刘铁芳教授

刘铁芳简介：1969 年生，湖南师范大学教育科学学院教授，博士生导师，北京师范大学"985"团队研究员，主要从事教育基本理论研究。近年来致力于教育人文探讨，一并关注文化视野中的乡村教育。著有《生命与教化》《走向生活的教育哲学》《乡村教育的人文重建》《守望教育》等，主编《教育人文辑刊》系列、《乡土中国与乡村教育》等。

引导乡村少年以积极的眼光来看待自己"生活的世界"

记者：近年来，您把对乡村教育的关注重点放在乡村少年的健康成长上，这是一个很有启发性的视角。我发现，那些从乡村走出来的孩子往往或多或少有一种自卑的情绪。同样的教育，在城市孩子与农村孩子身上竟有如此差异，对我们的乡村教育而言，这意味着什么？

刘铁芳：确实有这种现象。当然，造成自卑的原因多种多样，城里长大的孩子也可能因种种原因有自卑情绪。而且我也并没有一个建立在统计数据之上的更科学一点的结论，但根据我平常对身边学生的观察，可以明显地感觉到来自不同群体的学生，他们的心理特征存在着明显的差异。比之于来自相对宽裕的城市家庭的学生而言，乡村成长起来的学生对大学生活环境的适应性相对欠缺，他们的长处在于更懂得发奋读书，但与此同时在其他方面，如社会交往、社会活动能力等，往往更多地表现出稍逊一筹，甚至来自边远地区的学生常常一开始会显现出几分木讷，他们的生活经历和生活背景往往使得他们生活的压力更重，更显成熟，更能吃苦的同时，他们的大学生活往往略显沉重。

实际上，当我们在让乡村接受我们设计的、他们并无多少选择余地的教育模式的同时，我们也把"城市取向"的价值预设渗透其中，使之成为乡村教育的主导性价值取向与价值目标，乡村生活与乡村文化的价值实际上处于贬抑的状态。正因如此，乡村少年身处这种教育模式之中，他们有意无意地放弃，也不得不放弃"他们的世界"中潜在的价值特质，以此来获得他们在这种城市主导的教育模式中的成功。

当然，他们在这种教育模式中也得到了知识技能的训练和眼界的开阔，但由于相应教育条件的相对匮乏以及乡村文化的边缘化，他们也会在不同程度上遭遇置身其中的失败和无望的被排斥。他们可能获得学业上的成功，但他们很难获得身心的健全发展。究其实质而言，我们目前的乡村教育是一种无乡村的教育，是一种对于乡村少年成长而言无根的教育。这或许是从乡村走出来的孩子难免会有自卑情结的根源。

当然，这种问题并不全然是当前乡村教育造成的，也是这种其中内含着以城市化为中心的现代化模式的必然，但这绝不意味着我们的乡村教育无能为力。对于乡村教育而言，不管我们怎样强调素质教育，在没有充分建立更趋公平的教育竞争机制的前题下，升学的教育不可避免地应置于首要地位。但与此同时，我们也应尽可能地去培育学生积极健康的心态，扩大他们的生活空间和生活视野，增进他们置身乡村世界的交流机会，立足本土，多方面地提高他们的综合素养。当然，还有十分重要的一条，那就是培养他们积极的价值观和开阔的价值视野，让他们能以积极的眼光来看待他们自身"生活的世界"，让他们珍视他们脚下的土地。

对乡村教育而言，保存与发展乡村文化应是其内涵之一

记者：当我们谈到乡村教育的时候，往往会有一种居高临下的情绪在里边。我注意到，您却反过来看到了那些被忽略、甚至有意无意中消解了的一些优势。请您详细阐述一下。

刘铁芳：我为什么提出要关注乡村教育中本有的文化、教育资源，这里的原因有几个：其一，我越来越多地感觉到我们的乡土、民间文化传统与相关资源会逐渐断流甚至衰竭、消失，社会的文化发展会越来越多地成为少数人的创造，文化发展的民间资源日渐断裂。在此意义上，让乡村教育关注民间文化资源，正是要尽可能地接续民间文化的传统，同时弥补正规教育资源中的不

足。其二，文化的多样化是文化发展的基本趋向，这其中必然包括城市文化、乡土文化的并存与发展。乡村文化不仅作为城市文化的映衬与补充，而且它还是城市文化的背景、根源。显然，对于乡村教育而言，保存与发展乡村文化应是其内涵之一。其三，源于我的个人经历，我觉得自己正是因为少年时吸收了不少的乡村文化熏染而使自己心灵的发展没有变得单调乏味，在保持一份质朴的同时也拥有了一份丰富。我感觉我的生命情怀并不全是书本知识教给我的，其中很大一部分正是乡村生活教给我的。这其中的启示就是，乡村文化是乡村少年成长的基本资源，是乡村少年不可或缺的精神根基。

一位华东师范大学中文系的朋友对我的想法有些看法。我曾这样写道："传统的乡村教育体系包含着以书本知识为核心的外来文化与以民间故事为基本内容的民俗地域文化，外来文化的横向渗透与民俗地域文化的长晚辈间的纵向传承相结合，学校正规教育与自然野趣之习染相结合，专门训练与口耳相授相结合，知识的启蒙与乡村情感的孕育相结合，前者的不足可以在一定程度上通过后者来补偿。"他认为我把原有的乡村教育理想化了，是不是在削弱引导乡村少年走出乡村世界的正规书本教育的重要性？如果我的文章给人这样一种理解，那可能是我表达不够清楚，至少我的本意绝非如此。我只是期望，也许我们能在保证部分少年能有效应对升学机制的同时，能尽可能多地给予乡村少年们适合他们生存境遇的教育。缺少了年少阶段生命根基的孕育，即使今后成功走出乡村社会，也难免精神空虚。

如果立足于乡村社会本身来谈论乡村教育，乡村教育自身的优势就显现出来，最重要的是与自然的亲近，包括乡土自然以及相对自然与自由的乡村生活方式，这与当下的城市教育恰恰形成鲜明的对比。站在现代教育的整体高度来看，乡村教育是现代教育的起始点，也是现代教育的母体，乡村教育的发展能赋予现代教育以生命活力。乡村教育绝不仅仅是现代教育中落后的他者，它首先作为现代教育的母体与前身，现代教育形式原本就有着乡村社会的根基。与此同时，乡村教育又直接进入现代教育内部结构之中，促进现代教育自身目标、内容和结构的调整与改善。当然，乡村教育也是一种期待，即我们要用想象中乡村教育来甄定、调整当下乡村教育实际，乃至整个现代教育的目标，调整其走向。这样的乡村教育不仅是面向乡村社会的，也是面向城市空间的，并能使乡村社会逐步融入现代社会，成为其有机的组成部分。

记者：在您看来，是不是说基于乡村本身来看乡村教育，其内在价值在整个现代教育体系中具有普遍价值？

刘铁芳：是这样的。当然，我们应该看到，乡村文化与乡村教育资源也是优劣并存，对于其作用不可过于理想化。特别是在今天，城市文明所代表的价值绝对性高居于乡村文明之上时，我们不可能强迫每一个乡村儿童一定要接受乡村文化的全部而排斥外来强势的城市文化，我们绝不是要乡村社会固守贫穷和愚昧。但这种分野更多的是从社会功利的角度来评判的，如果我们从人的心灵和智慧发展的角度来看，显然乡村文化和城市文化具有同等的价值。正是在此意义上，从乡村儿童实际的生存境遇出发，我们应该重视本土性的乡村文化资源。与此同时，当人们越来越多地被卷入现代性的旋涡之中，生活日趋便利，精神却越来越空乏、平庸之时，以自然为基本特征的乡村文化与乡村教育价值便成了极为有益的补充。就这一点而言，立足乡村文化的乡村教育有着普遍的价值与意义。

有效利用本土教育资源，促进乡村少年健康、活泼、全面的发展，以及他们作为乡村少年成长的欢乐

记者：您 2001 年就提出，我们对乡村教育的关注，更多的是指向对硬件设施的投入、向城市教育模式的学习与读书机会的保障，仅有这些，是远远不够的。那么，您认为当前对待乡村教育应有的姿态是什么？

刘铁芳：对乡村教育的关注，硬件设施的改善当然是重要的，而且是首当其冲的，当儿童上学所需的起码条件，比如校舍、学费等，都不能满足的时候，加大对乡村教育在资金、设备上的投入就是关键之所在。但事情远不如此简单，许多儿童失学、中途辍学，并不是或者说主要不是关涉起码的教育条件的问题，而是他们感觉不到多读少读一两年书究竟有什么价值，还不如让孩子早点出去打工、学点手艺，这是不少乡里人对教育的真实想法。显然，这里要涉及事关乡村教育的深层问题，即我们究竟需要什么样的乡村教育模式，既能给予他们以同等的升入高等学校教育的机会，能让那些升学无望的人受到一段对于他们而言良好的教育，这是其一。当然，怎样解决更多升学无望的乡村孩子发展，也是迫切而紧要的，这涉及切实发展他们的生存技能的职业教育问题。其二，要想让乡村教育和城市教育站在同一条起

跑线上在相当长的一段时期内都是不可能的，这意味着我们只有给予乡村教育以必要的政策、投入的倾斜，把力气用在最能促进乡村少年健全发展的要素上，比如切实加强图书室的建设，加强乡土课程资源开发与利用，适当增加乡土课程在课程体系中的重要性，而不是盲目地、不切实际地强调英语、计算机等课程的教学，这样就使得时下的乡村教育即使许多条件都跟不上，但也能有效利用阅读与本土教育资源的扩展，来更好地促成乡村少年健康、活泼、全面的发展，充分享受乡村教育带给他们年少时期的快乐。其三，由于乡村教育条件、教育环境、信息资源、教育财政等的相对落后、偏低，制约着乡村教师的发展和乡村教育整体师资水平的提高，所以，对乡村教师的关注是关涉乡村教育水平提高的重要方面。同时，由于中等师范的突然取消，对于乡村教师的补充乃是毁灭性打击，直接导致乡村教师的年龄老化，这意味着乡村教师的补充乃是当下刻不容缓的重要任务。

记者：当前，最需要做的是什么？

刘铁芳：目前需要做的事情有很多，首要的还是提高整个社会对乡村教育问题的认识；保障乡村教育的资金投入，切实改善办学条件；稳定、提高现有师资队伍，建立合适的乡村支教体系，有效提高教育水平；降低教育管理中的无效耗费，理顺各级教育管理关系，使有一分钱能办一分教育，确保有限资金的有效利用。我们的教育管理模式基本上是沿袭计划经济时代的运作模式，从教育管理、教学研究到仪器配备，都是上级部门统一安排，下面学校没有任何自主权，导致学校急需的仪器设备要不到，并不需要的东西赖着你要，造成本来短缺的教育经费的浪费。这些问题应该说都是当前比较迫切的问题。

当然，从长远观之，要紧的问题还有很多，包括教育政策、升学制度、课程体系、管理模式、教师教育等，都需要我们从实际出发，逐步完善，努力缩小城乡教育的差距。

第四辑　提升教育的境界

找寻语文课堂教学的灵魂
——评周求知《长城》一课

　　周求知：开句玩笑，我自己站在长城上，站在瞭望口接受专家的批评指导，也请同行们毫不留情地把我当成"靶子"来"射击"。这堂课我是这样想的，第五单元是讲世界文化遗产这个主题，构建这堂课我是按以下的主题框架进行的，开始引入一组图片，让同学们从整体上构建一个意识，然后再走进这个单元的第一篇课文，长城作为中华民族的骄傲，中华民族的象征，在中国历史上是有特殊含义的，而且建造过程特别艰难，确确实实是建造史上的一个奇迹。对于它的结构的理解，有很多信息，我看到这篇课文时很自然想起修建它的古代劳动人民来，第一个想到的是"孟姜女哭长城"这个传说，然后想到课文中的"凝聚了多少劳动人民的心血和智慧"，怎样巧妙地让学生体会到呢？我想抓住最后一句话让学生质疑：长城为什么是世界上一个伟大的奇迹？然后进行句式的比较，从而得出我们在遣词造句时一定要精准，不能随意夸大。由此引出宇航员之争，原来美国的宇航员说在月球上能看到中国的万里长城，但是杨利伟说坐在"神舟五号"上看不到，引出我们要用事实与科学说话。想在熟读理解文本的基础上，最后到科学认识世界这样一个思路，但最后还是没有完成自己预计的教学内容。

方少文：这是第一篇课文的第一课时，我们应该构建优质高效的课堂。时间的分布上，前面学生读书和前言的介绍整整花了九分钟，有些东西没有很大的价值，如垛口、射口的辨别，让四个孩子上去指，然后又讨论，我认为没有很大的价值，时间又花费了。我觉得前面开篇应整体介绍课文提到的劳动人民的智慧，中国的历史文化，然后让学生初步读课文，文字语言是要感受的，课文还是读得不够，课堂中学生只读了一遍，而且老师和学生的声音都比较小，不利于信息交流。课堂容量不够，很多任务就转到了课外。

戴向红：用词语来串联课文的想法很好，词语有意识地排列，左边的词语描述山的气势雄伟，右边两排词语是长城的结构。但左边的四个词语不都是描写气势雄伟的，"蜿蜒盘旋"和"崇山峻岭"是写长城的样子的。

周同：世界遗产应更明确些，我国的世界遗产有自然遗产和非物质文化遗产，长城、天坛、布达拉宫都是人工做的，是有分类的。但课前的图片还是很好，与单元主题结合得很好。我也有一个感觉，就是前面的时间长了一点。第二个是射口、垛口让学生去指也是可以的，只是要很快转入文本的描述。第三是根据词语理清文章的思路是很好的，后面的板书"远看、近看"能否回到这些词语上？

戴向红：老师提到"理清文章思路"，是讲"文章思路"好还是讲"文章顺序"好？对四年级孩子该怎样提？

周求知：我们平时说先写什么，再写什么，我个人觉得有必要让学生从理性的概念上去认识。

彭山：今天的课堂是原生态的，课前学生的朗读训练都是平时的常规，学生读得很认真。今天是第一课时，主要是疏通文本，初步理清文章结构，很真实。

黄博士：首先感谢周老师提供了这么震撼的课堂，我是大学老师，小学的课堂能达到这样的高度我感到很震撼。展示了探究式的教学方法，每个细节都注意到了。第二是教学手段和方法与课文内容结合很到位，课堂气氛好，学生发言踊跃，兴趣浓厚，这比教学知识更重要。第三在教学过程中，把教学目标和人文的、历史的文化结合得很好。还有一个是周老师鼓励式的教学方法是非常值得肯定的，整堂课没有一句否定孩子的语言。

曹婧博士：周老师先让学生学，然后老师教，再让学生思考，去创造，这样一个创造性思维是很好的，课堂的亮点永远是学生。课文的最后是赞美，课文是怎么赞美的？学生是怎么赞美的？学生都用自己的语言表达内心的感受，这时老师可顺着学生的思路去发挥，真正地让学生去体验美好的东西。

万红霞：周老师为人做事一直是很认真很严谨的，这种性格也形成了她的课堂教学风格：特别关注细节。今天的课堂也体现了她对学生的学习习惯、学习方法的引导，但是我觉得这是一个优点也是一个局限，是不是导致了老师对学生的信任度不够？在很多时候，老师稍微点一下学生就能明白，但是老师在抛出自己的观点时总想说得更透更全面，由此影响了课堂效率。

　　刘铁芳教授评课：这节课大致有三个优点：第一是课堂的基本结构，从情感的激发开始，提供图片让学生去说，这就是孔子说的"兴"，情感作为课堂展开的基础。任何课堂都是从两个层面上展开，一是情感类，二是思维类。课堂中教师提"思路"，对四年级孩子来说是可以的，而且是用学生自己的话来说，整个教学过程都注意了情感的激发，在此基础上展开课文内容的逻辑结构，用词来串联文章的内在结构，包括对文章条理的分析，由观察到想象再到赞美，文章整体的秩序揭示出来了，最后是总结，整堂课很清晰，不庞杂。以情感为基础，具体内容所展开的逻辑结构的课堂的具体形式。在此基础上，中间插入很多点，包括让学生说垛口，说一说是可以的，但时间花多了一点，妨碍了整体，课的重心有所偏移。实际上上课把架子搭好了，其他的东西可以自由安排，哪个地方想停留一下，就可以停留一下。第二，整堂课真的是为了学生，给学生提供充分表演的空间、展示的空间，包括让学生去说、去读、去评价。第三，课堂整体上体现了教师的风格，这种风格是我很欣赏的，是一种朴实的风格，安静的风格，不愠不火，在学生面前的定位保持得较好，这样学生才能真正活起来。这三点是你今后要保存的，也是其他老师要借鉴的，那就是怎样把握课的基本结构，不管是什么结构，把握结构后怎样更好地突出学生的主体性？充分给学生提供展示的空间，课堂就是一个平台，是学生表演的平台，整个教学目的是为了激发学生，怎样突出学生的活动是在基本框架之上我们要考虑的重要问题。在这两点之上再考虑我们的教学风格，当然不一定只有朴实是好的，适当华丽一点也是好的，总而言之是一种有内容的风格。

这堂课体现出周老师对学生、对文本有比较好的敏感性。我这里写了一句话：细腻的心。心思细腻任何时候都要对学生心灵的发现予以包容和接纳，并引导学生心灵的扩展，比如，评价朗读的学生很勇敢，不过还要更有感情，这是引导学生在思考，融入了课堂之中。

这堂课怎样更深化一些呢？从什么地方去深化？在上课之初教师提到单元主题是世界文化遗产，后面你是否可以让学生思考，长城为什么会成为世界文化遗产呢？什么是遗产？遗产不仅仅是物质的东西，而且还要移过来，移到今天，它和我们今天的孩子有什么关系？怎样把长城和孩子们的内心联结起来？不仅仅是站在文本的角度，还要站在孩子们的立场去思考：他们为什么要学这篇课文？他们怎样理解长城作为文化遗产？我们学一篇课文不仅仅立足于课文平面的内容结构，还要思考课堂有没有一个"眼"？课文有没有与孩子的内心世界连起来的眼？我们平时，包括教学参考书，对这个问题的思考都不够，需要我们自己深入文本之中。让孩子去阅读时，这篇文章第一段话可以读得很雄伟、很开阔，但是读第二段时就有一点微妙的变化，有一句很重要的话：长城凝结了劳动人民的血汗和智慧，长城为什么这么宏伟？为什么能在崇山峻岭之中把它修建起来？因为它体现了劳动人民的血汗和智慧。"血汗和智慧"就是这篇文章的"眼"，这就是长城作为遗产遗下来的原因，第一是能让人领略长城的宏伟；第二是长城见证一个时代，见证一段历史；第三是长城中实实在在包含了先人的血汗和智慧，血汗是先人的生命，修建长城过程中死了很多人，智慧是先人的匠心。不仅要让孩子们理解智慧，还要让他们理解血汗，是我们生命的历史，是过去的民族的一种沉重的经历。

文章读到这里应该有一种沉痛，孩子们在阅读长城、欣赏长城、感受长城时就不仅仅是一种欣赏的眼光，一种赞美的眼光，还要有一种沉痛，有一种对于过去先人的劳动和心血发自内心的同情。长城不仅蕴含着一个民族的智慧，还包含着一个民族的沉痛和悲哀。当然学生不一定会这样去理解，但让他去读的时候可以读得更厚重一些。这样就让长城回到了孩子们的内心中。这篇文章由观察到想象，最后一个词不仅仅是赞美，应该是赞叹或感叹，在赞美的同时还有一种哀叹、一种悲叹。有这样一种更深的情感在其中，这样就扩展了我们对遗产的认识，让过去的东西真正移到了孩子们的心中，跟他们的心灵发生了一种关联，这样课堂教学的气象就提高了。这就是我说的你前面有一个结构，但最终你要达到什么目的呢？在哪个地方能真正吸引学生的心？让课堂不是一种平面式的讲授，学生学了什么知识？学了什么段落？学了什么思路？更重要的是让长城和学生的心灵发生了联系。

我们需要问两个问题，第一个是课堂教学中哪个地方学生的心被打动了，我们要注意去思考，当然还要问课堂中学生有没有被打动过，既让课堂有基本的知识结构，又有一个学生被打动的地方。第二是回到文本，我们思考一下，我们的文本，我们的教学设计中哪个地方最可能打动学生。这两个问题实际上是一个问题，目的就是让文本和学生发生心灵上的联系。我们评价一堂课不一定是看它是否四平八稳，年轻教师更多的是讲究教学常规，比较成熟的教师在把握基本规范之上，要能够有一些有创造性的地方，课堂教学的设计在立足常规的基础上更多一点撞击，既能抓住你自己的心，也能和学生的内心发生碰撞，这样课堂教学就立体化了。

今后课堂教学改进的方向是由教学意识提升到教育意识，不仅要把课教完，而且要让课回到孩子身上，变成一种教育意识。第二是课堂意识转变为一种成长意识，要让孩子们在课堂上获得一种成长，获得心灵的启迪。要达到这两点，有两条路径，一是回到文本，多花时间钻研文本，包括文本的前后联系，教材中有些文本的儿童味不够，吸引力不够，需要我们老师自己去发掘其他可能感动孩子们的地方。第二是回到儿童、这是教学两个最核心的努力方向。在备课时，踏踏实实去理解儿童、理解文本，从儿童的成长需要出发找到课堂与儿童最能勾连的地方，然后在教学过程中完成一般意义上的教学秩序、教学内容的基础上来突出这个"魂"。这篇课文我们让学生去读，在读中去感悟，首先是大声读，然后慢慢读，体会文章中的情感，这样学生对长城的理解由表面慢慢转向深入。当然这节课的时间还是少了一些，如果还多半小时就更深刻些。

从"罗马假日"到"无极"：两种教育的艺术

国外大片我看的不多，但也有几部是非常喜欢的，像《刺激1995》《美丽人生》等就是我经常向人推荐的好片，但我最欣赏的影片还是《罗马假日》。在我看来，《罗马假日》简直就是无懈可击，整部电影自然、平易、流畅、优美，同时又在充分展现人性的美好之中，揭示人性的悲剧性。影片结尾，公主的一番表白与满怀留恋之后离去，留下黯然神伤的美国记者和空荡荡的大厅，给观者的心留下深深的震颤，生命之中美丽的幻象与现实的无奈就这么自然而优美地展示出来，一下子揪住观者的心，整个电影的精神空间也被大大地提升与拓展。《罗马假日》的结尾讲出了人类一个永恒的重要的问题，我们追求爱情和自由，但我们在现实中所能追求到的爱情与自由是有限的，许多时候只能成为一种永久的渴望，就像沈从文先生所说："美丽总是愁人的。"

这就是经典好片的魅力，平平淡淡、波澜不惊之中，让心久久萦怀。好的艺术往往在贴近朴实的日常生活之中，充分拓展生命的空间，让人看了、想了还乐意看、还乐意想。我们再看国内大片《无极》，美丽得惊人的画面，宏大的场景，让人乍一看，就会觉得这是一部极重要、特精彩的电影。当我们的眼睛跟着绚丽的画面一路走下去，到最后，我们突然发现，自己出几十块钱看电影到底是在干什么？难道就是在看一连串的风景画吗？

作为电影艺术，这部电影给人的感觉就是徒有其表，外在的浮华遮不住内在的虚无。我以为，作为电影艺术，其致命伤有以下几点：第一是主题先行，以意害文（电影自身的语言），也就是影片情节未出来之前，就预先设计好了电影的主题，然后为了主题而设计人物和情节。与此相关的第二个致命伤就是情节的拼凑，为了主题拼凑情节，使得影片成为一堆杂乱情节的堆积。第三是由于立意过于明显，大有一种气势压人之感，观众除了现场刺激的感受，几乎没有回味、想象的空间，就像咀嚼着满口漂亮的塑料花。好像把观众当傻瓜似的，一定要把自己想说的貌似高深的哲理不时地提醒观众一下，唯恐观众不明白。整部电影跟二十世纪六七十年代的战争故事片的艺术水平可以说没有两样，而那个时代的战争电影还有其历史的内容作为基础，其中甚至也不乏经典优秀之作。说得不好听一点，《无极》就是一部由好看画面充斥的视觉垃圾。

两部电影实际上就给我们提示了现实中两种不同的艺术样式，一种是内在的艺术，即本真的艺术，是用电影语言自身内在的传达艺术内涵与魅力的艺术；一是外在的艺术，即修饰的艺术，是用一些表层的修饰来填充电影内涵的艺术。说的更直接一点，一是用内容本身说话，一是用形式说话。

教育的艺术也是如此，一种是本真的教育艺术，即用教育过程本身的艺术化内涵来说话，一种是修饰的艺术，即用教师自身的艺术手段来说话。教学是以育人为中心，教学的艺术应该是体现在育人的过程之中。如果从这个视角来看，许多艺术个性很强的好课，如果课堂承载的只是教师自身的表演，而不是学生生命世界的张扬与精神品格的提升，那并不一定是真正的好课。

真正的艺术是不可以重复的，真正的好课是不能重复的。如果说每句话，每个表情重复的话，这中间除了修饰的、表演的艺术，还能有什么？教育艺术的根本就是师生生命境界的提升，有限向无限的提升。作为导演，需要相信观众；作为教师，我们相信学生，给学生留下充分的想象空间。教育的艺术，也许就发生在教师与学生生命契合的地方。不管外表多么华丽，如果华丽的外表没有触及教育的灵魂，除了哗众取宠、简单迎合，依然只能是故作高深的"无极"。

三种歌星与教师的三种境界

我一直想写点文字，对我听过的有意思的歌星进行个人化的解读。前天在岳阳第一线教育论坛的报告中讲到对窦桂梅老师课堂的评论，正好窦老师在场。中午吃饭时一起聊天，正是与她的对话，逐步让我对几位歌星的理解与对教师境界的理解结合起来的思路清晰起来。顺便记下，以此表达我对窦桂梅老师的敬意。

歌星中与我的心性比较契合的是张国荣，他的歌我听得并不多，稍熟悉一点的是《风继续吹》《无心睡眠》《深情相拥》，但我对他的感悟最深，他是那种用生命在唱歌的人，他把他玻璃般晶莹透明而易碎的命运糅进歌里，他的歌就是他的薄如蝉翼的生命的展现。忧郁、深情款款，心中充满无限美好的期待，却又在命运面前踌躇止步，终究只能把梦想留在飘逝的时间长河之中。这是第一种优秀的歌星，即把歌与生命合一的类型，听者听他的歌就是在倾听他的生命。

歌星中另一种风格突出的代表是刘欢，这位中国第一男高音，唱起歌来大气磅礴，精神抖擞，人们在听他的歌的同时，首先就被他张扬的气质牢牢吸引。我们一听到他的歌，自然就会想到他那雄狮般的激情状态。如果说张国荣是把自己的生命糅碎，融进歌唱之中，刘欢则是用他整个的个性自我在唱歌，他的人在他的歌面前是如此的张扬与突出，听者在听他的歌时首先听到的实际上就是他这个人。如果说张国荣是将人糅在歌中，过于张扬的刘欢则有点像是整个的人站在歌前。

我对王菲原本没有太多的认识，她的歌我也不熟悉，我只知道她在目前歌坛不可动摇的地位。有次无意中听到王菲的歌，在绵绵无力的声音之中，我突然有种震撼的感觉。王菲真绝！王菲是跟张国荣、刘欢完全不同气质类型的另一种歌星。她不是在用她这个人唱歌，她就是在用她的声音唱歌，让她的声音随着那歌曲所应有的方向飘散开来。如果把她比作花，她的歌就是芳香，我们只"闻"见花的芳香，但却看不见花的痕迹。王菲唱歌给我的感觉，不是她在唱歌，而是歌在唱她，她的个性都悄然隐在歌的后面。正因如此，王菲唱歌是让歌飘进听者的生命之中，而不是她这个人。这就是王菲唱歌的高妙之处。王菲唱歌，歌在前面走，人远远地隐匿在后面。

应该说，这三位歌星都把自己所体现的类型发挥到了极致，都可以说是杰出的歌星。在艺术的角度上也许难分高下，但如果站在听者听歌的角度而言，则王菲当排第一，张国荣第二，刘欢第三。为什么？因为对于听者而言，最重要的当然是听你的歌，接受你歌曲的感染，而不是，或者说首先不是听你这个人，接受你这个人，当你这个人过多地占据了听者的心，听者就无法更纯粹地接纳你的歌，感受你的歌，你的人已经先入为主。

在这个意义上，我们来谈三种教师。一种教师是在教学中自己的光芒盖过了学生，课堂成了教师表演的"天堂"，学生在教师的超强表演力的吸引下跟着动起来；另一种是教师和学生一起动，把自己的生命激情与学生的生命世界敞开融为一体；还有一种，就是让学生动起来，却看不见教师过多自我的痕迹，课堂行云流水都是学生的"云与水"，而不是教师自身。

巴赫金分析陀思妥耶夫斯基的小说一个最重要的特点就是，让小说主人公自身的命运说话，而不是作者支配着主人公。同样，课堂里学生就是世界，这个世界最好的存在方式就是让这个世界本身说话，而不是按照教师个人的意志来说话，准确地说，教师的安排设计只是为了显现这个世界，而不是人为地支配、改造这个世界。课堂处处有教师，但看不见教师的人为痕迹，看到的只有教师的教育对象——学生生命的飞跃，这是教学的另一种境界。如果说教育是成人的艺术，教师的职责就是引导学生成人，教师就是要成全学生，让学生的生命成为一个"全"，而不是教师刻意设计出来的"全"。让学生自由自在地发展，又看不出教师的人为痕迹，或许，这就是教育的艺术之灵魂所在，如圣经上所说，你要做世上的盐，不做世上的光。

当然，教育教学永远没有完美，没有最好。如果说，教育教学是一门艺术，则艺术永远没有止境。世界上没有最好，只有更好。车尔尼雪夫斯基有一句话说得非常好：我们所能找到的只是好而已，没有完美。王菲也不是歌唱艺术的终点，何况世界原本需要丰富多彩，需要个性多样。

教育的层次性与教育境界的提升

教育是有层次性的，教育活动的第一个层面，那就是关注人的潜在的现实活动，这是人事的层面，更多的关注的是人的做事。对于教育而言，对于人事的关注就是四个基本的东西：知识、技能、能力、规范。不管是我们培养学生的知识也好，还是开启学生智力也好，还是培养学生能力也好，还是发展技能也好，还是学生的行为规范也好，都是处于做事的层面，都是对学生、对人在现实生活中的行为的规范与筹划。所以在这个层面的关注都是把人作为工具人的关注。人只是掌握知识的工具、能力的工具、技能的工具、规范的工具。这个层面的教育只是给作为实体的人提供现实生活的基础与可能。

教育的第二个层面就是人心，关注人心。人心就是人的情感、态度、兴趣爱好、基本价值观。亚里士多德说国家的根本在于个人，个人的根本在于人的心灵。所以实际上心灵生活是人类生活的根本。这并不是唯心主义，也并不是说物质不重要，而是对于人而言，实际上心灵生活才是更基本的生活，心灵世界是另一个真实的世界。客观世界是人和动物共有的，只有无限敞开的心灵生活才是人类生活的根本。所以在这个意义上而言，教育活动只有上升到心灵生活的层面才是真正关注到了人。教育如果始终停留在第一个层面，不管这种教育是多么的富于启发诱导性，它都是肤浅的。我们今天那么多学生厌学。为什么呢？因为在这个层面学得越多，人心越累。知识、技能、能力的灌输与堆积带来的是心灵的疲累，而不是心灵生活的无限敞开。这是教育的第二个层面。

任何人总是一定的社会、历史、文化、现实中的人，所以教育的第三个层面就是关注人在社会、历史、文化、现实中的生存姿态。因为没有抽象的、理想的人，人总是在一定的背景之中，所以人的生存姿态必然要上升到社会、历史、文化、现实的层面。教育的目标是培养健全的人格，只有在这个层面上才真正谈得上健全人格的培养。当然用蔡元培的话讲就是完全人格，那么在这个层面实际就是引导个体如何面对三重世界——客观世界、心灵世界和社会世界。所以这个层面就是引导个体在面对客观世界、心灵世界、现实社会世界中所表现出来的一种生命姿态，生活姿态。这里面包含了三重意思：引导个体在面对客观世界中追求知识和真理，有一种求知的热情；面对社会世界中追求正义与和谐；面对心灵世界追求德性与幸福。求知是一种基础，不断地求知才能使人保持一种开放的姿态。在面对社会世界中追求正义与和谐，追求幸福，因为人是社会中人，人凭什么在社会之中呢？凭着对正义的追求，追求正义指向社会的和谐。人同时面对心灵世界追求德性和幸福，追求心灵世界的完满。这个德性与幸福不是一般的情感或价值观，是对情感、态度的一个整体的超越，内化为人的心灵的一种品格，一种德性。这三个方面是密切相关的，所以只有我们在社会世界中拥有和谐，在现实世界中拥有真理，我们才有可能在心灵世界中获得幸福。

这里讲的是教育的三个层面，实际上我们目前现实中的教育基本上是停留在第一个层面，现实的可见的层面，这个层面就是一种功利主义的教育。我们现在的教育改革慢慢地开始触及第二个层面，关注人的体验，关注情感、态度、价值观，但这还不够，我们的教育还应是影响人的真正的生存方式，提升国民的生命姿态，生命的境界，改造几千年专制社会留在国民文化心理性格中的劣根性，提升现代国民的精神品格，增进对现代社会生活的适应性，促进人生与社会的完满。所以教育的三个层面，有三种指向，一个是工具人，一个是理想人，一个是社会人，或者叫做文化人。教育最根本的目标就是焕发人的美好生存，更准确地说是焕发现实中人的美好生存。如果我们的教育能够达到这样一个层面，我们的教学能够达到这样一个层面，这样的教育教学就是成功的，就是高质量的。

我们一般的教师很难达到这样的层次，其实很多方面，小学老师也好，幼儿园老师也好，都可以在一定程度上做到，在某个层面上做到。幼儿园教师蹲下来和小孩子说话的时候，就体现了一种第三个层面的教育。但是我们现实中的教育更多还是停留在第一个层面，包括在大学的生活，我们有多少老师多少教学能达到这种层次呢？我们现在的这种教学评估，都是教学技术比较熟练，搞一些花哨的东西，表面上课堂气氛很活跃，能够影响人的情绪情感，但是真正能够达到第三个层面的不多。我们回过头来看，在我们生命中给我们留下深刻印痕的教育事件到底是怎样的呢？很显然只有真正影响了我们生存状态，改变了我们生命的迹象的教育事件，才真正地进入了你的生命之中，才对于你而言构成了真正的灵魂教育，而不是生命表层的教育。这样的时刻、这样的教育，才使教育超越了训练达到灵魂培育的境界。知识技能你长大了同样可以学到，但是有些东西是很难的。如果一个人在一生的教育情境中间没有碰到一个真正启迪他生命的好老师，那么他这一辈子就没有尝到过真正的教育。当然一个人他没有碰到过，他也不知道会有这样一个问题。因为人只有经历过了才知道，他才会意识到教育是什么样子。看看我们的周围，实际上许多人读了十多年书，可能很少甚至从来就没有真正感受过心灵的启迪。

爱因斯坦曾提到一句话，说得很好：什么是教育呢？教育就是你把从课堂上，书本上，老师那里学到的东西统统忘掉之后所剩下的东西。这是什么意思呢？就是那些留在作业表层的知识，技能浮华的东西实际上都将随着时间而流去，只有那些深深地影响了你的生命，滋润了你的灵魂的内容对于你的一生而言才构成真正的教育，只有那些个片段，那些个瞬间才真正影响了你的生存状态，改变了你的生存状态，才真正刻骨铭心。

我们听听钱理群老师的一段经历，也许就会感触颇深。他曾讲到他们班上的同学共同写回忆录，回忆五十年前的中学教育。结果很奇怪的是班上这么多同学大家的回忆都大同小异。回忆中关注的最多的就是20世纪50年代他们在南师大附中读书时的一位女老师，这位女老师的名字我不记得了，但是事情我记得很清楚，他们回忆这位女老师主要是三点：第一这位女老师很美，穿着旗袍来上课，50年代中国刚刚解放，所以说物质很贫乏，但精神状态很好，所以这位女老师能够穿着旗袍来上课，这本身就是一种向上的时代表露，所以大家都不约而同地写到她很美。对中学生而言，美的意识已经开始萌芽，这也是生命中很美好的事情，美本身就是构成教育的一个重要内容。第二就是爱，就是这个老师很爱学生。她的教育是富于开放性的，就是对每个学生都是同等对待，所以这对学生的影响很大。在这里，爱与美就构成了教育最本质、最灵魂、最核心的东西。这就回到我们前面所说的心灵生活是教育的根本。爱与美实际上就是心灵生活最重要的两个部分。还有就是他们都不约而同地回忆起这个女老师的丈夫是南京紫金山天文台的台长，她利用这个便利带他们去上紫金山天文台看望远镜。为什么这个事情影响这么深刻呢？因为这让他们走出课堂，敞开了精神空间。所以这就是教育的第三个真谛，第三个秘密：精神空间的敞开、启迪。回忆在你的教育过程中，哪些教育，哪些老师真正地影响了你呢？为什么会深深地影响你？就是因为他的爱启迪了你的心，突然让你敞开了精神的空间，所以这种打动是自然的、潜移默化的、行云流水的、水到渠成的，对于教育而言也是最基本的。

我们现今的教育改革更多地停留在看得见的、功利层面的知识、技能、能力，如何更好地灌输知识技能，在这个上面改来改去，实际上并没有超越第一层面，没有超越人事的层面。所以我们如果说没有突破这种改革的模式，那么我们教育的层次就很难提高。

我现在到处去听课，包括到济南去听他们上的生命教育的课，听来听去总感觉生命教育被弄成这个样子，与应试教育的知识技能的训练没有任何的差别，这种生命教育的课有也罢，没有也罢，只是在原来知识技能的基础上又多了一门课，多了一门训练而已。生命教育感受的应该是生命的美好轻松，是一种生命的积极向上和发自内心对生命的爱。这就意味着，观念才是最重要的，观念永远比技术更重要。说起来这是个很难的话题，因为要改变人的观念是很难的，但是观念不改变的话，技术层面的改变终究是事倍功半。所以从这个意义上而言，我们教育的改革和发展是个长久的事业。

　　教育的层次性何以提高？教育层次性提高的根本在哪？这里面有一个很重要的问题，就是必须要保持保证教育实践活动的开放性。如果说我们的教育活动始终局限于单一的、现实的、功利的目标，那么这种教育活动就必然是封闭的。教育必须要有空间，要给学生的精神发展留有余地，这就好比康德说的知识要为信仰留有余地一样的，教育也要给学生的精神发展留有余地，不要让学生精神空间被知识、技能、能力这些更实际的东西所局限，如果教育的发展始终停留在可见的知识、技能、能力方面，那么学生精神空间的发展就必然是有限的、局限的，是很难有个体心灵与精神生活的超越，这样的教育就是缺乏诗意的、缺乏理想气质的。所以要保持教育的开放性，一是教育制度的调整与改善，包括考试制度、评价制度，思考怎样能够给教育留有诗意的、自由的空间。如果我们的制度都是指向单一的、集中的目标，那么我们就不可能给学生的精神空间的发展留有余地。

　　其二，仅有制度的改善是不行的，任何教育活动都要依赖教育者自身的品质，所以在这一点上我们必须要意识到教师才是真实的教育实践活动的主体，教师的品质（这个品质不是道德意义上而是教育意义上的品质）直接决定着教育实践活动的品质，当然教师的主体性的发挥要落实到学生的主体性的生成，这是另外一个视角而已，但这不是说教育实践活动的主体本身就是学生。学生是什么？学生是自我发展的主体。所以从这个意义上而言，关注教师的教育品格与心性是非常重要的，教师的教育意识启蒙是教育改革的中心。教育改革的核心实际上就是两大中心，一是教育体制改革中心，这是宏观层面的核心；二是教师教育中心，这是实践层面的核心。体制的改革正是为了提高教师的教育意识，解放教育，扩大教师的自主性，张扬教师主体性，这个主体性不是相对于学生而言的，而是相对于教育实践活动而言的。而学生的主体性又是相对什么而言的？所以在这个意义上面而言，教育品格的提升其根本就是在于教师教育品质的提升，用我们通俗的话说就是教师的素质形成。但是素质这个概念太一般化了，让我们往往认为是提高其普通话能力，驾驭课堂的能力等，但其实不仅仅是这些，而应是一种教育的品质、对教育的理解。对教育理想的追求，对教育真理的追求，这个东西才是最重要的。

所以一个优秀的教师，即使是他的普通话讲得不好、粉笔字写得不好，甚至有点口吃，这些都没有关系，他同样可以以教育的激情来温暖人心；以爱来启迪人心、润泽生命；以智慧来拓展学生的精神空间、提高教育品质。教育实践品质的关键还是在于教师，在于教师的教育意识，教师的心性，在于他的教育品格，或者说在于教师自身的觉悟。如果他的觉悟到了这个层面，那么自然而然地在教育实践中会表现出他人格层面、人文层面的追求。相反，如果他的人生本身就是困顿的、功利的，没有一点诗意，那么他如何在教育当中表达出一种诗意的追求，一种诗意的生存呢？所以这才是教育者品质的关键所在。

环顾现实中的教育实践活动，大多数的教育教学活动基本上都是停留在第一层次，即停留在个体生命活动的最基本的层面，很少能关注人的精神存在与人格姿态，我们的教育教学改革也大都停留在第一个层面，即使涉及了第二层面，也存在着把精神生活技术化的危险。这意味着我们在教育实践中，实际上需要每时每刻都考虑，究竟教育是干什么的，教育的灵魂与精髓是什么，我们究竟应该追求怎样的教育，教育如何去诱导个体人生的展开？若能如此，则教育实践活动的品格就会在我们对教育的内在性关注中得以逐步提升，才真正谈得上有质量的教育。否则，我们谈得最多，也是有量而无质的教育、没有灵魂的教育、没有"人"的教育。

换一种思路看课堂

——明德中学"三生课堂"教学研讨会上的发言

今天我只是作为一个普通的听课者，进入现场之中。我不是一个中学老师，我也只是以一个旁观者的姿态来进行点评，所以我说的不一定很切题。但是我认为或许我们换一种姿态，换一种视角，对于我们的日常教育教学工作会有一定的帮助。所以我想我的东西大家不一定要照着去做，最重要的是给大家某种启迪，这就是我最大的心愿。

先从我听的语文老师的课谈起。语文老师人很亲切，站在台上，不是一个气势压人的人。我很喜欢这种邻家姐妹式的为师风格，不张扬，不用自己的知识、才情来压倒学生。我觉得我这位益阳老乡语文老师在这一点上是做得很出色的，站在台上，像淡淡的茉莉花香。当然，一般的教学过程不是我讲的重点，我只是简单地点评。引入课题，然后是介绍什么是现实性。这是一堂作文课，现实性是议论文写作的根基。在揭示现实性概念之后，是一些材料的分析。在分析材料的过程当中，将教学逐步深入最后再回归到实践分析。所以整个教学是非常流畅的，秩序井然。特别是素材的选择，非常精要。我在后面看到学生拿到材料后基本都很兴奋，当然，不同的学生有他不同的兴奋点。那么我们老师在课堂上如何关注不同学生的兴奋点，这一点我们还可以更多地注意。以素材为基础，然后从中提出最重要的要素，就是现实性。然后以现实性为基础，引出议论文的思想性，激发情感，陶冶心灵。这是这堂课的亮点。

这堂课有这么几个特点。第一个特点，就是关注生活。包括对生活素材的选择，对生活事件的评论，拓展学生的生活视野，老师自身生活化的姿态。关注学生，让学生充分地读、评、议、写，这比较符合这位老师的风格。人格引领，这个地方有一个亮点。特别是说到平庸这个话题时，整个课堂感觉活跃起来了。我想这就是我们课堂想要到达的效果。当然这个话题可能会有稍稍的偏题，但是没关系。因为平庸恰恰是我们当下一个现实性的重要话题。这段文字恰恰非常好地体现了我们议论文如何去关注现实。

还有一个特点是关注细节，特别是对王芸生这位老记者还做了一个注解。当时我看到这段文字的时候，有一个非常直接的感觉，以为这是哪一位记者写的，因为后面的一段文字很触动我的心，就是为什么不向富人有钱人多征一点税。结果后来我一看，原来是针对蒋介石的。不过后来这位老师很好地点了一下这个问题，就是我们写议论文的时候，要敢于关注现实的问题，要敢于揭露现实社会的阴暗面，当然她特别提到了一点，就是要注意策略，我觉得这些东西都是很到位的。提醒同学要勇敢地面对现实问题，同时又要机智地面对。最后她又提到了一个很重要的问题，作为议论文作者，最重要的问题就是素养的提高。你去关注现实问题、提炼观点，你的语言表达与组织，都离不开你的素养。

　　整体来说，这堂课的亮点很多。我觉得亮点这应该成为我们评价一堂课很重要的一个方面。一堂方方面面都顾及的课可能是一堂平淡无奇的课，平庸的课。我们的课堂不是为某一个片段服务的，而是为整体服务的。我们的语文老师做得很好——课堂当中有眼。"眼"就是魂，没有"眼"的课堂，整个课堂的格调就要下降好几个层次。

　　接下来我们再谈几个需要改进的细节。这位老师的知识非常丰富，引到了"文章合为时而作，歌诗合为事而作"，这个当中其实讲到了一个很重要的问题，这其实也可以跟学生的知识储备挂起钩来。我们中国古代的策论文章是一样的，要关注国家的大事。而诗歌是关注心灵的文章，一般是有感而发。那么在这个过程当中就可以加强同学们对议论文写作的理解。议论文需要情感，但是它又不能完全流于一种情感，因为它还需要我们深度去关注现实。还有一个小的细节，这个小的细节包含我们整个教学过程中可以改进的问题。那就是我们的老师在讲完前面的素材，又举了一个负面的案例，在讲负面的案例之前，就把这个负面的案例的结论很清楚地说出来了。整个两分钟的评述都是老师先说结论，先定性，自问自答。所以这个教学过程就是在完成早已预设好的教学过程，不是站在生命、生存、生活的立场上面，不是站在学生的立场上面进行的。

我们议论文的教学，还有一个思考。为什么我们要教议论文？为什么我们高考要考议论文？答案恰恰回到之前讲过的那句话，"文章当为时而作，歌诗合为事而作"。议论文它充分体现一个人的社会化，是一个人社会化是否成熟的一个标准。议论文能够充分地把一个人的文学素养、理性的生长和责任的生成体现出来。为什么要关注现实性的问题呢？现实性的问题能够拓展个人对社会的理解，担当社会责任，这是它的落脚点。后面讲到家事国事天下事要事事关心，就是要我们的孩子们活在家庭当中，活在国家当中，活在天下当中。包括今天我们校长提出文化育人，文化立校，学科教师目的也是一样的。我们今天的议论文不是要空乏，而是要实实在在地传达出我们的孩子们活在时代当中，对这个世界表达一种关切，一种责任，这就是议论文一个非常重要的任务。而诗歌做不到这一点，它很难作为一种规范式的评价。顾城杀妻的例子就能很好地说明这一点，顾城诗歌写得这么好，却最终把妻子给杀了。这就说明写诗并没有给他带来一种社会化的理智的发展。这也就是我们高考为什么不主张考诗歌，还是要以议论文作为一种格式。因为我们的高考不是要选诗人、选作家，而是作为孩子们成长过程的一个社会化的环节来检验他们。关注现实性的意义就是放弃个体性，充分地进入时代与社会当中，由生活视野的扩展来唤起他们面向时代与社会的生存，由此提升他们的生命境界。这样就把我们的议论文教学上升到生命、生活、生存的境界，扩展了他们生命、生活、生存的空间。

延伸思考的第二点，就是我们的教学能不能换一个思路来教。我们是先摆出现实性重要，再去论证它的重要性；还是先让学生感受重要，再去探究它的重要性。我们的语文老师上课的时候，引入课题之后，然后就是讲现实性，什么是现实性。而学生并没有理解，这就是传统的典型的教学模式，也就是以知识为中心的教学方式。我的目的就是把知识点摆出来，不管你喜不喜欢，摆出来之后，再一点一点把它学会。我们的教学只是印证这个结论。那么可不可以反过来教呢？我们先拿出现实性的素材，让学生真正地进入这种现实性的问题当中，找到了兴奋点，再顺藤摸瓜，进行简单的点评。这样学生就真正地记住了。这就是学生自主学习，真正地进入了现实性的问题思考之中。刚刚我们历史老师讲了一句很好的话，就是"先感受，再感悟"。因为感受在前，然后再是感悟。而不是把一些机械的历史结论交给大家，让大家去背下记住。当然我们历史教研员现在坐在这里也是非常难得，因为我们历史很多的问题都很难让学生去面对，所以葛兆光在给他们的学生上课的时候说过这样一句话，请你们把所学的历史知识统统忘掉后再来听我上课。就是说要把我们高中历史教的东西统统都忘掉，但这不是我们高中历史老师的错。

我们怎样力所能及地让学生多一份感受，在感受的基础上再去思考，这就是换一个思路来教学。你要提出议论文现实性的问题，那就要问一下，学生为什么会对这个主题感兴趣呢。对这个主题感兴趣是因为考试要考吗？写作文对他很重要，还是你认为它很重要，还是学生切身地感受到了这种重要性？这就是我们反过来立足于学生的接受来思考的问题。很显然，我们这种思考不会对学生高考没有好处。反过来，他的学习的主动性会更强，这有助于他进行自主思考。所以我们进行进一步的思考，什么是教学？教学是教学生学，而不是你在教知识。一堂课不是老师把课上得多么好，而是要反过来看学生学得多么好。这就是好的教学的标准。所以真正好的教学就是把学生引入自我学习的道路。学习是一条路，教师的目的就是让学生上路。学生只要自己上了路，就会自主、合作、探究。学生没有上路，所谓的自主、合作、探究，就是假的、伪的。在上课的时候，为了落实讨论这个环节，前后两桌就在那里吵吵闹闹一番，根本没有进行真正的思考，只是在同一水平的简单重复，流于一种形式，并没有达到真正的效果。所以只有让学生真正地上路，激发学生的动力，让他自己想学，自然而然他就会去寻找方法，他就会去探究。

教学的中心就在热情地唤起，先唤起学生的热情，那后面自然而然就很容易了。所以教学的艺术就是让学生有热情的艺术。你讲了半天，学生还是傻傻的，只是简单地附和，那就是空洞的热闹，空洞的华丽。学生的热情唤起来了，学生整个的生命的激情也就调动起来了，这样他的身心就充分地进入了课堂。好的教学就是学生身心的转向。这就好比什么是好的讲座，好的讲座大家就会全身心地聆听。身心的转入和身心的逃离这就是好与不好的一个标准。好的课堂就是充分地唤起学生的热情，就是人的充分的在场化，不是学生身在曹营心在汉，而是身心都在。所以当学生不认真听课的时候，你就应该想想是不是自己没有教好。学生真正的在场化，这就是好的课堂的标准，生命、生活、生存都在场了。

我们再来思考一下可能的实践方式。这堂课可以反过来教，首先寻找跟学生生命、生活、生存相关性对接的话题，不要一开始就讲现实性有多么重要，要开始就把与现实性相关的材料摆出来让学生进入这个情境，充分地激起学生的热情，让学生的心里有了这个想法，这个时候你再进行点拨。比如，刚刚的语文课可以这样设计，先让同学们讨论这段平庸化的文字，把学生的积极性调动起来，这个时候你再讲议论文应该怎么写，议论文的核心就是要抓住现实，这样就会顺理成章。现在我们老师被传统的习惯束缚住了，总认为一步一步来是好的。我们可以先唤起来学生的热情，激起学生的兴奋点，让学生充分地进入课堂，然后，再加以点拨指导，最后，进行学生的自主实践。

我们一开始就要寻找到课堂的"眼"，教学的重心就是课堂与学生生命的契合点。你寻找这堂课哪一个点可以和学生产生共鸣，从这里出发，一点点生长起来。就好像我们看一篇文章，四平八稳，没有一点印象，就是说这篇文章没有"眼"。所以，一定要寻找两者之间对接的那个"眼"，这也许是我们的学科教学走向"三生课堂"的一个很关键的问题。

唤起学生的方式有很多，比如说教师的魅力，相关轻松的话题，关键性的设问，但最重要的还是与教学主题相关的典型的材料与情境创设的问题。当然并不是每一堂课都是固定的形式，有的时候是轻松的模式，有的时候教师的魅力，有的时候是运用设问等。各种各样的形式目标就是要唤起学生真正进入到当下。我现在的一个很重要的理念就是每个人都是活在当下。你一个人活了八九十岁，死了以后，什么东西都没有了。你对于历史，对于后代其实并没有多大的意义。你最大的意义就是活在当下，就是此时此刻。我们就是要在有限的时间内将每时每刻都活得精彩。教师的意义就是精彩地活在与学生相处的每一刻，尽量地展示作为老师最优秀的一面、最卓越的一面来引导学生，激发学生生命的活力。

我的两个学生听了体育课，他们也有一些感悟。体育老师本身素质非常不错，他说体育课的本质是让大家获得乐趣，这非常符合生命、生活的理念。关注学生的生命感受，然后引导和激励学生的生命感受。兴趣是最好的老师，教学就是要激发学生的兴趣。当学生兴趣起来了以后，就不要一盆冷水泼下去，终止学生的兴趣。课堂应该多一点开放的空间，所以体育老师最后的一句话有点存疑的地方，他说速度的意义是比赛。这样推论下去，那么比赛的意义就是得金牌，得金牌的意义又是什么呢？金牌就能够振兴中华民族吗？因此运动的意义就在于激活生命自身的潜能。更高、更快、更远，这正是奥林匹克的理想。我上次就讲到中国人没有几个真懂体育，中国的体育官员更看重体育的政绩。跑一千米，实在跑不完，这对于你来说，没关系。鲁迅说能坚持跑到最后的人是中国的脊梁。体育精神不在于跟别人比，而在于跟自己比，激励自己。所以体育的意义最终是回到人本身，最终是回到生命、生活、生存，而不是一个外在的体育的竞技、比赛。比赛是可以的，但还要有比比赛更高的目标。

化学老师的课也上得很不错，化学老师也长得很帅。上一次到安徽听了课之后，参加了他们的元旦晚会，一个老师上去唱了一首流行歌曲，下面掌声雷动，所以老师把自己的魅力展现出来也是很好的。我们的化学老师是恰如其分地把自己打扮得这么隆重，把自己推销了一把。老师的课上得有板有眼，非常的清楚。但是很遗憾的是因为我的化学知识早已经忘记了，所以刚开始我没有进入到化学课当中，只能够旁观。问题探究，讲解，得出基本的结论，然后再生活拓展，整个课堂的思路非常清楚。课堂的重心就是阐述氧化还原反应的原理，所以课堂的中心非常的突出，学生也动起来了。生命、生活、生存的目标都在一定程度上达到了：注重实践，包括学生的动手，讨论等；学生比较好地进入了课堂；有化学的学科意识，从化学走向了文化，化学让生活更美好。

这堂课的问题也和前面的作文课有些相似。我感觉这堂课最亮点、最让人心动的地方就是最后老师拿出来的西红柿做出来的电池。我们是否可以先想想，课堂上学生最感兴趣的是什么，最能触动学生思维态度情感的是什么。我思考的问题是，作为听者的我忘记了曾经的化学课以及原来所学的内容。那么我们就要思考今天的化学课对于孩子的未来意味着什么。也许今后它从实际的意义上来说，并没有多少用，或者说它的意义不是今后为了用，而是要开启学生的一扇窗口。化学知识的遗忘是必然的。我们就来思考化学课的当下的意义，思考化学这一门课程性质。

化学课的当下意义，就在于以化学这一门课程形式开启了学生认识世界、理解生活的一扇窗口，启迪了学生的科学意识。这个才是最重要的问题，也就是怎样超越化学课来回到生命、生活、生存的问题。只有真正转化成了孩子们生命、生活、生存的基本主题，才真正发挥了它的作用。这就提醒我们要站在未来的角度来反观我们当下的教学，课堂教学的意义是什么。这个课我们可以思考反过来教。把跟学生生活相关的、能唤起内心趣味的事物和情境作为"眼"来调动学生，然后再顺藤摸瓜，探究背后的原理。因为你让学生去探究，一定要有动力。我们可以首先把这个原理拿出来，然后再让学生去实践。课堂之"眼"就是制作西红柿电池，我们可以先把这个拿出来，让学生自己去动手，让学生在动手的过程中找问题，自然而然就能得出结论。兴趣唤起学生的理论思考，形成理论，重新面对生活，这就是一种颠倒过来的课堂教学模式。当然并不是说每一堂课都要这样做，我们还是要根据特定内容来选择课堂教学模式，但是倒过来教确实可以作为一种教学模式。我从来不主张一张模式"包打天下"，有的时候，我们可以用老的模式，有的时候我们可以尝试新的模式。特别是科学学科需要强化学生的体验、动手、操作，把结论放在后面。

下面是我对中学课堂教学基本问题的几点思考。

第一是重新思考教师的作用是什么。我们现在的学生越来越聪明，知识面也越来越广，看的东西也越来越多。在这样一种情况下，你一堂课还是从头讲到尾，很显然会降低你在学生心目当中的影响力。所以怎样把当属于孩子的东西还给孩子，你只充当一个主导的设计者的角色，引导学生进行深入的思考。老师找准自身的位置。那么我们的着眼点在哪呢？这就涉及我们的"三生课堂"，要唤起学生的热情、理智还有想象力。热情带动激情，带动想象力，带动理智。作为老师自身可以多一点点热情，我们的这位语文老师今后上课在热情程度上面还可以再扩大一点，有的时候可以细水长流，有的时候可以洋洋洒洒。

我们说要建立完整和谐的生命生态，那是个体自身生命的一种状态，是个体在课堂当中有热情、有想象力、有理智，有的人有热情。但光有热情，有的人有理智，但只有空洞的理智，缺乏热情。所以两者要结合。高中教育可能要理智更多一点，所以需要适当的热情来冲淡理智的冰冷。通过热情、想象力和理智的注入，让学生充分地活在当下。让学生充分地进入交流当中，真正地被老师引导、激活，这就是课堂和谐的生命、生存、生态，最终的结果就是达到尊重生命、扩展生存。比如，这一堂化学课，学生在上课之前和上课之后应该有所不同，他通过这个课堂学到了一些新的东西，他的生命得到了扩展，他的生存得到了丰富。老师的作用就在于激活学生、点燃学生，知识的传授是基础性的，但对于明德中学的老师来说，我们要更加注意能力的提升，这也是我们"三生课堂"的一个要求。

首先要深度理解课堂的重点、难点和学生的兴奋点。进一步寻找课堂教学与学生发展对接的"眼"，想方设法让学生进入学习的情境，然后再加以深入的点拨和指导，所以老师在课堂教学的作用是非常重要的。其次，课堂对学生意味着什么？学生通过课堂进入到生活，他通过课堂丰富了自己的生命。所以我们要反思我们的教学有没有让学生活在课堂之中。

怎样引导学生充分地活在课堂之中呢？在此我提出四个关键词。第一个关键词，自主，自主是中心，没有自主，所有的东西都是空谈，就只是教知识，那么学生的生命、生活没有办法主动地进入课堂当中。以自主为基础，然后是合作、探究，最后是成长。成长就是每个孩子在课堂上成功地自我展示，真正获得一种成长的体验或者说成功的体验。然后走向阳光，这样学生就超越了被学习、被成长。我们现在的中学生被学习，被成长的味道很重。尽管我们现在教的东西对他们未来来说很重要，但遗憾的是我们具体的教育实践不是从对他们的重要性出发，而是从我们认为的重要内容出发。把老师的位置和学生的位置结合起来，这是我们对课堂完整的理解。

第二个问题，就是从学科到文化的可能性。怎样使我们每一门学科上升到文化？文化就是活法，就是人的生存方式。文化不是个人性的活法，是把他人的、历史的、民族的活法一点一点渗透到个人的身上，从而让个体社会化，让个体文化化，让个体进入到人类生存的整体之中。作为一个中国人，认同中国文化，接受了中国文化的价值，通过唐诗宋词耳濡目染地进入生存当中。文化育人无非是让个体进入到整体，活在人类文化的整体之中。课堂教学只是从学科出发，来扩展他的活法。我们的学科教学就是从学科出发，与学科所蕴含的文化理念、文化意识去接轨，比如，科学教学就是引导学生与科学精神、科学态度情怀接轨。引导个体去理解人类、民族的生活方式，由此来扩展学生的生命内涵，提升生命的高度，这就开始达到开启生活、拓展生存、提升生命的高度。

我们有"三生课堂"的理想，但我们只能稳步渐进地推动"三生课堂"。我们可以理解一下"三生课堂"的学段特征。小学的"三生课堂"可以搞得非常鲜活，甚至可以充分地拓宽知识的层面，更多的是以学生直接的、感受性的体验出发来拓展生命、生活、生存的可能性。甚至初中也可以在这个基础上加大空间。而高中阶段只能有序地推进。只能在教学模式和教学过程中指导地推进。"三生课堂"的学科特征，不同的课程、不同的学科，他的"三生"的形式也不一样。整体来说，科学课程的教学有点满，留给"三生"的余地就比较少，可能有的时候更适合按照知识的逻辑去讲学，而不是按照学生发展的逻辑来讲学。"三生课堂"要求我们转换一个逻辑，要站在学生接受、发展的层面来思考。这里就提醒我们"三生课堂"的学段特征和学科特征，"三生课堂"的理想与现实。即使是在初三和高三这么严酷的背景下面，还是会有"三生课堂"的空间。比如，我们刚刚讲到的议论文，高三的考试也会涉及议论文的写作，但很显然，我们可以转换一个方式，同样可以加大学生对生命、生活、生存的体验。高三的体育就更加如此了，让学生充分地放松自己的身心，培养积极乐观的精神。所以从这个层面来说，我们每一个学科，每一个老师都有自己的空间。

我昨天到岳阳一所小学，在校长办公室看到这样几句话，我觉得这句话可以作为教师的一种理想，第一句是"生命在低处，灵魂在高处"。老师确实是生活在应试的压力和琐碎的事情当中，但是一定要灵魂在高处，这样才可以从日常的琐碎中真正把握学科的真谛。知识上升到文化本身，上升到人本身，回到以人为本。我今天就跟一个学生聊到，我说我们要保护所谓的"国学"，最好的方式就是不要谈国学，就是"去国学"。因为一旦到谈国学的程度，国家就会把它看得很重，好像非学不可，个体就没有选择的空间。我们应该把这一种重视回归每一个人，让个人去面对古代经典。像西方的文艺复兴、新教改革，它并没有去掉信仰，而是把信仰还给个人，让每一个人面对《圣经》，而不是面对教会来信仰上帝。所以我们今天宣传传统文化不是要以国家的形式来让我们面对，而是让我们每一个人自己去学习，这样更容易发挥传统文化对我们生命、生活、生存的内化作用。我们也可以思考立足于生命、生活、生存来思考国学的意义。"灵魂在高处"，我们可以在更高远的地方来思考我们当下的问题，真正抓住了教育的大问题。大问题就是当下我们孩子们的发展问题，人格的健全问题，心智的启迪问题，这就是回到最基本的问题。

第二句就是"在有限空间里的无限作为"，我们总是在抱怨很多东西，但是抱怨有什么用呢，与其去抱怨，还不如去做一点建设性的努力。所以我们现在特别主张一种建设性的评判，建设性的思考。那就是力所能及地去改变课堂。哪怕改变一点点，也是教师生命价值之所在。我们昨天去的岳阳的小学，条件也是很差，但是校长尽了最大的努力对学校的环境进行改善。所谓好的校长就是立足于自己的岗位尽可能地拓展深度。每一个校长的含义都是不一样的，需要每一个人自己去赋予的。这跟老师是一样的，老师只是一个符号，没有内容的，只能靠每一个人自己点点滴滴的努力来赋予教师这个词以神圣的含义，这就是"有限空间里的无限作为"，我们的目标是要彰显人性的力量，建构一个人性化的社会，这个努力只能够在于自己。

我们倡导"生命在低处，灵魂在高处"，"有限空间里的无限作为"都是为了彰显人性的力量。随着历史的发展，很多事情都是无法预料的，所以最重要的就是当下。不仅要让孩子们变得优秀，而且还要孩子们变得快乐，最好的教学是要孩子们把学习当作人生的享受。今后当我们的孩子考上大学，漂洋过海，哪怕今后当清洁工也没关系，但是他能够把在明德中学的时光当做美好的经历，那就是明德教育的成功。这样，明德教育的品牌就实实在在地建立在每一个明德人的心中，这才是最重要的品牌，最好的口碑。

最后两分钟，简单地给大家解释一下什么叫"明德树人"。第一层含义，就是作为最直接的主体，明德作为我们一个品牌，明德就是树人。第二层含义就是作为一个目标，办学就是要以"明德树人"作为目标，要"明教育之德"，要把"树人"作为最高的目标，我们时时刻刻要牢记这个目的。第三层含义就是怎么去明德树人呢？要我们自己明德，才能树人。所以要明的是教育的德性，是教师的德性，是明德人的德性。观念引动行动，观念是行动的逻辑起点。我们强调务实，就是要从内心去明教育之德、明生命之德、明作为明德人之德，这样才能够更好的树人。以内心清明的教育理想来树人。当然还有一层含义，明德树人其实是中国传统文化教育最重要的两个词，没有第三个词能够比明德树人更有中国味道，更能体现中国传统教育的精华。所以这两个词是民族的，也是世界的。树人还有一个含义就是十年树木，百年树人，就是说教育要慢慢来，急不得，要有一颗平静的心。就好像我们的语文老师和化学老师一样从容淡定，站在讲台上，走在明德校园里，成为明德中学永远的风景。

什么是大学

9月26日，星期三早上，爬山下来，在共青园下面的草坪上碰到一群学生围着两个人，一位老人，一位中年人，两人在讨论英语问题。我自然地凑上去，倾听两个人之间的对话。

老人在讲当前英语教学中的问题，包括讲李阳的疯狂英语不行，没有遵循英语内在的规律，只是单纯的记忆强化。他讲了目前英语教与学中三个方面的问题。一是英语单词构词的规律、对于构词法的理解，与对识记的规律之间的分离。我们强调的是识记的规律，是记忆的规律，而没有去理解英语构词本身的法则。英语的词汇其实遵循组合的规律，就是词的结构。英语词汇的扩展是一个由简单到复杂的过程，对于英语的学习也应该是由简单到复杂，而不是把各种单词不分青红皂白地放在一起背。二是语言与言语之间的背离。语言和言语是有差别的，语言是人类长期以来积累起来的对于事物的命名以及命名的规律和法则，言语是我们一种说的活动。英语学习是去识记语言的规律，用语言的规律来支配我们的言语活动，反而忽视了去领略语言和言语内在的一致。换言之，从发生学视角来看，语言和言语应该是统一的。语言中语法规则无非是人类言语活动的总结，而我们恰恰把英语的学习变成了一种外在规律的习得，而不是去发现内在的语言的规律。换言之，英语也是一种语言，是以英语为母语的人的生活方式的表达，而人与人之间是相通的，把英语作为外语学习的我们也是人。这里就提示了一个很重要的问题，那就是英语教与学应该以人为本，而不是以语言本身为本。从语言的发生而言，所有西方的语词都有内在的法则、规律。三是英语与母语之间的背景。我们有些自以为学英语学得好的人，认为就是要忘记母语，这是错误的。语言是相通的，母语可以支持英语的学习。比如，狗 dog，就是 door 和 guide，看门的卫士就是狗；两个 v 就是 w，w 表示弯曲，就与波浪、水、线条等都相关；还有所有与"关"有关的是以 c 开头，以 o 开头的就是"开"。学习的过程中要利用母语，但是学会了之后就可以忘记母语，在英语中独立显现自己，这就是"借母语来过河"，然后"过河拆桥"。还有一点，我忘记了。

他们中间讲了很多词，比如说门（door），就是 do 和 or 的结合，要么开，要么关，他这么说很有意思。所有以 w 开头的词，都与水有关，包括波浪、弯曲、金属导线等，都有根有源。所有在胸脯以上的词一般都以 h 开头，就好像人一样，也有象形的味道。比如"家"，家就是一个洞（hole），人类是从洞穴走出来的，把 hole 建得更完善，就是 home 了。还有房子（house），就是更好一点的"洞"了。宾馆是"远处的房子"，就是 hotel。他们这样讲起来，英语就变得很有意思，英语语言本身就具有了内在生命的意义，换句话说，每一个词的发生、语言的发生都有着某种生命的意义。我们强调的是识记，而没有去显现它本身的生命意义。

之前，我以为他们两人彼此很熟悉，后来才知道他们并不相识。老人是一位老师，估计退休了。中年男子是从北京来长沙旅游的，碰巧走在一起了，学生也是不相识的。偶然的相遇，建构了一个公共话语空间。不管他们谈得如何，在这里，偶遇的他们用语言建构了一个大学。我当时感觉，大学就应该是这个样子，大学就应该有如此这般自由而流动的知识生活。

长者、中年人、年轻学生，正是他们偶然的相遇和对英语学习的共同兴趣，成就了一场无拘无束、无关功利的自由的实践。所以，真正的大学不一定发生在课堂。恰恰我们今天的课堂，许多时候其实是最没有大学精神、大学气质的。所以，后面有一个学生说："您明天还会到这里来吗？我听了您一席话，比读一年书的收获还大。"他的这句话让我深深地思考。

大学存在的实质并不是大楼，而恰恰是不同背景、不同年龄阶段的个人聚集在一起，用自由求知所建构起来的精神空间，这就是大学的本质。大学的本质无非就是两点，一是无条件地追求知识和真理，那就是求知，二是自由地聚集，这两者是互为表里的。求知就是一种自由的实践，没有自由就不可能有真正的求知。自由有两种，一种是外在的自由，另一种是内在的自由。外在的自由就是没有他者对自我的控制；内在的自由就是个人不服从于利益、欲望等，没有遮蔽个人对知识追求的天性，这是心性的自由，心性免于情性的主宰。自由是求知的基础，有了自由，才有真正的求知。求知是自由的一种实践形式，求知本身也可以成为自由的保障，只有真正的求知才能通达个人心灵与人格的自由。如果把两者综合起来谈论什么是大学，大学就是年轻人在教师引导下自由地过知识生活的地方。在这个意义上而言，大学是存在于自由的求知活动中的。

当我们的大学越来越体制化，大学教授和学生都被越来越多地束缚在各种规定之中，实际上意味着大学精神的萎缩。大学对学生影响最深的并不是知识，而是自由的知识生活实践，书本上的知识不过是引子。当初苏格拉底影响人靠的并不是他的知识，而恰恰是他问知的方式。当我们的大学课堂越来越成为知识授受的空间，而不是自由探究的殿堂，实际上意味着大学的远去。大学的深度体制化，意味着大学的终结。我们今天的大学已经越来越"小"了，在近几年大学扩招后表现得更加明显，我们的大学越来越多得成为中学后教育，成为当初蔡元培所反对的"资格养成之所"。

大学教育是一种不同于中小学教育的教育形式，而不是中学后教育发展上的一个阶段。那么，什么是大学？大学是 university，universe 就是"宇宙"，就是"全"。真正的大学就是直面整全，直面 universe 而展开师生的自由探究。因为任何局限都意味着我们对整全的脱离，所以，真正的大学是引导学生在对整全的无限追求中实现对自我人格的超越与完成。大学教育的根本目的就是两个，一是求知，一是育人，就是完成个人的人格。蔡元培先生说"教育者，养成人格事业者"。作为高级阶段教育的大学，其根本目的正是培养完全的人格，而共同探究、自由求知无疑是培养整全人格的最佳途径。

当然，这里面还有一个问题，对话的质量跟对话引领者的智识有关。前面的对话之所以能吸引大学生自觉进入其中，一个重要的原因是，长者在日常英语学习规则之上，敞开了一个可以商榷且颇有意思的空间，从而让年轻的学子能感受到一种英语学习的内在趣味。当然，如果长者能对英语语言发生的历史、文化背景能有更透彻的理解，避免其中的某些牵强，尽可能地进入英语语言的现场，那对年轻学子的引领会更充分。这意味着大学需要优秀的大学教授，大学教授是大学生活真正的风向标。

大学教授不仅要有卓越的才智，更要有一种发自内心对年青一代的无条件的开放。这样，我们对大学教授的要求是双重的：第一层是开阔的视野，卓越的心智，对人类文明与文化的整体、独到的领悟。换言之，在大学教授的心中本身就要有个"全"，有个 universe，而不是固守着手中的某种单一的专业技术、技能。后者只能是高级匠人，换言之，只能是拥有杂多的专业知识的教书匠，而不是作为大学精神代表的大学教授，这是其一。其二，大学教授必须有开放的心态。开放的心态有两层含义，第一是对知识的开放性，或者说对无限的开放，不把自己视为真理的占有者和代言人；第二就是对他人的开放，那就是能坦诚地、毫无保留地和他人自由交流。在师生对话中所敞开的思想空间就是大学的精神空间，师生对话所敞开的思想高度与广度就是大学的高度与广度。由于在师生对话中，大学教授往往起主导作用，一所大学的高度实际上就是这所大学里其教授群体的精神高度。

由此，我们不难看出大学的两个基本层面：大学首先是形式的"大学"，即形式的自由；其次才是实质的大学，即"大学问"的大学。有了形式意义层面的大学，就有了自由的探索，就有了知

216

识与真理自由呈现的可能性，就可能出现实质意义上的大学，即作为"大学问"的大学之显现。有了形式意义上的大学当然并不一定就会引向实质意义上的大学，好的大学毕竟还需要杰出学人的引领与大学内涵的积淀；但没有形式意义上的大学，是绝不可能有实质意义上的大学，而只能有伪大学，即凭借外在给予的合法性而呈现出来的、以资格的获得为中心的大学。

所以，衡量一个大学现有的水平，主要标准就是三个：一是是否具备自由求知的大学形式；二是以图书资料为中心的大学馆藏的丰富与否；三是教授的水平高低。衡量一所大学最终的成果，则是看它的学生人格与心智发展的程度。

大学存在的人文形态

在大学里待了多年，关注大学问题也有一段时间了，但一直对大学的理解有些隔膜，直到读了金耀基的《剑桥与海德堡》，在他优美雅致的文笔下流淌出来的那种人文气息让我豁然有悟，原来这才是大学存在的真谛。

一所学校的存在有三种基本的形态：一是物质形态，二是人在物质空间中的活动形态，还有一种就是超越物质形态和活动形态的人文形态。大学的存在首先是作为物的存在，从亭台楼宇、运动场馆、花草树木，到其他硬件设备，这些成为大学教育展开的空间处所和大学教育活动的物质基础。不同的建筑风格、自然与建筑之间的不同结构方式，构成大学作为物的存在形态的不同样式。大学建筑通过自身形态的表达方式来传递着大学的某种信息，成为大学存在的基本标示。大学的建筑符号本身就成了大学整体文化的重要组成部分，大学建筑的功能直接地就表现为大学活动得以展开的物质基础，与此同时，大学建筑形态的不同样式又会给大学人以不同的精神昭示，从而使大学建筑本身作为一种文化因素悄无声息地渗透到大学生活之中，在无言和静穆之中散发出一种精神，一种气氛。

如果大学徒具物质形态样式，那么最漂亮的高楼大厦也不能被称为大学。唯有经由大学人与大学建筑空间的交互作用，大学建筑的文化意味才得以活化，获得现实的意蕴。正是大学人在以物的形式存在的大学空间里的活动，才使得物的形态的大学成为名副其实的大学，成为大学人探求高深学问、追求知识真理的场域。梅贻琦先生说："所谓大学者，非谓有大楼之谓也，有大师之谓也。"一个大学之所以为大学全在于有没有好的教授。梅贻琦先生看到了教授在大学中的重要，正是教授作为传承知识与文明、追求真理的代表而启迪年轻学子的心灵，引领他们无条件地去追求知识与真理。梅贻琦的大学理念表达了大学存在作为"人类运用智慧于真善美的探求上"的大学理想。

仅有好的教授还不足以成为好的大学，还要有好的学生，有教授与学生之间的活泼交往，所谓"如切如磋，如琢如磨"，正是大学师生间的自由交流、共同探究，大学不断敞开人类、民族智识的空间，拓展人类、民族的思想资源，为人类、民族的精神生活提供盎然生气，也使得大学人的生活样态超越普通社会个体的日常生活样态，而成为自由地追求知识与真理、探求"高深学问"

的存在。如蔡元培先生在《就任北京能够大学校长之演说》中对学生所言三事："一曰抱定宗旨；二曰砥砺德行；三曰敬爱师友。"莘莘学子浸染其中，潜移默化，受到普遍智识的陶冶，成为优良的教养之士，具备有教养的才智，有灵敏的鉴赏力，有率直、公正的头脑，待人接物有高贵、谦恭的态度。

大学从根本而言，是大学师生共同过文化的、心灵的、智慧的生活的地方。正如纽曼所说："假使给我两个大学：一个没有住院生活的导师制度而只凭考试授予学位的，一个是没有教授和考试而只聚集着几辈少年过三四年头的学院生活的，假使要我选择其一，我会毫不犹豫地选择后者。"缺少了师生共同的心智生活，大学就成了智力训练的工场，就成了没有灵魂的教育机器。所以，剑桥大学教授巴克尔在论及大学教育时说："大学要达到它的鹄的，不仅在于发展智慧，也在于从师生聚处的群体生活中自发的诸般活动，养成道德的骨干。"大学师生的共同生活，其目的并不只在于品行的磨砺，更是大学人因为共同的目的而自由交流、平等对话的生存状态的表征，它昭示着大学空间里大学人的文化交往实践的存在样态。

大学的存在样态不止是大学之人与物的当下的活生生的交往互动，如果仅止于此，则大学的存在依然是现实的、平面的、单维的。大学存在的根本样态在于一代又一代的大学之人与物、当下与传统的交往互动，并且不断地将人与物活动的精神丝缕沉淀于其中，使得大学的人文意蕴不断拓展、滚雪球似地延伸，让走进大学的人们不仅能从大学人的直接活动中感受到大学存在的当下品格，热情、活泼、无条件地追求知识与真理，更能亲切地感受沉淀在大学人与物之中的那种大学历史深处的幽雅、博大、精深以及无处不在的过往大学人求知问学的精神影像。这就是大学存在的人文样态，大学不仅是当下的，更是历史的，大学不仅积极地传承与创造人类社会的文化资源和思想传统，而且也不断传承和创造大学自身的文化生活传统。作为学校中的个体，虽是偶在性的、短暂的，但一批批、一代代的大学人薪火相传所营构出来的大学精神形态，却使偶在性、短时性、个体性的大学人在大学的人文样式中获得了精神的永恒。

在历史的时间与空间中，历练出来的大学人文品格成为大学在当下存在的基本标志。大学作为以智识活动为核心的殿堂，"无条件地追求真理"是大学存在的基本理由，创造性的心智生活是大学人生存的基本姿态。大学人别无他求，作为"人们关于文化与社会的最高的理想"的代表，或者说作为社会最高知识形态的代表，大学人自由地投入知识与真实的传承与创造之中，自由地放开个人与群体的心灵和智慧，不同地域、不同文化传统、不同风格的大学人的不同的存在样态，构成大学存在的不同人文品格。或严谨、或自由、或儒雅、或绅士、或朴实、或雅致、或保守、或新潮。大学不同的人文样态之间，并不能简单地定夺高下、甄别优劣，不同的生存样态都可以成为大学人守护人类知识传统、殷勤问学、追求真理之场域。

大学存在样式的差别不仅是物质形态的，也是活动形态的，更是人文样态的。学校之间的根本差异在于拓展了现实的物与人的互动存在的人文样式之间的差异。因差异而带来的丰富、多样，正是人文精神的精髓之所在，正因如此，大学的人文样态，从根本而言，就只能是立足于各个大学自身的生存环境、存在基础、发展历程，在不断开创传统和保守传统的基础上，逐步积淀、形成各自的大学人文品格，简单照搬、模仿，依葫芦画瓢，很可能是东施效颦。大学的人文品格是生成性的，是活生生的大学人与物在历史与文化的互动之中的产物。

人文形态的大学当然是以一定的物质存在形式作为基础的，大学的建设与发展对大学之物质性的投入当然是至关重要的。但物质性存在的大学形态并不必然走向人文形态的大学存在。要提升大学物质性存在的人文品格，还应让大学的亭台设计、空间布局都能成为张扬大学文化精神之载体，一草一木都能体现大学存在的氤氲之气。所以，优良的大学似乎应该特别重视一景一物的营造，教室、实验室是教育的场所，但一石的摆设，一花的铺展，都可能与大学人之"悟道"有关。良好的景致不仅是大学人自由徜徉的心灵空间，而且是唤起大学人在对景物的无言悟道中去感受宇宙之无穷、激活智慧之灵泉、张扬思想之羽翼的精神场域。

人文形态的大学存在，所指涉的绝不仅仅是提升人文思想在大学建构中的地位和作用，更重要的是提升、显明大学人存在的基本方式，一种人文地、诗意地、自由地、创造性地思考、探究与生活的方式。大学虽不是诗人的圣地，但一所大学如果不能激起年轻人的诗心、对人类问题的思索，那么这所大学无疑是缺少感染力的。人文大学正是大学存在的这样一种诗性的气质、一种活泼向上的精神，一种幽雅的氛围。"随风潜入夜，润物细无声"，这种精神不仅显现于大学课堂、研究室、实验室、图书馆所，而且渗透在大学的每一个角落。这其中自然也包括了不断拓展的大学人文通识之教育，让大学生"对人类知识文化有相当的了解，对自己民族的学术文化有基本的欣赏与把握"，更重要的是怎样倡导、并且培植自由、平等、尊重、宽容、创造、活泼、向上的大学精神于每个大学人的精神生活习惯之中，让自由的思考、探究，平等的对话、交流渗透在大学的每个角落，从而逐步"养成他们独立思考、判断的能力"和"对真理、对善、对美等价值之执著的心态"，这是走向人文大学的基本路径。

　　人文大学不仅是当下的，更是历史的。走向人文形态的大学存在，一方面需要我们积极守护、发掘、拓展我们自身的大学传统资源，包括我们的书院教育传统资源，从而拓展大学存在的历史的深度；另一方面则是创造性地开拓大学人当下的心智生活，为时代、社会、乃至人类的智力与精神的发展做出不懈的努力，从而展现大学在现时代境遇中蓬勃的生机与活力。"一间伟大的学府，如佛兰斯纳所说，必须是'时代的表征'。她不但要反映时代的声音，还要是社会风向的定针。如果僵持拒变，不知适应，不免失去活力与生机，僵死'塔内'。但如中心无主，盲目跟随'塔外'之风向转，则亦不免会失落她的性格与认同。"大学文化传统的继承与创新，既有自己的历史中心内涵的不断沉积、发展，又能因时而作出必要的回应、更新，以提升大学在现时代的生机活力，这是现代大学的基本存在方式。

人文大学不仅涉及现实大学人的活动，同样也沉积、彰显在大学的制度文化之中。没有制度文化的保障，人文大学只能是凭借某种个人魅力的或者其他偶然性的因素而表现出来的昙花一现、过眼烟云，任何时兴的变化或兴师动众都随时可能被弃之如敝屣。我们一方面需要传承大学制度文化的历史脉络，另一方面需要开拓创新，与时俱进，建设、培育更具活力的、体现现代人文大学理念的优秀制度文化。对于我们今天的现代大学建设思路而言，确立一种以教授为中心、以学术为基本价值的制度安排，是提升大学人文品格、完善大学人文形态的基本制度保障。当然，现代大学制度本身也是开放的，需要不断吸纳现代大学管理理念，促进大学高品质的知识生活与"创造性的文化生活"（雅斯贝尔斯），不断充实、提升、完善我们自己的大学制度文化。

物的形态的大学筑居于某个特定的空间，成为大学人的栖居之所；人文形态的大学则不仅存在于大学人的精神世界之中，而且存在于社会成员对大学的想象与期待之中。大学存在的人文建构不仅是大学人的事情，而且关乎全社会。不管社会形势如何变化，社会自身是否趋向于功用和实利，社会依然能对大学保持宽容之心，对大学怀有一份朴素的超越当下功利的人文期待，这是人文大学存在得以可能的重要基础。这意味着人文大学的建构不仅涉及大学文化自身的建设，还涉及社会对大学的期待、一个社会的大学想象。这需要政府对社会成员的大学理念的积极引导，需要大学向社会展示自身的当下形象与未来理想，增强大学文化对社会思想意识建设的积极参与，从而引导社会的大学想象。

显而易见，大学存在样态的现代化首先是物的层面的现代化，但绝不只是物的层面现代化，更是人的活动的现代化，是大学人的存在样式的现代化。而究其实质，是大学深层人文样态、人文品格的现代化。物的层面的现代化也许是可见而易行的，大学人的活动样式的现代化则远难于前者，大学人激扬文字，挥斥方遒，挥洒智慧之光芒，撒播思想之火种，大学真正成为大学人活动的场域。更重要的则是，守护大学人知识生活的传统，拓展大学存在的深层内涵，增进大学的文化意蕴，培育大学存在的人文品格，提升大学对社会、对大学人自身、乃至对大学后来者的精神昭示。不管社会如何变化，时光如何流转，大学依然以其博雅、坚定、包容、自由开放傲然立于人类、民族的精神家园之中，为人类、民族的发展提供知识与真理的守护，提供理性精神的不竭的渊源。

正因如此，在大学的改革与发展中，与物的因素相比，人的因素总是或者说应是第一的。今天大学发展的一个重要目的是要提高效率，适应经济与社会发展的需要。但大学的存在绝不等同于商业竞争，把大学人只视为资源，容易产生非人性化的大学样式。不重视人的特殊因素，大学改革的措施再严密，除了统计表上的单面的数字的改观，对于大学深层文化品格的提升，对于大学存在之人文形态的改进而言，并无作用。正如英国前文化委员会官员约翰逊所言，大学的改革最终落实到校园文化氛围层面，应该形成一种民主和谐、相互激励与合作、鼓励改革创新、鼓励积极进取、重视对学生的责任心、对未来充满信心的精神氛围。

今天，我们社会对大学以及对整个学校教育的关注空前，但这种空前的关注却有着某种隐在的缺失，那就是，我们更多地关注的是学校建设的物质层面，是教育硬件、教育手段的现代化，忽视了对学校人的活动本身的关注，忽视了深层的博雅、深厚的学校人文样式的孕育与积淀。物的层面的现代化也许是求新、趋时，人文样式的现代化恰恰追求的是多样、差异、丰富、广博。博古通今，融汇中西；尊重历史，尊重知识；续接传统，薪火相传，这是大学人文样态的重要内涵。一所大学缺少了人文内涵的积淀，那由漂亮高楼和豪华设备所搭建起来的学校，充其量只能是现代化的教育工厂。

我们要紧盯住世界名牌大学的发展方式，从中汲取可能的、先进的发展理念。但与此同时，我们又必须立足本土，立足自身，发掘、守护并且积极发扬、壮大我们自己的大学发展历程中的优秀传统。比如，蔡元培先生所开创起来的北大的"兼容并包、思想自由"的传统和鲁迅先生所言称的"常为新的，改进的运动的先锋"之品格，可以说是成了中国20世纪上半叶现代大学发展的精神航标，如梅贻琦所言："对于校局，则以为应追随蔡孑民先生兼容并包的态度，以恪尽学术自由之使命。昔日之所谓新旧，今日之所谓左右，其在学校应均予以自由探讨之机会，情况正同。此昔日北大之所以为北大，而将来清华之为清华，正应于此注意也。"显然，对于我们今天的大学发展而言，要紧的不仅是借鉴他国名牌大学的发展样式，还有一个更重要的任务，那就是续接我们被中断的大学传统，在新的时代注入新的内涵，以期进一步发扬光大，真正确立基于我们自身大学发展传统的大学品格。

怎样合理而充分地找到切合于我们自身大学发展的思想资源，在提高对大学物的建设之投入的同时，更关注大学人知识生活品质的提升？培育、建立良好的大学制度文化，从而全面地提升大学的人文品格，就成了时下我们的大学建设的基本任务。如果说以哈佛、斯坦福为代表的美国大学对世界大学样式的贡献是一种以实用主义为基本底蕴的科学技术、商业、教育科研生产一体化引领潮流的样态，那么以剑桥、牛津为代表的英国大学对世界大学样式的贡献则在于以保守主义为底蕴的近乎顽固地坚守传统的大学存在样态。那么，我们中国的大学建设将可能给世界大学样式的发展做出怎样的贡献呢？

在课堂中成就自我

一

每次上课，我都怀着一种莫名的冲动，走进学生的视线之中。对于课堂，我总有一种说不出的亲近感。我喜欢课堂，我喜欢当老师的感觉。为什么我会喜欢课堂？因为，只有在那里，我才能显现"我之为我"的独特的生命意义。那里，才是我生命的舞台。

课堂是教师实践的空间，显现了我作为教师的真实存在，显现我作为教师的本色与内涵。教师可以作为一种称呼，形式化的教师是没有区别的，作为教师称呼的张三、李四并没有实质的差别，张三、李四作为教师的差别表现在实践之中，实践着的教师才是有差别的，在实践中才会显现一个人作为教师的独特品质。课堂是教师实践自身的空间，教师存在的价值真实地体现在教育教学的过程之中。

通过实践、通过课堂，教师显现其作为教师独特的生命气质、生命品质、学识素养、教学艺术。实践着的教师才会表现出不同的品质与素养的差异。课堂是释放教师的才情、气质、个性的地方。在其他地方，他不能体现他的价值，英雄无用武之地。只有课堂才是真实地教师显现才能的地方。教师是鱼，课堂是水。形式上是教师成就了课堂，实际上是课堂成就了教师。我为什么喜欢课堂？因为课堂安顿了我作为教师的皈依，是实现自我的平台。

为什么会有人讨厌课堂呢？原因是多方面的，教师的驾驭课堂的能力不够，气质不大适合课堂教学，个性跟课堂不相吻合，等等。面对课堂，你的生命是外在的、游离的，你身在课堂，却没有办法真正进入课堂，或者说融入课堂。进入是一个过程，那种感觉就是"顺"，就是教师与学生、人与情境之间的"顺"。进入课堂的过程也就是进入师生关系真实建构的过程，是师生对话与倾听建立起来的过程。进入课堂就是把教师的生命沉浸在课堂情境之中，转入课堂之中意味着教师的生命在成全课堂。教师就是通过课堂来显现自身的人格、情趣、智慧和才情，使课堂充满人性的魅力，使课堂不是僵化的工厂车间，而是一个人性的空间。反过来，课堂也在成全教师，因为课堂最大限度的释放了教师作为什么整体的存在。如果你的生命游离在课堂之外，你作为教师的身份就不是真实的。教师的生命在课堂成为一个"全"，作为教师生命存在的"全"。在那里，教师张扬自我，实现自我。

肖川先生十年前有篇文章叫做"大学真好"，我想接着他的话说，大学真好，课堂真好。

二

许多时候，我都觉得我不是一个很好的老师，我不大讲究课堂常规，喜欢轻松随意的课堂情境，所以在课堂上力求保持本色，不刻意掩饰什么。我这样做并无意于与主流对抗，只是想在体制化的教育背景中有点自我坚持，表达我对教育、对课堂的理解。

我们时刻生活在世俗生活之中，课堂是开放的，不仅是知识世界，也同样是要面对生活世界的。我在课堂上显现我独特的生命气质与个性，通过我的真实存在来引导学生理解社会，理解人生。

课堂是一个什么地方？课堂首先当然是一个理想的场所，是一个理想的空间、这是相对于世俗生活而言，它使我们从世俗生活空间中抽身出来，进入到一个理想的情境。

为什么需要学校教育？它就是要为人的成长发展提供一种理想的空间，一种超越知识学习的、呵护我们成长的理想的空间，宁静的空间，在这里，尽可能减少世俗生活的冲击与影响。这并不是说学校是不食人间烟火的地方，读书要与世隔绝，学校必须而且肯定要关注现实社会与人生，而是指学校需要一种独特的精神气质来使学校师生与世俗生活保持必要的距离，从而在学校生活空间里表现出理想的姿态。

大学必须是一个有理想的空间，是精神生活高地，必须高于日常生活，在日常生活中建构一个精神的领地。课堂就是这种精神高地的重要的平台，课堂必须具备理想的气质。这是讲到课堂的理想性，但这只是一个方面，另一方面课堂还是居于现实之中的。它是一个被现实生活包围的空间，时时受到现实生活的冲击。课堂不能简单地排斥世俗生活，课堂是精神的高地，但却不是精神的圣地，课堂不是世外桃源，只是在世俗生活中建构的一个领地，接受师生交往中共同敞开的爱与智慧之光芒的引导。

坐在教室里，窗外的刹车声、喧闹声时时传入我们的耳朵，这些事物不时地提醒我们生活在人间而不是在天堂。理想随时可能受到现实的冲击，所以我们更需要在世俗生活中有所坚持，保卫教育，保卫课堂的理想气质，培育我们作为人的主体性。

课堂是开放的，它同时面对着三个世界：知识的世界、生活的世界、心灵的世界。所以教育不仅要面向知识世界，也要面对生活世界。课堂在坚持理想的同时，必须向生活世界敞开。唯有坚持理想性，我们才不至于被世俗生活所淹没；唯有坚持开放性，我们才可能最终走向现实，融入现实。课堂的最终指向是心灵世界的丰富、扩张。

课堂虽小，意义却大，它使我们一步一步找到自我，成就自我。

红叶之美与教育之道

早上，去岳王亭附近走走，抬头看岳麓山，忽然发现一种难言的美。冬日的红叶与深绿相互映衬之中，俨然就是一幅大师杰出的油画。一种沉郁的灿烂，一种华丽的成熟，扑面而来。我的心被深深地打动。

有一种美，不是设计的、理性的、秩序的，而恰恰就是自然的、杂乱的、无序的。这种美，就是自然之美，是自然成熟之美，是历经劫难之美，是磨砺与苦寒之美，是天地孕育的大美。与这种美相比，人间任何的杰作都难免逊色，而只能是小美而已。"参差多样，乃是幸福的本源。"罗素此言，深得自然之奥秘。

傍晚时分，我又爬上岳麓山腰。阳光从树叶上逐渐淡去，油画般浓重的颜色还原成一片片斑斓的树叶。

我突然明白，只有远望，才能感受浓郁的苍翠，距离产生美。对事物的观看需要必要的距离。思考与写作同样如此，需要必要的陌生感。太近，我们就会陷于琐碎之中，看不到事物整体的精神气象；太远，我们又无法看到事物本身。

所以，我们在亲近职业对象的同时，又需要与对象保持适当的距离，保持一种陌生感。唯有如此，我们才能从容地、不乏审美地把握对象的精神气象，让对象自身从容地呈现在我们的生命世界之中。

其实，人与人之间的相处之道，难道不是一样？当我们以爱与宽容面对他人，我们就会寄予我们爱的对象以心灵的迷魅，我们看到的就是完整的对方，而不是被苛责的物性的存在。

这意味着教育生活真正的品质乃在于欣赏，而不是苛责。真正的欣赏并不是无视对象的缺点，而恰恰是以对方存在的不完美作为前提，只不过，我们的眼睛紧紧盯住的不是他（她）的缺陷，而是在审美之眼中所呈现出来的他（她）的美好生命存在的可能性。

也许，教育的奥秘就在其中。

提升学校作为文化—精神共同体的存在

我们今天的课程改革，不管在实际中成功与否，有一点是肯定的，那就是随着课程改革理念的不断传递，至少在我们沉闷的教育大地上，来了一场较全面而深入的教育启蒙。但仅有启蒙是不够的，宏大的教育改革要真正成功，必须能将理念内在地置于具体的学校精神之中。教育改革的最终结果必须落实到学校教育的精神肌体之中，促使学校自组织能力的生成。外来观念的输入需要一点点地内化为学校教育行动的理念，并沉淀为学校的文化气象。

一所学校的精神必自本土生成。我们必须把学校看成是一个精神生长的生命肌体，而不只是作为整个国家教育工具，或者说教育机器上的部件，机械地传递来自外面的各种教育行动的指令。学校不能只是作为手和脚的存在，而必须是作为完整的生命肌体。换言之，作为国家教育终端的学校必须有自己的心，也就是自己的灵魂，唯有如此，学校才可能作为自组织的肌体而自我生长生成出学校自身的灵魂感召力，成为文化精神共同体的存在。

正因如此，我们的教育改革仅仅关注课程、课堂，甚至教师培训，还是远远不够的，没有抓住教育改革真正的核心与关键之所在。教育改革必须落实为学校精神文化的建设，提升学校作为文化精神共同体的可能性。教育改革的中心就是如何有效地把教育的主动权还给学校，同时促进学校内在精神秩序的合理建构，使学校成为当下教育实践的真正的主体。一旦学校拥有了作为独立生命机体存在的可能性，学校就可能成为杰出之士施展自己的教育梦想的平台，学校就会逐渐沉淀出自己的灵魂，学校教育就可能成为他们孜孜以求的心灵之事业，吸引更多优秀之士直接投身于当下学校教育实践之中。回顾"五四"以来的教育先贤，从南开中学到春晖中学，到各地私人兴办起来的诸多名校，无一不是以学校为中心，通过学校主事者的人格与精神品质融汇到各自的办学实践之中，提升学校自身的精神境界，由此以学校精神的内生来促进一方教育的成型。

正是因为有了好的学校主事者，奠定了良好的学校文化精神与秩序，学校就有可能自成气象，吸引高师，带动教师生活品质的提升，学校教育就真正成了学校主事者与教师们共同的心向之所系，成为大家精神的家园，学校境界由此而提升，自然就使得学校成为青少年学生灵魂感召的精神高地。相反，如果学校始终被置于教育改革的边缘，任何教育改革的中心都不在学校，学校就完全是权威的外在延伸，学校就不可能成为精神与生命的有机体，就不可能形成富于感召力的精神共同体，就不可能成为教师心灵的家园，而只能是谋生之所。教师也就不可能有学校共同体精神感召之下灵魂的舒适，生存状态的疲累就不可避免。

正因如此，把教育改革发动的中心落实到学校，以学校文化的建设为基本内容，以学校精神的内在生长为基本动力，以学校文化精神共同体的形成作为核心目标，提升学校作为精神之高地的层次与境界，才是当下中国教育改革的应有方向。教育的核心是以文化来教化人心，学校存在的根本属性正是文化精神的存在，明确学校文化发展的方向与路径，着力提升学校的文化品格，提升学校作为文化精神共同体而自行发展的可能性，无疑，这是今天办出高品质学校教育的灵魂之所在。

第五辑　对教育根本问题的思考

教育改革的灵魂在哪里

我大概是从 1995 年开始关注教育与生活的问题。在南京师范大学金生鈜老师的影响下，我逐渐确立了"教育回归生活"这条自己教育思考的主线，直到 2000 年左右，思考的重心都集中在这个主题下，没有根本性的超越。2000 年下半年开始进入伦理学博士阶段的学习，对历史与文化的思考逐步加深，我对教育问题的思考也开始慢慢转向。回归生活的教育主题针对我们的成人中心、知识本位、应试取向的教育传统而言，其意义是不言自明的，它意味着我们的教育的重心逐步向儿童自身的自主、健康、和谐发展转移。当回归生活成为教育的强势话语，是不是又会产生新的问题，或者说教育回归生活的主题本身就可能隐藏着另一种危机？我开始久久地思考。大概是 2004 年下学期初，我找到了一个关键词：平庸。

在我们的社会还没有确立一种深厚而清明的智性生活的背景下，过于强调教育的生活化倾向，可能导致的最直接的后果就是教育所塑造出来的个体人格的平庸化与教育自身的平庸化。当代西方教育教学理念是在承续了自启蒙运动以来的现代社会思想资源的基础与背景上展开的，对于他们而言，教育的基础性问题——教育究竟培养什么样的人实际上早已不是问题，所以他们的教育研究关注的重心更多地涉及技术层面，在这个层面做得十分精细，叙事研究意义的凸显也与此密切相关，这从目前国内大量翻译的当代西方教育教学理论书籍中可见一斑。即使是在这样的背景下，我们也不要忘了，从杜威到雅斯贝尔斯到布鲁姆，他们对教育问题的思考都是从最基本问题开始，从我们期待什么样的社会和什么样的人开始。而恰恰我们此次课程改革并没有更多地考虑西方教育的基础与背景性资源，而直接使用其教育研究深化阶段的技术性内容。

我们自身教育的基础与背景实际上与西方发达国家教育有着很大的不同，一是几千年封建专制社会所塑造出来的臣民文化与心理人格，二是我们缺少西方宗教文化的背景，这使得我们的社会文化品质始终有一种浓郁的实用品格。20世纪中国社会的复杂性，使得国民人格的现代化远未完成。与之相应，我们的教育自身的现代化也并没有随着高楼大厦的建立和现代信息化传媒的引进而完成。

轰轰烈烈的课程改革，一开始就成为我国教育的中心问题。广泛而深入的调研、全面的准备、开阔的视野、自上而下的推动，使得这次课程改革大有一种翻天覆地、欲对中国教育来一番彻底改头换面的气象。我对课程改革虽不至于振臂而呼，但也打心底里表示支持，只是朦胧地有些隐忧：诸如是否过于理想化，有些忽视中国教育地区差别太大的实际以及国民文化、心理现实？改革面是否过于宽泛，使得改革的目标过大，导致轻重不分，甚至可能会出现避重就轻的迹象？改革的全面推动是否过快，使得需要更多酝酿的复杂问题被简单化等。后来慢慢发现，这些好像都不是问题的关键，毕竟教师和学生都是有着自己主动性的人，只要改革的方向确当，他们的自主能力总可以保障教育活动的顺利开展和学生诸多能力的发展。问题的关键在于，我们的课程改革在何种程度上树立起了自己的灵魂，使得置身各种纷繁教育改革理念之中的实践者始终能坚守着一种有灵魂的教育？我们这些年来的教育改革是否逐渐沉淀出了自己的主导性理念？这些问题涉及当下教育的根本性问题的转变，并成为教育上下的共识。

中国社会进入近现代以来，由于社会事功对教育的反复冲击，加上我们民族长期以来形成的经世致用的思维方式，导致我们的教育在现实层面始终没有超越实用主义的价值取向，现代教育理念的启蒙并没有在我们的社会中完成。随着社会变革的逐步完成和社会组织层面体制化的逐步深入，教育自身也在没有被现代性充分洗礼的背景下急迫地进入了体制化的轨道之中，深度体制化的教育日渐成为一种越来越精致的技术。每个人都按部就班，把教育的每一个环节都做得精细、到位，而不需要关心这种实践样式本身的教育价值与意义，这使得教育实践中的技术主义倾向十分明显，教育缺少了内在的灵魂。正因如此，我们今天的教育改革必须对这一现实作出深层的回应，必须对技术主义的惯性作出挑战性的回应，从而促成我们教育质地整体的发育，提升民族的教育智慧与品格。

在一个话语时尚、口号迭出的时代里，倡导有灵魂的教育，就是期待我们能更多地关注教育的基本问题，关注每一个教育行动的价值与意义，以期在观念层面能逐步超越教育的工具主义和技术主义，从而努力提升现实教育的品格，并且怀抱这样一种心愿：经由教育品质的提升而逐步提升整个社会的文化、心理、精神品格。

点亮心灯：寻求日常教育生活的突破

我们行动的依据来源于理念，现实在理念中生成，理念赋予现实以和谐的形式，理念高于现实。强调理念高于现实，乃是凸显人的主体性，凸显个人作为心灵主体的能力。教育作为有灵魂的实践，在于教育实践主体对内在理念的引领。教育哲学思考的魅力，于启迪教师个人的内在教育理念，以理念引领个人的实践。与其诅咒黑暗，不如点燃心灯，点燃内心的理念之光，对抗当下教育越来越严重的平庸化。把自己的心灯点燃，可以照亮自己，可以照亮身边的人。虽然我们不足以改变世界，但可以改变自己。

早在二十世纪二三十年代，杰出的先贤们就点燃心灯，赋予了学校、教育以生动的力量。像浙江上虞白马湖畔的春晖中学，就是其中的典范。学校的名字本身就是经亨颐等先生教育理念的传达，是中国传统文化精神的承续与显现。春晖中学的很多建筑，同样深情地烙上了那些杰出的灵魂的印记。夏丏尊先生把自己的房子命名为平屋，就是认为自己是平凡的人。这正是他们的平凡之所在，他们做的是最平凡的事，但却是最不平凡的。他们就是在对学校的命名、建筑的命名中，用自己的内在理念伸展出乌托邦的教育空间，他们让我们感受到教育的美好，让我们明白，学校原来还可以如此这般地充满着生命的、文化的、理想的气质，一所简单的学校原来还可以洋溢着爱、美、自由。是他们，以个人杰出的灵魂改变了学校存在的本质，提升了学校存在的高度，甚至可以说提升了那个时代的教育品质。学校的灵魂从何而来？来源于校长和教师，来源于蔡元培、胡适、经亨颐、夏丏尊、朱自清等诸位先生，来源于他们的内心，来自于他们高贵的灵魂。

我们经常是认认真真地完成任务，导致我们作为教育人内心的空洞，这种空洞是难以用忙碌来填补的，我们的忙许多时候还在加大这种空洞。那么，我们凭什么来填补？就是爱，爱是基础性的质素，爱是填补内心空洞的最重要的尺度。爱有两种基本存在姿态：一种是无对象的爱，一种是具体的爱。我们更习惯于看得见的爱，我们缺少的是超越性的爱，是超越于具体事物之上的大爱。这种无条件的爱，它跟对象无关，它关涉的不是别人，而是我们自己的内心。爱的实质是对他人的成全，成为一个独立完整的个体，让每个人成为独立的自我，成为健全的人，拥有健全的人生。爱的更高形式是责任，我们需要担当起自己的责任，担当起我们对时代、对教育、对学生生命发展的责任，而不是躲进小楼成一统，逃避在个人的习惯与安逸之中。

我总在想，我们今天的教育需要学生的感动，唯有如此，教育才能贴近他们生命的深层；也需要我们自我感动，唯有如此，我们才能真正地投入其中。但仅有感动是不够的，感动后怎么办？要有健康的人生，健全的自我，感动而不能伤感，要展现人性阳光的一面。我们需要以阳光的人性来启迪阳光的人性。不管我们个人遭遇如何，一旦我们与学生相遇，我们就尽可能地把内心的阳光传递给他们，从而启迪他们阳光一样的心灵世界，给他们奠定阳光人生的基础。日常教育生活突破的路径在哪里，起点又在哪里？就在我们的内心。也许，我们没有办法改变世界，但我们可以举起心灯，照亮自己，走出伤感的自我，走向阳光的人性自我。也许我们微不足道，暗淡的光也难免被湮灭，但难道我们就不会在铁屋子中找到一片亮光？正是这样一种精神的、生命的历险才足以体现生命的价值，体现人性的尊严。

我们寻找个人教育实践的改造，基本的原则是什么？在我看来，是钱理群先生所说的"想大问题，做小事情"。所谓"想大问题"就是一定要从更大的视野中思考当代教育的问题和出路。我们都是在大教育的背景下来谈教育，要寻找更基本的问题，不是简单的对症下药，我们今天的时代需要有大胸怀、大气魄。但另一方面，我们要行动，从我们身边的"小事"着手，一点点地改变课堂、改变学校、改变教育，比如说命名，学校的宿舍名……我们学校是不是也是这样的，教学楼可否起个优美的名字？所谓一口吃不成胖子，改革的面愈大，遭遇的阻碍就越大。只有一点点绵延前进，我们的教育改革才能有真正的希望。真正的改革需要的是韧性的坚持。从日常生活的改善开始，把教育改革的出路落实到日常教学的一点一滴。今天我们的教育需要的不是咒骂，而是建设，好比种田，要让幼苗长起来。从大处着眼，从小处着手，理念先于实践，宏大的理念一点点生长为实践的机体。

尽管我们在日常的教育行动中会遭遇诸多的烦恼，但细心思量，教育是人世间多么美好的事业，它在呵护儿童生命世界的发展，促进健全生命的生长生成。当我们内心的阳光展开，我们一定会发现，立足生成成长的教育是多么的美好！教育工作虽然复杂，且不乏艰辛，但只要我们在理念的世界中找到诗意的阳光，从事教育就会成为一件幸福的心志之业。儿童生命世界的成长乃是人世间最崇高的事业，我们要用创意来点亮儿童的生命世界。不用眼睛来看世界，学会用心来看世界；不是教书，而是教育孩童。今天的教育改革应该立足于这个方面，我们的教育实践指向的究竟是眼睛、脑袋还是心灵？指向的是教书还是育人？这需要我们每个人审慎地思考。

点燃我们的心灯，点燃我们人性的力量，我们就能在日常教育生活的琐碎与平庸中找到突破的可能。把我们内心的教育之光传达给世界，传达给我们触手可及的人们。当我们这么做时，感受到这种幸福时，跟别人的评价没有任何关系，我们不是做给别人看的。我们每天辛勤耕耘，充满劳绩，这个世界究竟谁会在意我们？但我们自己在意，我们生命的力量来自我们的内心。也许，这就是我们反思日常教学的根本意义之所在。

我曾在拙著《给教育一点形上的关怀——刘铁芳教育讲演录》出版之时，写下了这么一段话：

我深知个人生命的有限性，我也知道其实这个世界上没有谁会真正在意你个人的思考与努力，但这是我内心的渴望，我所有的努力都是为了点燃自己的心上之灯，不求照亮别人，但求温暖自己，照亮自我生命深处的虚空。

我有时候感觉自己就是一只辛勤采蜜的蜜蜂，不停地让自己保持对日常生活世界的思考的张力，使自己常处于一种思考与写作的生命紧张之中。我常常忍不住要思考，生命的意义究竟在哪里？这个世界究竟有谁会在意你的存在呢？

我突然明白，生命的意义原来就在自己不断的思考与创造之中。这不就是尼采所说的"生命的生成与创造"吗？

是的，生命的意义就在于不断地生成与创造。那么，请点燃自己的心灯，照亮我们前行的路径，也照亮我们触手可及的人们。

关于教育：可说的与不可说的

维特根斯坦在《逻辑哲学记》中提出："凡是能够说的事情，都能够说清楚，而凡是不能说的事情，就应该沉默。"维特根斯坦的命题旨在为思维，也为思想的表述划定一条界线，一条可说与不可说的界线。

我们的思维是有限的，我们的语言同样是有限的。面对有形无形的世界，面对世界中的林林种种，保持我们自身理智的清醒，对已知保持谦逊，对未知抱有敬畏，对探索未知的意愿，拥有一分理性的克制。

关于教育，我们同样面临着可说与不可说的界线。小而言之，教育中的个体是一个个独立复杂的生命实体，我们永远也不可能全然把握每个不同个体成长的细微、幽深的奥秘，这意味着教育在任何时候都需要对教育中的生命个体有着必要的敬畏，那种动辄以理想、规范、高效的姿态来灌输、改造、教训个体以及揠苗助长的教育方式，都可能成为个体生命中无法抹平的伤害。大而言之，置身于历史与现实诸种牵涉之中的教育现象本身同样是极其复杂的，教育的内在机理牵涉社会中复杂的历史文化传统，牵涉现实教育中人千姿百态的生存方式。那种认为教育改革与发展无比轻松的人，都可能因高高凌驾于现实之上而遭遇失败。

纵观时下林林总总的教育言说，许多时候我们都忘了可说与不可说的界限，其中可能有利益的介入，也不乏理性的盲目。就个体教育层面而言，诸如零岁开始就打出科学、高效的教育策略；把人的素质——道出，并设计规范的训练方案；像爱、幸福感等个体生命之中的缠绻依恋，都成为技术化的教育训练流程；教育活动中师生关系也被置于模式之中。就整体教育而言，则是各种简单的、并被无限拔高的改革策略、方案的出台，教育改革本身被意识形态化，各种理想化的教育理念简单地灌输于现实之中。什么都说，什么都敢说，什么都宣称能说清楚，把教育的世界变成一个毫无迷魅的世界，对于教育生活，缺少一份必要的敬畏之心，这其中隐含的是教育中的技术主义倾向，其最终的后果很可能是教育中人的主体性的沦丧，也可能是教育意义的彻底丧失。

面对教育，心中抱持可说与不可说的界线，并不意味着我们无所作为。我们依然可以凭借理智和探索的热情，尽可能地去接近教育事实的真相，把握深层教育问题的脉络，诚实地去言说，不断地去接近教育的核心，但并不想当然地认为教育的真理就在我们手中，从而对世界、对教育、对生命抱持一颗敬畏之心，在我们的教育言说中留下必要的余地。

时下，有不少年轻后生试图把复杂性理论引入教育研究，这本是一件有意义的事情。但问题在于，引进复杂性思维方法，并不是简单地套用自然科学领域中的复杂性理论，否则，这种套用的结果可能导致教育问题的简单化。在我看来，复杂性理论对教育思考最重要的启示在于，教育的思考本身就应该是复杂的，复杂性理论所表明的与其说是一种方法，不如说是一种态度，一种审慎地对待教育现象、把握教育问题的态度。

王蒙曾这样说："凡把复杂的问题说得小葱拌豆腐一清二白者，皆不可信；凡把解决复杂的问题说得如同探囊取物，易如反掌者，皆不可信。"确实，世界也好，教育也好，远没有我们想象的那般简单，这确实我们更审慎的智慧。历史上我们付出的代价已经不小，今天，我们应该能学会多一份清明的理智。

魏书生：一个听话者的教育技术

以前，我对魏书生的了解仅止于他名气大，他出来讲学，听课费每节一个人一般要花费几十元不等。他也到过长沙几次，我都没有兴趣去感受。正好我有位教师朋友，说他听了3次，1992年、1994年1次，今年又在省委大礼堂听了1次，总体感觉是3

次好像差不多。恰好手头有别人送的一套魏书生文集系列，有14本之多。我翻开《魏书生文选》两卷本，发现魏书生教育思想的形成基本上是在20世纪80年代。能在那个时期就有着还算独到、丰富的教育思考，应该说是十分难得的。但上下册对比，就不难发现，他后来写的文章，基本上都处在同一水平层次，大都是技术层面的精细化的思考，很少有实质性的突破。这就难怪我那朋友听一次讲座会有似曾相识的感觉。魏书生确实是属于那个时代的魏书生，在这一点上，《教师之友》杂志上的批评应该说是比较中肯的。

那个时代的魏书生是勤奋、踏实、创新、沉思的魏书生，他的勤奋、踏实、创新、沉思成就了后来公众形象中的魏书生，尽管后来的魏书生可能也继续在努力往前走，但功成名就的魏书生、到处演讲的魏书生、身兼数职的魏书生，实际上已经无法再继续深挖下去，他更多地停留在他20世纪80年代的知识视野和教育视野之中，学生观、教师观、教育观都没有质的改变。这样说好像还是没有触及问题的实质之所在。放在那个年代成功的魏书生为何放在今天已经越来越多地表现出其教育探索的局限性了呢？蔡朝阳的文章中标出的魏书生两大基本的特点是技术主义和权威主义，应该说基本抓住了魏书生教育理念在当代教育发展中的问题。只是魏书生的技术主义不仅表现在语文教学中，而且表现在班级管理等方面。魏书生在长达十多年的一段时间里，他校长书记一肩挑，上两班语文课，另有30多个社会兼职，经常外出开会讲学，还做两个班的班主任，现在担任了教育局长的职务。但他依然干得出色，轻松潇洒，这其中难道没有问题吗？问题究竟出在哪里？

当然有问题，魏书生经常在外，他对班级和课堂投入的是什么？就是他那熟练化的教育技术和他的权威人格，因此，即使他远在千里之外，依然能牢牢地控制着学生；而学生基于对他的权威的认同和对他的教育教学训练技术的认同，而主动（应该也不乏被动）地投入到他所期待的教育目标与方向上去。只要看一看他所设计（或者说与学生共同设计）出来的"班规班法"，我们就可对魏书生的教育秘密一目了然，这其中详细的规定简直就跟一部法律差不多，详细到足以控制学生学校生活的任何方面，从每个人的责任到每日、每周、每月、每年的常规，可谓班级管理技术化的全然到位。每个人都被赋予不同的责任，非常细致，可以说整个班级就是一个智能化的机器，每个学生就像是班级这台机器上的一个零件，而程序就是在魏书生的所谓的"民主"中完成。从这套精致程序的制定到近乎自动化的实施，显然不仅靠的是魏书生所言称的民主，而是民主背后的权威，无所不在的权威控制。这种几乎对每个学生的学校生活无所不包的规范以及相应的违规的处罚，还在在每个人都被赋予相互监督的权力后，几乎无所不在的相互监督，整个班级就成了一种近似于福柯所言的精致的监狱，这种规训的结果除了培养出"能干"却"驯服的肉体"，怎么能指望具有现代公民意识的独立人格的产生呢？

说白了，魏书生班级管理的秘诀并不是什么"民主"与"科学"，核心其实就是两条：一是思想控制，即通过每天的"发人深省、激人奋进"的格言、作为"道德长跑"的日记（其中还强调要写分析自我、战胜自我等内容）、表扬先进批评落后的《班级日报》

等，从而使学生的脑子里装满的都是一种声音，达到对学生思想的内在控制；二是相互监督，表面上他把权力给了学生，但实际上学生的监督在一定意义上正是延续了他的权力，并把这种权力赋予每一个人，使每个人成为被监督者的同时成为监督者，从而达到控制学生外在行为的目的。这样，魏书生经常谈到的自觉自律，其实只是他所期待的那种规训化技术的深入人心，这里指向的绝不是柯尔伯格所称道的超习俗水平的道德自律，而是以各种形式不断强化自身的权威，使学生自觉或不自觉地成为其权威人格的实践者。

那么，魏书生与当代教育新理念之间的差距究竟在哪里呢？近年来，我国教育研究和思考已经有了很大的进步，一方面，对实践层面做出了许多深层问题的探索，同时在理论建设中也成效显著。人们越来越多地意识到，学生是有着与教师同样的独立人格和独特生命的个体性存在，学校教育不是技术化的训练，而是人与人的交往，是师生之间作为平等的个人的相互理解、交流、对话而实现师生生命的相遇相融，达到个体人格精神的积极建构。教育的目的不是让学生都成为教师控制的标准个体，成为被驯服的工具，而是期待每个人更好地成为他（她）自己，成为现代社会中独立自主的公民个体。在此意义上，身教重于言教，不仅是指传统意义上的教师之为人师表，而且是指教育活动所需要教师的投入。这是一种生命的投入，一种人格的投入，而不单是教育技术的投入。换言之，当代教育所追求的不是遥控的教育技术，而是教师生命个体对学生生命活动的切身参与，真实交流，从而真正以人格互染的形式发生师生生命之间的内在意义的关联。而魏书生恰恰实践的是一种从他自身的视角而不是学生视角出发的、把自己置身于学生之上的、对学生整齐划一式的教育模式，只不过有时是学生主动地认同这种统一的规训。这可以从他要求全校学生背格言警句中可见一斑。他之所以要求学生背格言警句，正是基于他个人的爱好。他说："我爱读人物传记。孟子、诸葛亮、岳飞、文天祥、周总理是我自小学起一直崇拜的偶像，尽管我们很难达到伟人的境界，但以伟人处世的言行为规范，指导自己的言行，显然有利于人的成长，朝着伟人的方向攀登，本身就是一种人生幸福。"他心中曾经对偶像拳拳服膺，他也期望把偶像继续安置于学生的心中。而被他视为管理法宝的"民主"，其实不过是"千方百计使学生成为学习的主人"，让学生成为学习的主人，这确实是民主精神的体现，但问题在于那"千方百计"，即用什么样的方式。康德所言"你的行动，要把你自己人身中的人性，和其他人身中的人性，在任何时候都同样看做是目的，永远不能看做是手段"，实际上说出了现代民主理念的核心：人是目的。而恰恰在魏书生的"千方百计"中，学生并没有成为目的，而是成了有效地贯彻他所期待的班级秩序、使班级正常运转甚至超常规运转的工具。在这种理念指导下，不管魏书生用的所谓的"民主"，还是以情动人，还是他习惯的名言警句，还是规范化的管理细则，所体现的不过是一种权威人格的表达，是一种温情化了的权威人格对学生个体的隐性的、无所不在的渗透与控制。

　　魏书生的教育探索几乎都是在默认他当时所处时代的现成教育教学目标的基础上展开的，他几乎从来就没有越过既定的教育教学目标去反思其中的合理性与缺失，实际上他本人正是社会既定教育教学目标的忠实贯彻者，甚至是加倍的贯彻者，而且是用一种渐趋精致的技术来贯彻执行，他的教育改革大都是那种不越雷池半步的技术性改革，而不是整体教育理念的改革与探索。他时刻记着"教书必须育人"，他清楚地写到："我个人的心理需要育人，学生切身利益需要我们育人，人民需要我们育人，国家利益需要我们育人，党的利益需要我们育人，语文学科的性质决定了我们需要育人，提高语文成绩需要我们育人。""教书育人"本身并没有错，但问题是"教书"究竟应当怎样"育人"、以何种方式"育人"、"育"的是什么样的"人"？魏书生对"人"的理解的致命缺陷就是突出人的工具性存在，而不是人的目的性存在，这才是他不断地把"育人"这一本来自然地渗透在教育过程之中的目标有意地凸显出来的根本原因。

一门学科如果负载了太多外在的东西，这门学科学起来还有没有趣味可言？魏书生说他也读过杜威的书，可他的教书育人理念中却跟杜威的"教育即生活"实在没有任何沾边的地方。可见他从没有跳出他自己的知识视野来反思一下这种"育人"方式是否恰当。以"培养学生的写作能力"为例，他所考虑的办法是"欲擒故纵；改写仿写；激发兴趣；写作形式多样；专项突破；学会批改；注重育人"。对"怎样批改作文"，他又设计了十条"标准"："格式是否正确；卷面是否整洁；错别字几个；有几处病句；标点符号有几处明显错误；看文章的中心是否鲜明、集中；看文章的选材；看文章的结构；看表达方式；看语言是否简练、流畅、深刻。"这其中又有几条下面再分生出三四条不等。显然，他对作文的理解重点是两个，一是怎样通过各种技术化的手段把文章写成符合标准格式的文章；二是思想教育。他根本就没有越过教学大纲的规定去对基础性的问题作深入的反思，比如，作文教学的目的究竟是什么？学生学作文难道就只是学做文章和提高自己思想素质的技术吗？这种在既定教育教学目标框架内的技术化的操作，远不只限于他的作文教学，前面所说的班级管理，甚至包括体育达标等，他本人实在称得上是一个教育世界中的模范的"听话者"。

20世纪90年代中后期以来，像华东师范大学叶澜教授主持的新基础教育研究，提出新基础教育的"未来性"、"生命性"、"社会性"，主张关注教师和学生在教育生活中的生命质量，让课堂、学校生活焕发生命活力，关注学生个体生命本身的生长生成，在关注个体历史的、社会的、文化的责任的同时，坚定地主张把教育中的人作为目的性的存在。不管是理论的深度与广度，还是对当代教育问题的整体把握以及对当代教育的深层次的影响，都远远地超越于魏书生之上。魏书生成功在那个时代，他是那个时代的教育理念、教育方针政策的最细致的注脚。他也更多地停留在那个时代，他很难超越属于他的时代。就以漓江出版社出版的魏书生《班主任工作漫谈》为例，这本书第1版是在1993年8月，我所看到的是2003年第3版，这至少说明，他对于过去的做法还是情有独钟，"涛声依旧"，至少还看不出丝毫他对这种技术主义管理模式之弊端的必要警惕与反思的迹象。邓小平早就提出："教育要面向现代化，面向世界，面向未来。"魏书生对于我国教育曾经的贡献应该说是有目共睹的，不容忽视的，甚至可以说实现了他心中时刻挂念着的"杰出的人"、"伟人"的愿望，但他却不是永远的。至少，就目前而言，我们还很难看到一个真正面向时代精神、面向未来发展的魏书生，一个敢于挑战自己过去的魏书生。

当然，这样评价魏书生，对他个人而言可能是有些苛刻，但当我们几乎把他神化之时，还热衷于把他说成是具有"哲学家的头脑、改革家的气魄、未来学家的眼光、新人耳目的思想观念、感人至深的道德文章"。我们就不能不深入反思他的意义与局限性。也许，这种反思所针对的并不是他本人，而更包括我们每个人在内的整个社会的教育期待：我们究竟期待什么样的教育？我们的教育问题究竟在哪里？我们是否需要对教育问题有更深入的、整体的思考？"江山代有人才出，各领风骚数百年。"近几年来，我国的基础教育正在逐步发生深刻的变化，而如果我们还拳拳服膺于过去的偶像，这其中究竟是一种理性的选择还是商业的操作？是一种幸还是不幸？这不得不让我们深思。当我们更多一点理性的精神，带着一份疑问去做必要的质疑与反思，让魏书生从神话中走出，对于我们自己，对于魏书生本人，对于我们的整个基础教育事业，可能都会是一件好事。

需要坚持、需要坚守、需要坚定
——答谢并答复所有关注拙文《魏书生——一个听话者的教育技术》的朋友

我在博客上把我在《守望教育》中的一篇旧文章贴出来，良华兄把它转贴到他的博客上，很快受到了很多朋友的关注，批评者有之，赞同者有之。相识不相识的朋友都让我深深感谢。今天在这里，我想再一次写下我的看法，以此来表达我对朋友的敬意，也表达我对魏书生老师本人的敬意。

我们在这里一起讨论魏书生老师的问题，是把魏书生老师的教育实践与教育理念看成一个公共事件，一个与当代中国社会每个人都相关的公共事件，并不是就魏老师来谈论魏老师，我们是凭借魏老师来表达对一个时代、一种教育的深层问题的关注。所以，我的研究，我个人的文章基本上是对事不对人。我质疑魏书生老师的教育观，并不代表全盘否定，文章中实际上说得很清楚，是把魏书生老师放到今天的大视野之中，看看可以发现什么？我们自身对教育的理解是否有某种缺失？魏书生老师当然有很多可取之处，但他确实在某些关键的问题上缺少突破，甚至可以说是跟不上时代，跟不上我们的民族国家发展对教育的内在要求。我跟魏书生老师无冤无仇，我谈论魏老师只是表达我对当下中国社会以及中国教育问题的某种关注。

今天教育回答的一个根本性的问题就是我们到底需要培养什么样的人。我们谈教育创新、创新人才、现代教育等，这些都是大而空的名词，如果在一些关键的问题上没有澄清认识，这些都只能是镜花水月。关键的问题在哪里？在于我们究竟要培养我们的下一代什么样的人格姿态，是培养独立自主的现代公民人格，还是继续培养奴性人格？如果是这样问，恐怕没有人会选择后者。但实际上，我们选择的是前者，现实中我们在教育学生的时候恰恰朝向的是后者。我们必须认清在教育实践中究竟有哪些东西、哪些做法不知不觉地把我们引向了奴性的深渊。我对魏书生老师的教育观的反思，包括我的许多研究思考以及与好友的交流，一个基本的出发点就在这里。

我们必须走出鲁迅所说的做稳了奴隶的时代与想做奴隶而不得的时代的恶性循环。我们的社会在何种程度上走出了这个循环，这是一个值得深思的问题。我们的教育则更加需要反思，我们在这方面还远没有足够的觉悟。我去听课，常常感觉到浮华的课堂上透露出来的还是传统教育的痕迹。我们今天的教育缺失需要从根本上去反思，而不仅是技术上的。我们太需要一种富于生命情怀与现代文化意识的教育实践样式，我们的教育中需要尽可能地少一点技术控制和思想钳制。教育不仅是在育人，而且是在培育一种文化。

简要回答几个典型的读者提问：

问："所有中小学教师一样，我们都是国家教育目标的忠实履行者，因为这是我们的职业，是我们的义务！"答：当然是义务，但问题在于，国家的教育目标是粗线条的，而作为教师面对的是一个个活生生的人，因为我们必须创造性地贯彻国家教育方针，何况现在国家的教育指向是要培养现代公民、呼唤创新意识呢？

问："批判前人过去的做法犹如批判自己的爷爷曾经小时候尿床一样可笑，我们不能因为有了王选的印刷技术，就去取笑批判毕昇的印刷术。"答：我们确实不应苛求爷爷小时候不尿床，问题在于如果爷爷 60 岁还尿床，而且还觉得尿床没什么问题，那我们是不是应该稍微思考一下呢？当然我这样说无意于讽刺魏老师，只是顺着小民先生的话语逻辑说。

问："刘老师，空谈误国。魏老师实干兴邦。刘老师没有读几本魏老师的著作也可以洋洋洒洒臭批他。我向《德育报》邮购了成套魏老师的著作，看了几个月。觉得是这样的好啊，做法可以模仿，有效。不像刘老师说得一文不值。学点名人传记比学坏人好。作文无从下手和从基础突破(改错别字，看文体等)哪个好?"答：空谈固然误国，埋头苦干同样也可能误国。何况有时候世界其实就需要有人空谈。大家都只埋头走路，可能路的方向都错了。

问："很想知道刘铁芳有什么高招，来解决现实问题。实现理想的目标。"答：谢谢你。我没有高招。我的意思在《守望教育》的前言中说得很清楚。我今后还会继续努力，我的目标就是提高全体教师乃至每个人的教育意识，思想创造实践，意识先行，我相信教师们的创造性智慧。

必须超越技术主义

—— 三谈魏书生

魏书生技术化的教育路径依然受不少人热捧，其中原因无非是两个，一是适应了当下教育现实，特别是应试化的教育现实的需要；二是我们的教师，或者说很大一部分教师并不热衷于思考，不习惯把自己的教育行动建立在自己的教育理念之上，而习惯于接受简便可行的教育行动方式，也就是拿来就可用的模式，而魏书生的教育思考正好迎合了这种需要。

撇开魏书生思考本身的内涵，但就其教育文字的操作性而言。阅读魏书生，获得的是操作指南式的指导，读者不用思考，只需按图索骥，照章办事。复杂的教育活动就这样在实践中不断被简化为模式化的教育行动。在这个意义上，魏书生的教育思想，确切地说是并无思想的教育思想，是在培养一个个"无声的教育奴隶"。

如果我们把教育看成是每个人独立的实践，那么对于作为读者、接受者的教师而言，在阅读、接受的过程中，所真正获得的应该是自己的思想，是个人置身复杂教育情境中的理性精神与审慎行动的教育能力，而不是对魏书生教育技术的遵从。正是基于拿来可用、无须深入思考的当下教育实践路径，魏书生的教育技术才得以畅通无阻地进入无数人的教育实践之中。

中国教育的改进必须有赖于每个教师都能真正成为拥有教育自觉意识的独立的教育实践者，从而在各自所亲历的教育情境中发挥自己的创造性，释放每个人的教育智慧，从而使得中国教育实践领域能够涌现无数个拥有自己的教育理念和教育风格的成熟的教师，而不是说来说去还是一个魏书生。

要真正启发教师自觉地主体意识，显然必须超越魏书生的技术化的教育思维模式。成熟的教育思考是具有启发性的，而不是灌输性的。唤起教育人的独立思考的意识与能力，这是教育理论工作者的天职，这是教育理论走向实践的根本落脚点。这也是我们今天理论研究者超越魏书生的根本之所在，那就是，在任何时候，都不要把自己、也不要把他人放在"教主"的位置上，我们所有的出发点，不管是教育理论研究还是教育实践本身，其根本目标都在于成全对方，而不是让对方成为自己的信徒。

如果我们把思考与写作也称为一种教育的行动，那么我们在任何时候，都应该是在启发潜在读者成熟的主体意识，而不是制造听话的奴隶。正如巴赫金所理解的陀思妥耶夫斯基笔下的主人公："他创造出来的不是无声的奴隶（如宙斯的创造），而是自由的人；这自由的人能够同自己的创造者并肩而立，能够不同意创造者的意见，甚至能够反对他的意见。"①

我看"教育理论与实际相结合"

教育理论要与实际相结合，这是毋庸置疑的，理论如不能结合实际，那么理论就失去了生存的基础。问题的实质在于教育理论如何与实际相结合，以何种方式结合，在何种层面上结合，是"貌合"还是"神合"，是"真合"还是"假合"？

对"教育理论与实际相结合"，我们通常的理解包括：从理论的产生来讲，是指理论工作者应该深入实际，亲临教育教学第一线，进行调查、实验，获取第一手资料，在更多地了解实际情况的基础上去从事理论研究；从理论上来讲，是指教育理论应该具有较强的操作性，让实际工作拿来即可应用，换言之，即教育理论要实用，要更多地把理论转化成实际操作技能；从理论的方向来说，理论研究应该更好地体现实际的需要，围绕实际中出现的问题而展开研究，突出教育理论研究的现实性与时代性。

对"教育理论与实际相结合"的通常理解，其合理性是显而易

---

① 巴赫金. 诗学与访谈. 石家庄：河北教育出版社，1998

见的。教育理论工作者不能闭门造车，信口雌黄，他应该有对实际的深刻理解，以经验积累作为对理论研究的必不可少的基础。教育理论最后要还原到实际中去，指导实践，因此，增强教育理论的明晰性、可操作性十分必要。任何教育理论都是一定现实与时代的反应，教育理论必须积极面对现实与时代的挑战，关注现实与时代的需要。但这种日常理解的片面性同样显而易见。提倡理论工作者深入实际，其根本用意在于理解现实。要真正全面、深刻、透彻地理解实际，不仅需要对实际的现象或事实的理解，更需要开阔的视野和敏锐的眼光。"不识庐山真面目，只缘身在此山中"，在实践中固然可以增进对实际的理解，但偏见有时也会阻碍对实际的理解。

强调理论的操作性有其合理之处，但问题在于：其一，当理论化为明确的操作技能与模式时，理论还是不是原来的理论？其二，是不是所有的理论都可以转化为实际操作模式？有些教育理论能轻易转化为实际操作模式，比如，教学组织、教学方法理论等。但有些理论实际上不可能转化为实际操作模式，它本身就是一种教育的精神、理念，比如，对教育的理解、对人的理解、对教学的理解，他们原本就是属于观念、思想层面的，不可能还原成标准的操作模式。我们强调教育理论工作者要更多地考虑到实际工作者的需要，使理论通俗易懂、操作易行，是不是还应有另一个方面的要求？即提高实际工作者的整体素养，提高大家对理论的接受能力，从而使先进的教育理论在走向实际的时候不至于过多衰减而更多地保持其理论的精髓呢？

教育理论应该关注时代的教育实际，这种关注应该是全面的而非片面的，是整体的而非局部的，是内在的而非外在的，是深刻的而非肤浅的。应该关注现实，而且要改造现实，引导现实教育的提升，促进现实教育的发展与完善。这意味着理论研究与实际密切结合的同时还应保持适当的距离，有距离才可能有宽广的视界，才可能既入于实际又出于实际，既能深入其中又可超越其上，保持理论研究的灵活性与相对独立性。真正的理论植根于实际又高于实际，既有鲜明的现实性与时代性，又有对现实与时代的超越性与理想性。

这样，对教育理论工作者而言，我们需要冷静而深入地"寻根"，寻找切合于我们自身教育实践的理论体系。为什么我们喊了这么多年的"理论联系实际"，却没有"喊出"多少有中国特色的、现代性的教育理论来呢？其中的重要原因之一，就是我们并没有在传统与现代、历史与未来、理想与现实、科学与人文、东方与西方的借鉴与创新之间积极寻找或者说找到中国现代教育理论的立足点、生长点，我们疲于应付各种现实问题，而忽视了对理论自身的全面关照。我们缺少的是那种更多一点纯粹性、少一点急功近利的能称之为理论的教育观念，能给实际教育工作者提供可供借鉴、深具启发的实践精神资源。

真正的教育理论就不只是实践的操作行为指南，而是提供精神的引导。教育理论应更多地作为实践精神而走向实际，这或许是教育理论与实际相结合的真谛。理论要体现现实与时代的需要，但这并不意味着理论要围绕着时代的问题转，就问题而论问题，或许它应该站得更高，站到现实的问题之上，去思考问题背后更深层的原因，从而能更准确地把握现实的脉搏。

我们以前谈"结合"，更多的是谈理论怎样主动地去与实际结合，"实际"就是"上帝"，这一点是十分重要的，但这只是一个方面、一个方向。事实上，还存在另一个方面、另一个方向，那就是"实际"应该怎样去主动去和"理论"结合。提高理论的品位，提高理论对实际的吸引力，这当然重要，但另一方面，也需要提高实际工作者的理论需求和整体素养，提高他们积极接纳、吸收优秀理论的能力和意识，从而使他们免于被动地、消极地做行为模式的模仿者，而是在提高理论素养的过程中主动地、积极地增进自己的教育思想、智慧，增进教育的实践精神，从而集教育理论与实际于一身。

就我们的现状而言，一方面，需要提高教育理论工作者对现实教育问题的整体回应能力，提升教育理论本身的品质和教育理论对实践的魅力；另一方面，要提高实际工作者对理论本身的接纳能力和理论思考与探索的兴趣，以积极有为的姿态来提升教育实践的理论品位和精神境界。

教育理论与实际相结合应该具有双向性，双向的努力都不可或缺。

再谈教育理论与实际相结合

这实在是一个老掉牙的问题，一谈再谈确也无趣，但总会听到别人质疑搞纯理论研究的究竟有什么价值，动辄就被人扣上理论与实际相脱离的帽子，因为我也时时被列于其中，有些话本来不好明说，能说的我已经在几年前发表的《再谈教育理论与实际相结合》一文中说得很清楚了。既然一再被问及，不如说个透彻，把不便说的也说出来。

首先声明一句，本人举双手赞成理论与实际相结合。问题在于，强调教育理论与实际相结合，是基于内在的规定还是外在的要求？如果是内在规定，则它应该是教育学人自觉的追求，自觉地在各自的理论思考中以各自的形式渗透、表达对教育实际的关照。如果是外在的规定，那问题就复杂得多。作为外在规定的教育理论与实际相结合，是要求教育理论研究要从现实直接表露出来的问题出发，去为当下的现实行动提供合理的行动指南，或者修补现实行动的不足，以期使现实的行动更趋完善。表面上看起来，这应该是不成问题的，教育理论研究当然要关注现实问题。但是，现实的问题有多种，有不同的层面。一般情况下，当理论与实际相结合作为一种意识形态化的外在规定时，那"实际"就在很大程度上是被给定的实际，是被寄予了先在合理性的"实际"，是大前提正确无疑的"实际"，是日常教育工作者所能亲历的"实际"。这种"实际"与作为整体的现实相比，总是局部的、具体的、表浅的。在此意义上，强调教育理论研究与实际相结合，就是在承认整体现实格局合理性的前提下去展开具体的、局部的研究，理论研究不过是论证、或者进一步贯彻现实行动格局的合理性，而不是透过现实本身去反思其中的问题所在，从深层去追究现实存在本身作为问题的合理性，理论研究成了论证现实合理性的工具。这意味着教育理论研究的技术化，理论工作者成为在现实宏大主题先行正确的关照下的局部、单个现实问题研究与诊断的技术型专家，而不是关注整体现实问题，并对现实作出必要的反思与批判的独立知识人。

欧美发达国家教育理论研究向实践深入的程度远高于我们，这一点确实可以成为我们的教育理论研究走近实际的理由。但问题还有另一面，人家的教育现代化是内生的，教育问题是一步步解决起来的，已有了长远的发展历程，基本问题早已说不是问题，至少不是大的问题了，教育学者可以更深入细密地思考局部的、细节的问题。何况他们也从来不乏纯思辨的、整体性的理论著作，比如，雅斯贝尔斯的《什么是教育》，比如，弗莱雷的《被压迫者教育学》，我们能简单地说他们脱离实际吗？

在我看来，我们在担心教育研究过于理论化的同时，也许还有另一种隐忧，那就是教育研究的技术化，甚至从长远而言之，后者的危害更大。试问，1949 年以来，我们的教育理论研究是否产生了真正的教育理论，还是更多地在理论与实际相结合的名义下充当意识形态的注脚呢？对于中国 20 世纪稍有点知识的人不难知道理论与实际相结合的来龙去脉，最早是正式提出理论与实际相结合是毛泽东在延安文艺座谈会上的讲话中，用来反对党内和知识分子的主观主义，没有与革命与人民群众的生活实际相结合，文艺工作脱离人民群众生活实际。新中国成立后，毛泽东继续强调理论与实际结合，其中又延续了反对知识分子的主观主义和小资产阶级作风的伦理内涵。后来的知识分子改造，知识青年下放到农村去，学生半工半读等，都曾与这种理论要与实际相结合的理念规定有着密切的联系。随便翻开一本 20 世纪六七十年代的教育理论杂志，那上面究竟是理论思考成分多呢还是技术性的论证多？这大概是一个很容易回答的问题。理论与实际相结合的倡导中，实际上其中隐含着一种对知识人的伦理规定，即道德上的听话主义。再放眼我们今天的教育理论研究，我们是否完全超越？或者说在何种程度上超越了那个时代？这恐怕还有待历史的结论。

社会发展到今天，当我们正越来越多地追求文明、民主、法治的社会理念之时，也应该到了把学术选择的自主权交给研究者自身，允许一部分人做纯理论研究，同时也自有一部分人紧贴现实，做实实在在的理论联系实际的工作。滚滚长江东逝水，浪花淘尽英雄。在历史的长河中，学术品格的高下自有公论，何必一定非要动辄拿起联系实际的鞭子，训导他人非得如何去做他个人的研究工作呢？所以，我以为，对教育理论研究如果一定要有什么特别的规定的话，那么，最重要的一条，恐怕并不是是否与实际相结合，至少不是最重要的，因为我们实际上很难找到真正完全脱离实际的理论研究，除非那个研究者不食人间烟火。

那么大家一定要问，最重要的是什么呢？最重要的是最简单的：理论研究要说理，要讲道理，教育理论研究是基于个体对教育现象与问题的理性的思考，而不是盲从，从于权威，从于利益，从于时尚潮流，或从于个人的滥情。理性精神的张扬，才是教育研究真正欠缺之所在。

我们今天的世界确实需要雷厉风行的教育改革家，需要意气风发的行动开拓者，他们站在时代的潮头，引领着现实教育的走向。但这个世界同样需要默默的思想者，他们把目光停驻在喧嚣的背后，寻思现实和历史中那被热闹、浮华所遮蔽、遗忘的问题，在无言中追索他们心中的朴素和静谧的思想之路。他们可能常常被称为实际的脱离者、时代的落伍者，但他们依然在寂寞中执著地思索。他们同样是可敬的！

教育者的遐思

教师人生发展的关键词

3～5 年的教师靠教育的技术，这是教育技术的熟练期。

5～8 年的教师靠经验，有了比较丰富的经验，能熟练地完成教育目标。

10 年的教师靠艺术，教育不再是简单的技术，而有了较娴熟的教育艺术，教书育人逐渐成为一种生活中的自然。

10～15 年的教师靠哲学，教师个人逐渐有了自己的教育哲学观。

15～20 年的教师有了宗教情怀，对待教育有了一种神圣感。教育开始成为一种天职性的实践。

教育与闲暇

忙者，心亡。忙则心死，过于忙碌使人成为劳碌的机器，我们需要美丽地生活，享受过程。

教育的本质是闲暇，教育必须启发人的闲暇意识，也就是给人的心灵尽可能打开空间，让心能容，而不是被世俗事物塞满。这样的心灵才可能积极的感受生命的过程。

"轻声漫步过走廊"。这是我在株洲醴陵实验小学里看到的一句话。轻声漫步过校园是一种境界。学校人需要这样一种生命姿态，坦然地面对喧哗的世界，保持教育人的从容与宁静。

心静则远，在宁静与自由之中，从容地去追求浮躁的时代里朴素的教育真谛。

反思教育的生活化

在整个社会人心浮躁的背景下，倡导教育生活化可能遭遇，或者说正在遭遇的陷阱就是教育自身价值的迷失。

我们的文化传统提倡经世致用，我们的社会正在急剧世俗化。这个过程中，个体独立、自主、责任等意识并没有经历充分的启蒙，此时，大力倡导教育生活化，很可能让各种社会价值，不分良莠地轻易进入教育世界。

尽管教育改革的倡导者提出了很多价值观的构想，但这种构想基本是一种理想的设计，没有从"社会、文化、心理"多维视角出发，没有充分反思中国社会的文化价值背景，而是以建构主义为支撑，以理想的学生、理想的教育情境为背景设计出来的。

在任何时候，我们都应该意识到，教育改革与行动所需要的是一种穿越历史、通达未来的审慎的智慧。

培养一种走向超越的品质

由爱一个人、一件事物，而培育我们对人与世界的爱，培育一种不需要对象，或者说不指向具体对象的、非及物性的大爱。

由爱具体的人到提升个人作为爱之存在，使得爱成为个体生命在世的一种品质；由知悉各种事物到个人作为求知的存在，使得爱知、爱智慧成为个体生存在世的一种基本品格。

个体从对象性活动走向非对象性活动，从认知性活动走向生存性体验，走向个体生存品质的超越与提升。

当我们恨一个人、一件事时，我们就成了一种恨的存在。

心怀怨恨，我们就把自己囚禁在怨恨之中。

我们的民族思维必须超越这种狭隘的爱恨品质，唯有如此，才能在我们的民族与文化中培育一种爱的品质，一种大爱的品质。

教育：在思想之中

学校教育存在的核心：师生共同过精神生活的地方。没有闲暇，则不可能有精神、心灵的自由舒展，师生的精神生活必然是狭窄的，是不充分的。甚至可以说，没有了闲暇的教育，师生的生命状态失去的不仅是从容，人格状态也会委琐不全。

教育的根本目的就是培养自由自主的人，即让每个人都能在这个世界上自立、自主地生活，并且懂得去追求更好的生活。一句话，教育就是培养自由人。

自由人绝不是放任自流的人，所谓自由人，其实就是能对自我生活进行理性决断的人，或者说凭靠自我理性生存的人。人的生活有两个基本维度，一是人与他人和社会，二是人与自我。自由人同样表现出外在和内在两个维度。之于他人与社会，自由人意味着能独立地运用自己的理性来行事，而免于外在的控制，这种控制可能来自权威、流俗，或者众意；之于个人自我，自由人则意味着能理性地而不是基于个人的自然情感欲望来行事，使个人的行为免于盲目与任性。

自由人就是能在个人与自我、个人与他人和社会的关系之中理性地行事的人，这种人也就是我们通常所说的有教养的人。自由人反对任何形式的奴役，这种奴役可能是来自强权，也可能是来自各种社会时尚与潮流。自由人绝不是要把自我与他人、社会以至时代对抗起来，更不是要逃避现实，孑然而立，而是指在任何时候都要拒绝把自我毫无理性地湮没、混同于其中。

麦金太尔提出："教育者的责任就是要抵抗事实上将会控制他的社会潮流。"教育正是要着力培养学生带着质疑的态度深入生活的世界，去反思围裹在个体周遭的各种社会痕迹之于个体生存的意义，敞开个人生活的理性决断。

从卢梭到杜威的儿童中心教育观，实际上是一种遵循自然的教育理念的逐步成熟，贯穿其中的核心就是确保人的自由与独立，即把这种人的独立与自由深植于儿童的生命世界之中，儿童生命世界的发展绝不容成人的、权威的世界的染指，教育遵循自然，就是要保全儿童这种独立、自由的天性。

韩愈的"传道、授业、解惑"是以社会经典文化核心的"道"为中心的。教师就充当了这种经典文化的代言人。面对经典与权威，学习者是无力的，只有仰望、顶礼膜拜。

有皇权专制文化的支撑，经典越高大，学习者的人格越渺小。

当然，这并不意味着我们可以放弃经典，恰恰我们今天更多地需要重温经典。经典是我们在现实的世界中走向自由人的最重要的精神资源，因为经典浓缩了人类思想的精华。

关键在于，我们应以何种方式面对经典？那就是以人的姿态面对经典，阅读经典，诠释经典，让经典内化于我们自身的生命之中。

悉心地倾听历史深处那些智慧的声音，与他们积极对话的过程，就是我们走向自由人的积极实践的过程。

教育是对美好生活的引导

在现实中缺少美好生活空间的背景下谈论美好生活，实际上是表明一种理想的姿态、一种生命的执著。

中国传统伦理化的教育目的在受到西方坚船利炮冲击后，在被动中转向对社会实利的关注。从林则徐"师夷长技以制夷"，到严复"愈愚、疗贫、起弱"，到康、梁的"开民智"。教育的目的都明显地转向对社会事功的关注。

而从对社会事功的关注转向直接对人自身完成的关注中，王国维无疑是这一转向中的关键人物，其"完全人物"的教育理想具有浓郁的理想主义气质。

作为中国现代教育集大成者的蔡元培，其"五育"的教育方针完成了从现实到理想再到理想与现实结合的教育目的，是现代中国教育理想走向成熟的标志。尽管他的思想在当时就带有明显的个性化和理想化的气质，并未被社会所接纳，但以他个人人格作为基础的北京大学的教育实践，却在很大程度上成了他个人教育理想的实践场域，给中国现代教育留下了光辉的实践华章。

对教育与幸福的理解

我原来一直强调把幸福作为教育的主题，随着思考的渐渐深入，我慢慢发现：其实教育并不直接指向个人的幸福。因为如果单纯从幸福的角度而言，受教育的多少与个人的幸福指数之间并没有必然的正相关。在此意义上，教育并不以幸福为直接指向，相反，受教育越多，反而对人生艰难的理解越深刻、越透彻。于是，我们不妨说，教育是要引导个体担当人生的艰难。把教育一般性地理解为幸福的教育是有问题的。确切的说法是，教育应该积极促进个体的幸福，在此基础上关注公共幸福，关注社会以至人类的整体幸福。

教育就是培养人的内在品质，使人显现为人之本质。

人在何种程度上超越了动物性的存在，人就成为何种程度上的人。

智慧与聪明

我们常常说这个人有智慧，那个人有(小)聪明。聪明和智慧的根本差别就在于，(小)聪明总在可见的事物范围内进行清楚的计算，比较得失；而真正智慧的人，不仅看到了可见事物范围内的得失，更能把握背后不可见的事物，超越有而抵于无，进而在思考过程中超越可见事物，超越一时的利害关系，做出明智、积极的决断。

如果我们的教育始终只是注重在可见的世界中培养学生的知识技能、发展能力，而没有培养学生对事物整体、对世界整体的把握，我们就只是在培养学生的小聪明，而不是在开启他们人生的大智慧。

洁癖何以会成为疾病

突然想起，洁癖何以会成为疾病？原因在于，整洁干净原本是为了生活的舒适，一旦把生活的目标定位于干净整洁，就是典型的本末倒置。

洁净是日常生活的目标，不是目的。目的是与人生结合起来的，而目标是人的行动指向。目标是中间性的，目的是终极性的，洁癖把中间性的目标当成终极目标。当洁净成为一种癖时它就是生活的目的、指向。洁净是为了生活，不能说生活是为了洁净。

许多道理，想起来并不艰深，但要真正明白却并不容易。比如，人活着究竟为了什么？

教育也一样。如果当教育的中间性目标不能指向、体现教育的终极性目的——个体生命的健全发展——那么这个终极性目标就会制约当下生命的积极展开，制约人的充分发展。

对教育根本目标的思考

思考一：自由建立在文化和教养之上。自由如果不能出现于人的内心，它就不可能出现在人的行动之中。自由是不能给予和恩赐的，自由是个人内心生长的力量，真正的自由必须建立在个人后天的教养之上。20 世纪以来，自由的理念始终没在中国人的心中扎下根来。

思考二：真正的创造是非常罕见的，这就好比真正拥有创造性品格的人在人群中是罕见的一样，所以我们鼓励创造必须是建立在扎实的学习、积累的基础之上。今天，我们的社会在鼓励个人大量的创造的同时，也使得我们的精神空间良莠不齐、鱼目混珠，在一定程度上导致我们精神生活空间的平庸化。

这里涉及两个问题：（1）每个人的创造在今天是一种权利，在尊重每个人的劳动、尊重每个人创造的权力。（2）作为社会而言，怎样鼓励那些真正有创造品格的人，从而给社会开辟通向自由和高贵的精神道路，这是非常重要的。

思考三：中国文化传统中的平均主义对国人精神品格的影响很深，妒贤嫉能造就国人平庸化的生存品格，成为我国社会长期以来天才性创造缺失的重要原因之一。

思考四：远离自由的、人文的教育就必然是平庸的教育。

思考五：教育必须要关注人的生存品质问题。真正的教育总是充满着艰辛，这是一种心智的艰辛。那种试图把教育变成"电子游戏"式的，充满着煽情似的快乐的教育很可能始终停留在感观、经验的层面，并没有触及人的心灵世界，用柏拉图的说法是还始终停留在可见世界中，而没有对可知世界的正确把握。

思考六：柏拉图追求理念论。人要追求可知世界的真实，追求可知世界中的最高真实——至善，从而使人类超越猪的城邦的境遇而拥有高贵的心灵。

亚里士多德强调在实践中追求各自的善，要求人在实践中追求德性和幸福相统一。

柏拉图让我们胸怀理想，亚里士多德让我们脚踏实地。

思考七：我曾读到这样一件事情：法国的一个理发师在火车上大声地背诵尼采的原著。这说明这个社会的文化品格很高。为什么一个普通人也能做到对精英文化的如此痴迷？这也许意味着社会对精英文化是宽容的、开放的，意味着社会中的个人具备了对精英文化吸纳的意识和能力。不仅如此，从中或许我们还可以看出，教育从小就在引导个人对精英文化有一种开放的意识，社会的品质与教育的品质是密切相关的。

英国、法国从小学即开始读书计划，要求学生阅读本国名著。可我们的课改只局限于课堂的花样创新，并没有增加多少实质的内容，改来改去，难有实质性的转变。

思考八：柏拉图说，教育的最高形式是哲学。教育要成为一种哲学式的努力，要不断开启人们通向德性和幸福的心灵的窗口。

正是凭借对最高智慧、对大全的追求，教育才是哲学的。

思考九：唯有高贵的教养，才能让我们从重重俗质的包围中解放出来，在自由与媚俗之间取得一种均衡。

思考十：一个人心中没有美好，则眼中的一切都是灰色的。

所以，好的教育品质总是能开启人的美好视界的门扉，引导个体找到美好的感觉，转换思维方式，逐渐奠定个体面对人生基本问题的态度。

思考十一：电影《美丽人生》。集中营作为 20 世纪人类苦难的象征。

苦难作为一种境遇对于人的存在而言如影随形。但任何时候，人都可以凭借内心对美好生活的向往找到美丽人生的可能性。

思考十二：尼采说，心灵是世界的镜子。尼采本人就是这个世界的一面卓越的镜子。那些高贵的心灵都是人世的明镜。

如果说心灵是世界的镜子，那么教育就是打开心灵的镜子，让心灵去发现世界的真实，接近世界的真实。这实际上就是柏拉图所言的教育是心灵的转向。

思考十三：健康的心灵寓于健康的身体，健康的身体孕育健康的灵魂。

我们要像关注人的心灵那样关注人的身体；同样，也要像关注人的身体那样关注人的心灵。

思考十四："知之为知之，不知为不知"——孔子。

"人是无知的动物"——苏格拉底。

孔子思考的是人事（人道）的问题，关注的是现实的经世致用、社会的人伦秩序。强调的是"克己"、"复礼"以及"为仁"。知与不知都是在仁与礼的框架里，所表明的是一种伦理的态度，一种人与人之间谦虚、谦逊的伦理要求。

苏格拉底思考的不是经世致用的层面，不是个人面对他人、或者说"我"和"你"而言的，而是面对"我"与"神"来说的。苏格拉底的神并不是确定的神，苏格拉底本身是因为亵渎了雅典城邦的神而被判死罪的。神是一种形而上的存在，我们个人在神面前是无知的。真正的智慧只有神才配拥有，人只能"爱智慧"。苏格拉底的无知是一种对神的敬畏，一种对宇宙大全的敬畏。此为一种哲学的态度，一种人类面对永恒、大全表现出来的虔诚态度。

"认识你自己"，最重要的内涵就是认识你的无知。

思考十五：人的问题是教育的原点。教育把人引向自我认识、自我探求的路途之中。

我们的教育更多的是从致用的层面来思考，这使得教育始终停留在个体生命的表层。

把教育还原于对"什么是教育"的追求中去，还原于对教育的开放性的追求中去。

思考十六：如果教育就是引导人的自我认识的展开，那么，随着人的自我认识的拓展，人生并不是越来越容易，而是越来越艰难。

教育使人能够担当人生的艰难。

思考十七：教育的目的是培养自由人，让个人在现实生活中能积极面对人生的各种冲突而做出智慧、审慎的决断，使人能从容地面对个人与社会、权利与责任、有限与无限、现实与超越，从而拥有积极有为、健康向上的人生。

理想的教育并不勾销个人周遭的现实问题、矛盾，不是让人在梦想的天地里作逍遥之游，而是把人引向现实，积极面对现实。

思考十八：没有理想的教育可能是高效的，但必然是平庸的。

当然，任何教育都需要一定的现实条件，只能在现实许可的范围内展开。在此意义上，教育又是现实的、实在的。

教育的理想气质主要表现在教育所营造的精神氛围上，教育的现实品格主要表现在教育所依托的物的条件、包括教育者与被教育者自身的基本条件上。

思考十九：健康的心灵寓于健康的身体。但世界上许多伟大的心灵都埋藏在并不健康、甚至是羸弱的身体之中，特别是那些敏感型的天才。如莫扎特、卡夫卡、帕斯卡尔等。

当我们的教育越来越多地把人塑造成一个模式，天才就从我们的视界中消逝。

对于那些具备某种天才潜质的个人而言，选择做健全的常人还是选择做不太健全的天才，这是一个问题。

同样，这对教育也是一个问题。当我们用一个模子去套所有的个体时，天才少年很可能就夭折在我们的规范设计中。所以，我们的教育设计应该留有余地。

思考二十：电影《刺激1995》中德弗瑞有一段话："希望是一件好事，也许是人间至善。美好的事物将永不消逝。"

体制的规训会以各种方式进入我们的生活，唯有希望才能激活自己被体制麻木的内心。

好学生往往使个人失去了与体制保持一种张力的状态，这使得他们的个性与创造性也被温情地磨灭。相反，只有"极优生"（天赋较好，能留一半清醒留一半醉）才能较好地保持自身的创造力，而使得自己的个性不至于被体制所湮灭。当然也包括部分在教育中处于边缘位置的"差生"，由于他们在教育中相对处于放逐状态，他们也可能在教育的规训中保持个人的特性。

教师、纪律充当了这种体制的代表。

拒绝过度体制化，永远让个体内心保持希望，保持与体制的必要张力，这对一个人的成长是非常重要的。

思考二十一：中国文化传统里，没有自由人身份与公民身份的冲突，只有臣民与自由人的冲突，臣民的身份意识远远压过了自由人的身份意识，政治人的身份远远压过了自由人的身份。

最大的不自由就是言论不自由，思想不自由。没有言论自由就没有法制。

思考二十二：思想史上的先行者大都是寂寞而悲凉的。

思考二十三：革命给了农民一种伦理上的解放，一种当家做主的幻象，而并非实际的解放。

思考二十四：教师在规训化体制中扮演着重要的角色，要培养驯服的人，首先要培养驯服的工具——教师。

培养教师的途径：

(1)给予好的待遇，好的社会荣誉感；

(2)榜样和激励的作用；

(3)惩罚。

思考二十五：美国康奈尔大学的试验：把青蛙丢进滚烫的开水中，结果青蛙很快就跳了出来。把青蛙放进温水中慢慢的加热，结果青蛙未能意识到周围的危险，在享受中死亡了。

在强硬的体制下，个人必然与社会进行激烈的对抗。社会对个人进行软控制时，个人对社会的抵抗力消失，个人无法与社会对抗。

思考二十六：思想的自由是能独立思考的自由，自由是一种能力。

思考二十七：教育在培植一个属于未来的世界，教育因此应当带有理想性。教育不是随波逐流，教育通过对理想的坚持而引导社会的风向。

只是，教育本身就是一个世界。这个世界同样是不纯的。

所以，一个社会应当像爱护自己的眼睛一样，爱护教育的世界。

思考二十八：矛盾中求生存，对立中求发展。人与体制的抗争是一个动态的过程。

自由人的姿态正是在应对周遭的不自由的过程中发展的。人的自由与解放是一个永远的过程，人总是在求得自由的过程获得自由。

思考二十九："上所好，下必从之；下所好，上必利用之。"——一切统治的奥秘。

审慎，实际上就成了现代教育所期望的个体最重要的品格之一。

思考三十：圣经中说："你去寻，就寻见"。这里的"寻见"是一个非及物动词，表示一种状态，"寻"本身成为人生的生存状态本身。

当舍勒说"人是一种爱之在"时，此爱亦相同。

思考三十一：海德格尔在对凡·高的一幅画《农鞋》的分析中提出："通过这一幅作品，也只有在这幅作品中，器具的器具存在才专门露出了真相。"他说："从农鞋磨损的内部那黑洞洞的敞口中，劳动者艰辛的步履显现出来。这硬邦邦、沉甸甸的破旧农鞋里，聚集着她在寒风料峭中迈动在一望无际永远单调的田垄上步履的坚韧和滞缓。鞋皮上粘着湿润而肥沃的泥土。夜幕降临，这双鞋底在田野小径上踽踽而行。在这农鞋里，回响着大地无声的召唤，成熟谷物宁静馈赠及其在冬野的休闲荒漠中的无法阐释的冬冥。这器具聚集着对面包稳固性无怨无艾的焦虑，以及那再次战胜了贫困的无言的喜悦，隐含着分娩时阵痛的哆嗦和死亡逼近的战栗。这器具归属大地，并在农妇的世界得到保存。正是在这种保存的归属关系中，产生器具自身居于自身之中。"

"不识庐山真面目，只缘身在此山中。"一位普通农妇脚下的鞋只不过就是一双鞋，一双可以穿的作为用具的鞋。唯有到了艺术家的眼里，一双普通的农鞋才变得不普通，变成了农妇艰难生活的代言人(物)。在此意义上，艺术的真虽来源于生活的真，却是比生活本身的真更高、更真实的真。

思考三十二：天堂在哪里？天堂不在世界的某处，天堂只能存在于个体心中，天堂乃是我们对生活的一种祈望。

思考三十三：言与行。

我们的文化语境中的"言行一致"是在伦理道德范围中说的，是可以做到的，是传统意义上的"知行合一"，是在个人能做到的范围内，对个人道德行为的规定。

承认言的独立价值，并不要求"言"与"行"的一致，这种"言"是对世界、对人世的一种想象性认知。知识人的社会想象，是知识人对社会的知识想象，总带有某种理想的色彩。这对知识分子是必要的，对社会行动者却不一样，社会行动者需要尽可能地顾及现实的可能性，知识人尽管也需要顾及现实的可能性，但更多地要顾及的是知识想象本身的合理性。这就在知识分子的社会想象与现实的社会行动之间存在着一定的差距。这种社会想象可能是不实用性的，但社会却可以凭借其来批判和反思现实。

我们必须要承认知识人的"言"与"行"之间的距离，为知识分子的思考与言说提供了一个自由的精神空间，甚至是无限的自由空间。

知识人正是凭借自身独特的知识立场参与社会之中，言说本身即知识人参与社会生活的基本方式。

思考三十四：知识与权力的关系。

知识求真、权力求力。知识不求应用，具有对现实的超越性，权力追求实用。但历史上，知识与权力总是纠缠在一起。从焚书坑儒到四库全书都是权力对知识的统合、控制。知识的合法性本身是离不开官僚机构的认可，包括新闻出版等都是官方认可的一种形式。

知识是自由的保证，是自由的前提和基础。但知识总是经过了选择和过滤的，是给定的，是有可能导向奴役和专制的。从这个意义上说，解放是一个永恒的过程。

思考三十五：对话与公共参与。

在对话中，相互之间倾听—言说，每个人在表达着自我的同时又在倾听着对方，在倾听着对方的同时又在丰富着自我，当下展开的对话因此而使得对话双方构成一个真实的共同体，发生一种心灵——精神的共契。

伽达默尔说，对话就是团结。对话是走向人与人之间团结的一种方式，通过言说，个体真实地参与共同体之中。

个体不断地以言说的方式进入公共生活空间里，就不仅仅是展现个人的口才，更重要的是显明个体以真实主体的身份参与社会共同体之中的态度。

思考三十六：教育中的对话。

对话意味着进入对话之中，对话意味着对话者的投入，对话本身就内含着引导，即引导个体进入谈论的话题之中。进入对话之中本身就意味着教育的契机。

对话只是使教育结果具有了可期待性，却并不寄希望于通过对话来解决所有的道德问题。

思考三十七："人是政治的动物"——亚里士多德。

阿伦特把人的日常活动分为三个层次：首先是最底层的劳动，指基于人的生存需要而不断进行的活动；其次是工作，指制作、创造某种产品的活动；最高形式的人的活动是行动，行动意味着在公共领域里积极主动地展现自我，以追求自我存在的卓越、非凡与伟大。

正是在行动的意义上，人是政治的动物。人天生就是要过政治生活，行动的本质就是要突破平凡，达到非凡。

思考三十八：政治与哲学。

与行动同样处于人之存在的高级位置的活动是沉思。

正因如此，政治和哲学是人生最高的学问。

思考三十九：苏格拉底提出，治理城邦的首要任务是改善公民的灵魂，给他们知识和教养，使他们过理性的生活。改善公民灵魂，这是真正的政治技艺，是政治家的真正职责。亚里士多德："国家的根本在于个人，个人的根本在于人的心灵。"

国家与个人的关系是政治学的核心问题，个体精神（心灵）成长的问题是教育学的核心问题。教育问题必然与政治问题内在相关。

政治离不开教育，教育不可能远离政治。关键在于，何种政治在支配着教育，教育指向的是何种政治。

思考四十：我们凭什么被命名为现代人？那是因为我们站在历史传承下来的文明之上，或者说站在历史文化这一巨人的肩膀上。

一种教育之所以成为现代的教育，因为内容上是基于人类文明的积淀，能充分体现人类文明通识对现代个人的要求。

对教育根本问题的思考

思考一：一种语言就是一种生活形式的表征。汉民族语言就是我们民族存在的最基本的精神家园。

作家韩少功在《世界》一文中这样谈及汉民族语言："当一切都行将被汹涌的主流文明无情地整容，当一切地貌、器具、习俗、制度、观念对现代化的抗拒都力不从心的时候，唯有语言可以从历史的深处延伸而来，成为民族最后的指纹，最后的遗产。"在以效率为中心的时代里，对于照料汉语言的重要性远未引起足够的重视。

自由固然是我们每个人的权力，但怎样珍惜我们手中的权力，在日常生活与工作中，努力把汉民族语言文字发扬光大，提升汉语言文字的魅力，难道不是每个说汉语言的人的责任？

正因如此，努力提升我们身边、我们自身所使用的汉语言文字的优雅与魅力，在维护汉语言的纯洁、提升汉语言的品格的同时，难道不是在维护我们自身的生命品质？

因为，在某种意义上，我们所使用的语言的品质，就是我们生命品质的表征。

思考二：也许是从小喜欢文学的缘故，我对汉语言文字有一种十分亲熟的情感。一个个方块字就好像是生命中与我亲熟的伙伴。

几次读到罗马尼亚牧师理查德·沃慕布朗写的蓝宝石的故事，感慨颇深：

一位叫伊思库的牧师，他受尽了酷刑折磨，此时奄奄一息。他非常安静，他知道他要到哪里去。每当他张口说话，他就给人一颗蓝宝石。在希伯来文里，表达"告诉"或"说"的词中，有一个是可以翻译成"给一颗蓝宝石"（Sapphire）。如果你要开口说话，就是要给人一颗蓝宝石。也许有时候你会悲哀或愤怒，那时，你就沉默吧，等待一会儿，直到你能给出蓝宝石时再开口。每当伊思库开口时，他必给出蓝宝石。他的蓝宝石就是天堂之美和耶稣之爱。

先哲海德格尔有言，语言是存在的家。保卫语言，保卫汉民族语言文字的纯洁与优美，她是我们生命之中珍贵的蓝宝石，她是我们生命中珍贵与美丽、亲切而温暖的家园。

思考三：李叔同常以"士之致远者，当先器识而后文艺"的见解教育学生，强调要成为一个有高远抱负的文艺家，首先应当培育器量与见识——即个人内在的品德涵养、精神境界。倘没有"器识"，无论技艺多么精通，也不足以称道。

"器识"实际上是一个人作为人存在的基本品质与境界。境界高，则人的实践的行为品质自然卓越。

学问研究，教书育人，首要的就在于人的生存品格。提升自我人格的境界，化知识为德性，化德性为实践智慧，自然就会在实践中显现个人存在的独特个性魅力与精神气质。

思考四：有部电影，名字就叫《小树慢慢长大》。

小树慢慢长大，这是治疗当代教育急躁症的一剂良药。

重温卢梭的遵循自然，确实意味深长。

思考五：《刺激1995》这部影片中充满睿智与警世意味的对白摘录：

典狱长："这里只有两种东西，纪律、圣经，把你的灵魂交给上帝，把你自己交给我。"

瑞德："刚入狱的时候，你痛恨周围的高墙；慢慢的，你习惯生活在其中；最终你会发现自己不得不依靠它而生存。"

习惯成自然。生活中原本异化于己的他者也可能变成生命的一部分，变成一个"你"，变成生命的自然。

教育就是在塑造人的第二自然，不当的教育一旦成为生命的自然，要想从中剔除出去，几乎是不可能的。所以，有时候，教育其实应该多给人留下点空白，如果我们不能保证我们给予孩子的就是他真正所需要的教育形式。

我们习惯的是积极有为的教育，其实有时候消极无为的教育比有为的教育更好。

教育是对美好生活的引导。

在现实中缺少美好生活空间的背景下谈论美好生活，实际上是表明一种理想的姿态，一种生命的执著。

思考六：启蒙的缺失。

中国社会由于没有经历一次真正意义上的深入的大众文化启蒙的过程，一下子就突然进入大开放的信息化社会，导致个人有效地应对泡沫信息的能力欠缺。以电视、报纸为代表的大众文化在很大程度上控制着平民大众的日常文化生活，大众文化的品格直接成为平民个人日常生活的文化品格。

以媚俗为基本特征的大众文化，以迎合大众趣味、吸引大众眼球、提高收视率、扩大发行量为基本取向，这必然导致文化品格的下降。恰恰在我们今天资讯化的社会中，大众文化基本充当了平民大众的文化资源，大众文化所开出的精神空间成为平民大众思考、想象、言说的基本空间，大众文化的品格便在很大程度上直接主宰着平民大众的品格。

自由教育正是从大众文化中摆脱出来的努力。

思考七：知识、身体、财富。

知识与教化不带来生命的健康，也不一定带来财富，带来世俗生活的成功。

既然如此，我们为什么还是要坚定地追求知识与真理？唯一确切的答案，只能是我们为求知而求知。求知的意义只能在求知本身，爱智慧是知识人的天命。

像巴赫金，就是知识分子的典型。欧美知识分子更强调知识的纯粹性，不考虑外在的东西，为知识而求知。

思考八：关于建筑。

建筑构成了我们生命的最真实的空间。建筑的品位就是我们精神的品位。

当我们的建筑过于浮华、逼仄，显示的只是物理世界的技艺，精神与文化弃之如敝屣，最终使我们的精神生命日益窄狭。今天的建筑，乃至对于现代化的追求，在很大程度上背离了精神、文化的本位，而表现出浓郁的实用主义与技术主义倾向，这是值得我们深入反思的。我们获得的是暂时的安居，失去的将是精神世界的丰富。

思考九：我对读经的看法。

首先是反对，我旗帜鲜明地反对读经，反对少儿读经，因为少儿读经，只会在我们的社会中制造新的愚昧；其次，我主张积极吸收民族文化传统资源，拓展现代中国社会的思想资源，为中国文化的发展与民族性格的张扬提供必要的基础。所以，我以为，中学阶段，特别是高中阶段可以较多地接触传统文化经典，不至于形成年青一代对传统文化的隔膜。这个阶段，他们已经具备了基本的判断和选择能力，可以批判地、创造性地吸收传统文化资源。

思考十：我国是一个历史悠久的国度，但我们的历史都写在纸上，而没有真实地写在我们周遭的生活世界之中，没有一种有效的方式真正让历史进入我们当下的生命存在境遇之中。我们只能年复一年地重复我们的历史如何如何。于是我们总是生活在历史的碎片之中，生活在缺乏历史意识贫乏的当下。

思考十一：读徐志摩的美文，想像那一代知识分子的精神世界与风范，我们真的需要思考，我们今天的时代、今天的人们，究竟拥有怎样的心灵世界。

思考十二：我看刘德华。

平民个人的偶像，代表平民个人的理想形象，他演的电影时不张扬，却又帅气十足，给人的感觉很舒服，不是那种强势的人，有棱有角，普通却又耐看，他的行为方式不是高高在上，他的生命立足点，接近平民生活的人格想象。唱歌作为一个方式让他更好地显现平民的形象。正是因为他唱歌有缺陷，所以才可能更好地接近大众。

思考十三：重读特蕾莎修女《活着就是爱》，收益甚多，我们总是抱怨自己生活得不够幸福，其实有时候恰恰就是因为我们自己过于强大。所以无法发自内心地接纳他人，包容他者。

孱弱有时候其实也是人心一种重要的品质，拥有它，我们才会发自内心地倾听他人，倾听这个世界，才会使倾听成为我们的一种品质。我们才会对所拥有的一切心怀感激。因为孱弱，我们才真心实意地期待爱的降临，才会以个人卑微的爱去与他人和世界相遇，我们才会敞开胸怀去接纳他人和世界，我们才会生活在期待之中。

当我们过于强大，我们心中就只有我们自己。因为孱弱，我们心中才会有整个世界。

思考十四：武侠梦与中国民间社会的文化想象。

武侠小说故事在中国民间社会的广泛流传，武侠梦成为中国民间社会重要的社会想象，即期待神人侠客在主持、伸张社会正义、惩罚邪恶、拯救社会无助群体的社会理想，一个重要的原因就是由于社会底层的民众在传统专制社会形态之中，无法逃离个人社会生活中的诸多困境，而又缺乏西方社会的宗教依托。武侠梦在很大程度上扮演了宗教角色，让底层民众在武侠小说叙事展开的想象中弥补现实的不足，获得心灵暂时的平衡与慰藉。

武侠人格的无所不能，也可以弥补现实人格的缺陷。

思考十五：正是因为我们社会长期信奉的暴力革命，导致社会精神教养积累的缺失。革命如果是野蛮战胜了教养，则会带来文化、社会的倒退。暴力革命最终会导致社会专制。

思考十六：在非洲传统哲学里，人们不像欧洲人一样说"我思故我在"，而宁愿说："因为我属于某个家园，所以我是人性的。我是某地的一部分，我与他人分享。""我的人性与你的人性不可分割地连接在一起。"换言之："个人通过他人的存在而存在。"

很难想象，贫瘠的非洲竟然有这么深沉、博大的哲学思想。而且，这不仅仅是一种哲学的思想，而且是一种真实的生命的姿态。

个人通过他人的存在而存在，这对于我们建立在以宗法等级序列为生存基础的文化根基而言，乃是一种十分稀有的品质，尽管我们特别强调义务。

所以，我们今天在走向对传统教化文化对共性的强调而导致对人的个性发展的遮蔽的反思与批判的同时，我们还需要考虑，究竟什么是真正的个性。当代法国著名哲学家勒维纳斯告诉我们，真正的个性乃是内心深处所意识到的自我与他人。

思考十七：阅读尼采。

尼采如此钟情于古希腊酒神精神，张扬主人道德，呼唤超人，正是凭着他对现代人因为价值虚空而导致的人生平庸化的无比敏感。

诸神隐退，日常生活陷于世俗化的泥坑，物欲的膨胀，消费主义和享乐主义盛行，日常生活世界的精神塌陷；神的隐匿，社会生活的组织完全依照精英，实际上永远是少数的精英的决断，权力的宰制同样大大缩减了平民个体的精神空间。深度体制化对个人进行控制的同时是个人欲望化、享乐化生存的张扬，个人舍此则难以找到徜徉个人精神高度的可能。我们正越来越多地陷于柏拉图所说的"猪的城邦"的生活，个体人格的平庸化几乎成为大势。

阅读尼采，让人刻骨铭心。

思考十八：头顶三尺有神明。

一直记得 2001 年 11 月去上海开会时，簇拥在华东师范大学主楼的一间小教室里听钱理群老师讲鲁迅，说一个彻底的唯物主义者是十分可怕的。头顶三尺有神明，并不是真的有神在头顶，而是指个人对世界的必要的敬畏之心。

我们看世界的方式实际上是显明我们自身生命的存在方式。如果仅仅是对象的意义上看，所谓唯心主义在坚硬的唯物主义面前确实是不堪一击，但如果从个人生命存在的姿态而言，则远不是一个简单地谁对谁错的问题。

上帝死了，一切皆有可能。信仰就是一种生命的姿态，信仰缺失恰恰是生命的深渊。正因如此，关乎信仰的事情，是难以简单地以唯物、唯心来标示的。

思考十九：德性与教化。

我们的社会在快速现代化的过程中，由于缺少相关文化启蒙与文化意识的培养,利益和金钱至上的理念一下子就撕破了传统伦理社会的道德外衣。其中的原因有以下几点。

直接原因:一是金钱与利益的驱动力远远超过了道德的力量;二是由于道德的力量原本就不深入、牢靠。

间接原因:一是传统社会尽管是礼仪社会,但我们社会的道德更多地停留在他律的水平上,没有康德所言的那种绝对命令式的高道德层级;二是传统政治化、伦理化的社会模式与高大空的道德教育模式让人对道德本身产生了一种怨恨情绪,导致对道德的背离,这也是当今社会恶性案件不断发展的重要原因。

启示:一是社会文明的进步、文化的昌明一定要渐进发展,也只能渐进发展,激进的结果只能是适得其反,所以我们需要适度放慢步子,保护传统,包括民俗、地方传统,也包括必要的学习、吸收传统伦理社会的精华;二是我们今天需要文化的启蒙、新道德的启蒙,这是非常重要的,流行文化、商业文化对我们社会的精神冲击是十分巨大的。我们需要谨慎前行。

思考二十:道德生活的模糊化。

传统社会常先判断后行动,没做之前就判定是非,如"男女授受不亲",不看实际情况,先做伦理判断,伦理重于行动,其实质就是伦理重于生命本身。

道德生活的模糊化,黑与白之间有一个灰色地带,灰色地带越多,给人个性化生活的空间就越大,极大地拓宽了人行动的空间,带来了判断的延迟。

先"做",做了再"说"。将行动的自主权交给个人,社会判断置后。

在教育中，鼓励学生尝试错误，实际上就是这种行动伦理在教育中的实践方式。

推迟判断，即行动高于伦理。这对于我们走出泛道德主义的社会是非常重要的。当然，在充分保障个人行动的自由的同时，易导致行动的价值虚空，这是我们今天必须警惕和避免的。

思考二十一：伦理的两种形式。

(1)祭坛的伦理：仰视，奉献精神，强调生命的献祭。对于个人生命而言，是内敛的。可以成就个人伟大的人格，也可以杀人。关键在于，个人身在其中，是否有自由自觉的选择。

(2)竞技场的伦理：追求更快，更高，更强。死水一潭，每个人的生命都得不到积极绽放；万舟竞发，给人以生命的理想，是外放的。

如美国 NBA 球员的竞技，球场不仅是打球的地方，而且是球员展现自我个性的地方。

所有教育体制的改革要考虑到促进个人的发展，个性的丰富，要相信人，充分保障个性的丰富、完满。同时也要有基本的规则，对人性发展的方向给予必要的引导。

思考二十二：道德教育的两个层面。

人是作为主体生活在世界之中，人的主体性表现在人能在与环境周遭之中独立的建构自我，而不是简单地从属于环境。人不是环境的机械产物，人是自己心灵的图画。人首先实现自我于内心之中，人与动物相比，其根本，乃是一种精神的自主建构。

在这一点上，把人作为主体，其根本属性定位于精神建构，这就为个人的道德责任提供了基础。人是作为独立的精神实体对环境作出应答，人不是简单地服从于环境的压迫，所以，人之为人的品质表现为，作为主体的人并不是简单地服从于环境，人首先不应简单地从环境出发为自我寻找逃避道德责任的理由。康德的善良意志、绝对命令，正是把道德精神牢牢地植于个体内心的理性决断，凸显人之所以为人的本质存在。

在此意义上，道德教育的根本出发点，就是要建构个人的精神自我，促进个人精神的积极发育与完善，而不是简单地关注个人在现实行动中的可能性。个人在主观上是什么样的人与个人在现实中能成为什么样的人，是两回事。

正因如此，在个体精神建构的层面，我们应该更多地从义务论与德性论出发；从个体实践的现实性层面，我们需要关注功利论的道德观，考量个体道德实践的现实基础与实际情景。

实际上，这里就是把人与事进行必要的区分。所以，道德教育的两个层面就可以统一起来，一是功利论，二是义务论，功利论关注现实利益的均衡，义务论关注个体精神的自主建构。全然忽视前者，会走向道德理想主义，忽视个体道德的社会基础；全然把道德建立在利益的博弈均衡上，则道德同样失去了个体生命的内在基础，忽视道德作为个体人格精神的内涵之所在。

理想的道德教育于是在两个层面展开：在现实交往之中追求正义，培养个人在权利与责任之间平衡，启迪负责任的公民姿态；在个体精神层面追求至善，求得个体人格的完善。

思考二十三：孔融让梨。

一个经典的伦理故事。大孩子让小孩子，是一种民族意识的延续，但这可能使孩子从小学会了撒谎，掩饰自己的真实想法，想要大的却不能，使得心灵扭曲。

今天的让梨应强调公平竞争，强调规则。如两人比赛，赢的人吃。

还比如打乒乓球争台位、看电影票有限，大人常常要求小孩谦让，其实完全可以通过小孩子自己的办法来解决，如比赛分台位；轮流抽票等。

规则有时比谦让更重要。

思考二十四：心中的家乡。

想象中的家乡和亲历的家乡是两回事。想象中的家乡是情感的家乡，是心灵的家乡；亲历的家乡是事实的家乡，是不纯的家乡，是不乏窝囊与斤斤计较的家乡，是希望与失望并存的家乡，是各种牵绊之中的家乡。

思考二十五：梅贻琦说，大学是大师之谓，而不是大楼。梅贻琦的话可谓深得大学的精髓。大师思想的高度实际上就是大学精神的高度。大学教授的精神高度同样也是一所大学其存在之精神的高度。

所以，评价一所大学，最重要的指标就是，看那个学校的教授在干什么。

生活在日益为各种利益所逼迫的时代与环境之中，我深感大学精神的稀薄。

思考二十六：偶尔在一所职业学校的教师里见到这样的标语："我要成才，我要遵纪守法，我要致富，向45分钟要效益。"初看这几句标语，让我想起20世纪90年代中传销很热时，被朋友叫去参加的传销会上，台上台下一起高呼"我要致富，我要赚钱"的场景。现代教育中赤裸裸的功利化以极为露骨的方式表达出来。

李零先生原来在北大改革方案出台后写过一篇文章，叫"大学不是养鸡场"，但不幸的是，我们现在大量的学校实际上就成了养鸡场的办学模式。复杂的教育俨然就成了今天投入多少，明天就可以产出多少，我付出了多少，你就要回报多少。不管是办学的，还是读书的，都在精打细算着各自的投入和产出，教育变成了算盘上的效益。陶行知先生说，教育是农业，不是工业。我们现在期望教育不仅仅是工业，而且是快餐工业。

浮躁的时代制造浮躁的教育。

思考二十七：燕京大学的校训：因真理得自由以服务。一种典型的大学人的生存姿态。

道不同，不相谋。当个人的教育理念受到外在的胁迫而无法从容付诸实践、而个人又回天乏力的时候，蔡元培先生的选择是辞职，以辞职来守护个人心中的大学理想。所以他两度辞去北京大学校长的职务。

在今天，当大学日渐被体制化，大学校长成为体制之中的一枚棋子，成为社会官僚体制在大学的代表的时候，蔡元培先生之作为大学校长因为个人大学理念在现实中的阻隔而辞职这样的事件已成为旷世奇闻。

思考二十八：大学作为文化主体。

大学作为文化主体是一个不断生长的过程。大学的发展是一种显现，显现大学的理想，显现大学之为大学的精神内涵，从而让大学的理想逐步变成现实大学的"形"，大学之道肉身化、实体化。大学的发展是一个大学的理念不断赋形的过程。

作为成熟的文化主体，大学是建立在对自身文化的自信之基础，惟其如此，大学才有可能对世俗社会说"不"，才有可能在变幻的潮流之中持守自身的理想，从而把大学的发展坚定地建基于大学之"道"。

大学理想的缺席导致大学实践完全成为一种俗世化的实践，而不是大学之"道"的肉身化。

思考二十九：辜鸿铭和胡适的并存。

思想自由的大学方针正是通过不同思想的碰撞交流，而敞开大学存在的空间。

思考三十：大学的"学店"化。

随着大学扩招，大学城建设如火如荼，远离大学本校的各种楼群拔地而起。大学本科生要么被置于漂亮而无文化的新城之中，要么开始奔波于大学本校与住地之间。与此同时，大学教师的增加，大学教授也开始大量住在校外，大学于是成了一个来来往往的地方，不再是大学师生一道自由而闲暇地生活的地方。大学就跟商场没了本质的区别。每个人都按部就班地完成既定的任务。大学于是不可避免地成了"学店"，买卖知识与文凭的商店。

思考三十一：个人与制度之间。

为什么我们更需要制度的积淀而不是个人英雄主义？

因为制度的积淀，充分体现了现实的博弈，能最大限度地把实践中的个人的智慧与经验，进行有效的提升，并在多次博弈之中慢慢沉淀下来。

制度体现的是众人的实践智慧，此外则很难有社会文明的真正的累积性发展。

思考三十二：博弈的扩大正是给民间个人教育智慧的生成提供了可能的空间与平台。

教育改革必须在改革的行动路径上有所反思。形成设计性的智慧与生成性的智慧两者的合一。教育改革必须关注体制本身的改革与完善，使替代性改革与发展性改革相结合，自上而下与自下而上相结合。

思考三十三：一个眼睁睁看着病人死在医院门口而得不到救治的社会一定是一个不道德的社会。这种不道德，一是社会机制的不道德，即社会没有给社会弱势者提供生存权利的基本保障；二是不道德社会机制中的个人，毕竟社会机制的实施者是实实在在的个人，个人还可以轻而易举地凭借体制的缺陷而推卸自身的道德责任，把自己看成是道德上的无过错者。

当然，我们单纯地谴责医院的不道德是不够的，我们必须反思社会的制度的缺失。人性善也好，恶也罢，都是靠不住的，必须依赖社会制度的改善。好的制度是坏人变好，坏的制度使好人变坏。

思考三十四：沉思体育。

看国家篮球队比赛。年轻队员在面对真正的对手时明显表现出缺少自信心和作为竞技运动员所需要的斗志。

与世界强队的差距不是以道里计。靠个别突出的个人还可以拼一拼，一到要靠球队整体，就不行了。二十来岁的年轻人，呆若木鸡，毫无求胜的欲望和斗志。所谓兵败如山倒，球队比赛靠的是一种气。不管输赢，有这种气，比赛就有神，就具有了可看性，就具有了体育的精神。没有这种气，输不起，纯粹只是基于外在的要求，这种球队就失去了体育的内在精神。

小动作多，这表明球队平时训练不严格，平时打球不够规范。核心问题就是，球员的敬业意识不强，也就是职业精神不强。这不仅是个别的，而是整体的，是一种体育文化中的缺失，当然也跟我们整个社会职业精神不强有很大关系。

洋教练、联赛、到高水平的国家拉练、高额奖金，各种办法都用尽了，整体技战术水平、意识依然没有任何改变。根本原因在哪里？

在体育精神与体育文化的缺失，也就是体育的神，体育的内在灵魂。缺少了灵魂的体育，不过是人世间一个普通的名利场而已。

思考三十五：教学改进的路向。

教学：在思想之中。

教学何以成为思想性的？思的在场化。

思考三十六："不跪着教书"如何可能。

吴非先生提出了一个很有意思的教育命题："不跪着教书"。他这样写道：想要学生成为站直了的人，教师就不能跪着教书。如果教师没有独立思考的精神，他的学生会是什么样的人？在巨大的麻木和冷漠面前，我的确有过放弃的念头，然而一想到中国人有千百年下跪的历史，想到"文化大革命"给中国人带来的耻辱，想到下一代人还可能以各种各样的形式下跪，就觉得我们中国首先得有铁骨教师，教育的辞典中才能有"铸造"这样的词条。

不跪着教书，直接昭示一种教师的生存姿态，一种独立、挺拔的人格样式，一种超越传统、启迪未来的人格姿态。问题的关键在于：不跪着教书如何可能？

以教师作为出发点，从消极自由的视角来看，那就是如何充分保障教师的专业自主权，使教师免受外在干扰，可以从容自主地把握自己教育人生的走向，而不是惶然受制于外在权力的支配与制约；从积极自由的视角而言，则是提高教师个人的自主意识和自主能力，把教师人生建立在个人德性与知识的基础上。

思考三十七：教学改进的路向。

教学的意义在于怎样积极敞开当下的学生自我，使教学活动本身直接进入他们当下的生命视野，也就是必须考虑此时此刻的教育活动对当下的学生意味着什么，而不是纯然以知识的名义把跟当下的他们并无关涉、或者说并没有建立意义联系的知识体系灌输给他们。

思考三十八：思想与实践。

思想的道路一是通向现实，二是直接通向人的心灵，拓展精神，发育人格，张扬人性。人是一种主体性的存在，人在现实中的展开实际上有很大的局限性，但人作为自主的主体，不简单地受制于现实的不完满，人通过精神的完善通达个人自由。在这个意义上，我们对思想的要求，对高等教育的要求就不是简单实用的问题，而是并且是首先直接指向个体人格的完善，开启心灵，启迪智慧，拓展精神，激励人格。

思考三十九：理论本身就是一种积极的实践。

"在理论与实践的关系问题上，柏拉图的回答概括起来就是：没有什么比理论本身更具实践性。柏拉图坚信，在最终的意义上，沉浸于对宇宙的沉思在宗教和认知两方面都非常重要。理论所促进的灵魂的塑造过程提供一条通向知识和救赎的道路。理论引发了灵魂的净化，以达到心灵的拯救、皈依。因为当灵魂上升到理念的高度时，低级的利益和激情都被排除出去。在上升到对理念的理性的把握的过程中，灵魂使自己摆脱了物质的枷锁，并将自己从肉体的囚禁中解放出来。因此，古希腊人将那些专注于沉思生活的有智慧的人当做值得尊敬的楷模。在亚里士多德和斯多葛传统中，理论活动也同样具有优先性——较之于其他任何种类的实际生活，沉思的生活享有更高的地位。"（哈贝马斯：再论理论与实践－访华演讲录）

意识到理论本身就是一种重要的实践，这对于我们长期以社会事功为中心的实践观而言，是一种重要的纠偏。马克思的实践观旨在改造世界，而柏拉图理论的实践规则直接指向个体德性的完成，实际上就是苏格拉底"知识即美德"的实践样式。

哈贝马斯在后面分析到，与巡回教士、隐士和僧侣不同的是，那些智慧的人们代表的是一条具有排他性的，因而只有少数受过教育的人才能踏上的得救之途。实际上这里可以反衬出精英教育的基本理念，那就是以关注理论知识为中心，旨在提升自我认识与拯救个体灵魂。

思考四十：什么是知识分子？知识分子的含义之一是知识，即任何时候都坚持知识与真理，维护知识与真理的尊严；之二是分子，即是作为社会、团体的一员。结合起来，所谓知识分子就是时刻守护知识的尊严，并用知识与真理来参与社会公共生活、守护社会良心的人。

言说本身就是知识分子参与公共生活的基本方式。让知识分子有地方说话，说有知识的话，在公共生活中显明其作为知识分子的存在，这才是对知识分子最基本的尊重。

真正的知识分子就是用知识参与公共生活的人，而一旦知识与权力结合在一起，知识本身就很难为了自身的目的而说话，这就是知识必须与世俗权力保持必要的距离的原因，只有这样才能真正地用单纯的知识说话，为了追求知识与真理而说话，而不是为了赢得世俗的权力。当然，知识本身也是一种权力，这才是一个社会真正需要的权力的制衡，即用知识的权力来制衡世俗的权力，一旦两者结盟，那民众就难逃被愚弄的命运了。

守护教育的形上芬芳

一、从"灯光"到"烛光"

几次读到这样一个哲学教授讲出来的关于灯光的故事：

> "一位德国学者，生活在电灯诞生的时代，他拒绝用电灯。外出归来，发现家中装了电灯，他大为生气，严禁家人使用。一天晚上，有阵风将他的蜡烛吹灭，他在黑暗中摸索，蜡烛又掉在地上，于是他像狗一样在地上爬着寻找。他的爱人'啪'地一声打开灯，发现蜡烛就在脚边，他突然恍然大悟地说：啊！电灯原来有如此妙用，可以帮我找回蜡烛。"

这个故事嘲讽思想顽固者的迂腐，同时似乎又包含着一种隐喻：烛光象征着人类的古典智慧，是人文之光，是心智之光，这光曾经照亮过人类的历史，也照亮了人类的心灵史。但现在，在便利而强大的灯光——技术之光照耀之下，"烛光"失落了。灯光对烛光的颠覆具有某种必然性，以技术性知识开启的现代之灯光给人以充分的便利，让我们在世俗生活中方便、快捷地行动，获得自己在世俗生活中的成功与满足。正因为如此，耀眼的灯光足以湮没飘摇而微弱的、充满古典意味的烛光。但与此同时，我们又需要看到，我们在世俗生活中的成功并不意味着生命的富足，在这里，宁静、幽微、对世界充满敬畏的烛光正好让我们去重新寻找心灵世界的出路。正因为如此，在这个隐喻的后边，还隐含着另一层描述：在哲学家的心中，灯光的不可或缺意义正在于重新找回烛光，技术之光的意义在于存持人文之光。灯光指引着世俗生活的眼睛，烛光指引的是心灵世界的眼。

这真是一个绝妙的隐喻。它提示我们，必须追问，现代技术的繁荣，背后的意义究竟是什么？如果技术的意义不是带给人生命的意义，反而是生命的遮蔽，那么技术自然就成了海德格尔所说的框架，而构成对人性的制约。在这个意义上，守护古典的烛光，是当下沉溺于技术进步之中的现代人的必修课。

技术主义的支持与拜物教的生存理念，掏空了我们存在的根基，虚无成为时代的基本症候，外在的繁华掩饰不住内在的贫困。今天，逐渐走向物的丰饶的人们，依然有着太多的不如意，我们于是生活在不绝于耳的抱怨之中。我们在寻找幸福的同时，却发现我们找到的其实只是短暂的快乐，内心的空虚早已抽空了我们幸福人生的橡梁。我们今天该如何面对我们内心遭遇的黑暗？在虚无主义降临的时代，教育何为？教育哲学何以打开黑暗中教育之亮光？

二、现代教育在"力"的崇拜中的迷失

2006 年 2 月，中央电视台《对话》节目邀请中美两国即将进入大学的高中生参与。其中，美国的 12 名高中生都是 2006 年美国总统奖的获得者，国内的高中生也是被北京大学、清华大学、香港大学等著名大学录取的优秀学生。整个节目中的两个环节因为中美学生表现的强烈对比，令人震撼。在价值取向的考查中，主持人分别给出了智慧、权力、真理、金钱和美的选项，美国学生几乎惊人一致地选择了真理和智慧。他们有的这样解释，如果我拥有智慧，我掌握了真理，相应我就会拥有财富和其他东西。而中国高中生除了有一个选择了"美"外，没有一个选择真理和智慧，有的选择了财富，有的选择了权力。后面节目要求制订对非洲贫困儿童的援助计划。首先由中国学生阐述。我们的孩子从中国悠久的历史入手，从歌颂丝绸之路、郑和下西洋，到吟咏茶马古道，然后有人弹古筝，有人弹钢琴，有人吹箫，三个女生大合唱，一人一句，一会又是一个人深情地背诵，然后是大合唱。最后对非洲的援助计划轻描淡写地一笔带过。美国高中生的方案，则是从非洲目前的实际情况，从也许我们都想不到的非洲社会生活的方方面面，包括食物、教育、饮用水、艾滋病、避孕等一些看起来很细小的实际问题入手，每一项，做什么，准备怎么做，甚至具体到每项的预算，而那些预算竟然准确到几元几分。每个人分工明确，又融成一个整体，整个计划拿来就可以进入实施

阶段。

报纸上的评论提出："当中国学生该展现出理想和精神的崇高的时候，他们要追逐金钱和权力；当中国学生该立足实际，脚踏实地解决问题的时候，他们又吟诗弄赋，在实际问题的外围不着边际地轻轻飘浮。"这中间确实是一个非常值得关注的问题。知识的增长带给我们的究竟是真理与智慧还是权力与金钱？虽然从世俗的意义上而言，可能真理与智慧还是会导向权力与财富，但从个体人格发展的意义而言，则相去甚远。同样，关注非洲，并不是到那里去显明自己的优越性，而是真正以平等的姿态把自我融入其中。虽然从非洲本地人的视角而言，可能任何援助本身都难免会显示某种优越感，但关键的问题是对于我们自身而言，我们的援助本身究竟显明的是自我一种怎样的生命姿态？恰恰我们的学生表现出来的是自我的迷失与锁闭，我们不应该简单谴责他们的观念意识，他们的观念不过是我们时代的症候而已，更重要的是，我们要反省，我们的教育究竟指向何方？

教育的累积，知识的增长，带来的本是个体自由的扩大，由此而导致自我存在的去蔽，自我存在空间的不断疏明、敞开，由此而使个人获得对自我的更真切的把握，从而使得个体面对茫茫世界而能保持积极的尊严自我，并显现出自我存在的丰盈。当知识指向的并不是自我的敞开与个体存在本身的丰盈，而是个体在世俗生活中的力量、权力，知识与教育不过是达成个体世俗生活成功的工具，知识再多，也未能导致自我存在的敞开，个体在物质主义、享乐主义中的沉迷就成为必然。这正是我们今天物质主义、享乐主义发达的原因，这实际上意味着启蒙的缺失。个体启蒙的根本意义就是如何重建自我，引导自我不断地去认识生命的本原，找到生命的本原，并努力使自我安居其中。单向度的启蒙，仅仅扩充了个体世俗生活的力量，导致自我在个人不断向世俗生活扩展的力量以及对力的崇拜中的迷失。正因为如此，成熟启蒙的重任实际上远未在我们的生命空间中完成。

知识向上通向对个人存在使命的认识，知识向外通向个人在现实中支配他人与世界的力量。指向个体德性的知识愈丰富，则个体心灵世界就越丰富，心灵自我就越发达，个体在世界中获得的自由就越大，个人就越来越多地从盲目与任性之中解脱出来，自我存在的空间与内涵不断扩大，而使自我成为不断追求人性卓越的存在。相反，指向世俗力量的知识越多，不足以与指向德性相匹配，那么个体的心灵世界实际上就会越来越弱，物性就可能一步步侵蚀人性，个体找不到自我存在的方向，而容易迷失在对外在的力量的迷信之中。教育当然要关心人在现实生活中的基本力量的获取，但同时教育必须要通过知识来呵护人的德性，把个体通过教育获得的现实生活的力予以德性的引导，从而使个体不至于迷失在世俗的力的崇拜之中，而能找到人生的方向。

现代教育一开始就适应了人们日益增长的对物质生活欲望不断增强的需要，提高人们征服自然、改造自然的能力成为教育的核心目标，教育的功能主要就是为适应世俗化生活做准备。20世纪以来倡言的智力开发，进一步适应了物质主义与技术化时代的教育需求。随之而来的是，心也成了一种力。从智商到情商，人对自身的开发可谓步步紧逼，以适应现实为特征的教育自然地转入其中。当教育沉溺于力的培育，知识就与美德无缘，教育就是在不断地把人引导到外在世界的适应，而不是回到个体的内心世界。当知识的指向纯然作为一种向外的力量，个体存在本身的虚空就不可避免。力的增加并不足以填充生命的虚空，相反，越是用单纯的力来填充个体生命的虚空，这种虚无的感觉只会进一步的扩大。

所谓小惑易方，大惑易性。人生的小迷惑只会遮蔽人前行的方向，大迷惑则会遮蔽人性本身。当知识不再呵护人的德性，知识纯然成为个人现实力量拓展的源泉，知识的外化掏空了德性的基础，生命在知识中找不到意义感与家园意识，存在的虚空便不可避免。我们今天，当越来越多的人在教育中找不到生命的意义感，教育不但不能解除人生的迷惑，反进一步以繁杂的知识增进了人生的迷惑，这时的教育就不再是为了人的教育，不再是安顿人的生命存在的教育。受教育越多，背离生命的本原越远。当心也成为一种向外扩展的力，教育的物化、非生命化就彻底达成。当知识成为无所不在的权力，我们还有没有从知识与教化中找到自我心灵安顿的可能？

三、重申知识即美德

真正的教育，教育的根本目标，就是要启发、培育个体生命的尊严感，这种尊严感乃是个人对自我生命存在的内在确认，它不依赖于任何外在的强力，而是依靠个人对自我生命本质与生命之本原性使命的确认，源自个体生命世界的敞开，让个体坦然面对人生周遭的一切，在个人情性、世俗生活、权威、盲目、短视中以人的姿态站立起来，并促进个体人性的丰盈与现实人生的幸福。合而言之，就是要引导个体诗意地、也就是尊严地生活在现实之中，谋求现实人生的幸福。

阿伦特在《人的条件》一书中，提出人生在世的三种基本的活动：劳动、工作和行动。"之所以说这三种活动是基本的是因为它们分别对应于拥有生命的世人的三种基本境况"。按照阿伦特的说话，劳动（Labor），是为了满足人的生理需要而必须付出的努力，由于人的生命过程是一个不断新陈代谢的自然过程，其需要不可能一次性就完全满足，而是会不断重复，所以也必须不断进行重复性的活动，以满足这种不断袭来的需要。工作（Work）是制造、制作东西，工作包含了技能、技艺在内，制作出来的东西和劳动产品的不同在于，它们免于被尽快地消费掉，因而具有一种持存性，在时间上更为悠久，从而将一种稳定性和客观性带到人们的生活中来。行动（Action）是在与他人的交往中自我展现，行动总是以他人的在场为前提。行动与行为不同，人们据以判断行为的标准是动机与效果，而对行动的评价标准是卓越、伟大、非凡。"行动的本质就是突破平凡达到非凡"。在阿伦特看来，在人的生活形式之中，满足人的生理需要的劳动乃是最低层次的形式，其次是工作，唯有行动才是可以与沉思与媲美的人的生存之最高样式，因为唯有在行动中，人才以追求卓越作为基本目标。

阿伦特之所以不厌其烦地区分劳动、工作和行动，是因为敏锐地看到了现代人把满足日常生活紧迫性需要的劳动、工作与谋求人性卓越的行动等同起来，从而导致人性的委琐与现代生活的均一化、平庸化，从而倡导人积极走进公共领域，去追求人性的卓越。阿伦特重新审理人的存在活动的基本样式，并且努力廓清存在的层次性，实际上就是对苏格拉底"认识你自己"的现代应答。生而为人，并不是一件想当然的事情，即使是在现代化的今天，成人也是一项艰难的事业，一项需要我们用生命去追问的事业。认识人的存在的使命，并显现人的存在的使命，追求人性的卓越，这不只是苏格拉底时代成人的使命，同样是今天我们为人的基本使命。认识存在的本真使命，因此而成为一个人之为人的基础，真才成为比善与美更基本的生命质素。正是在这个意义上，知识即美德。

爱因斯坦曾这样说："我们切莫忘记，仅凭知识和技巧并不能给人类的生活带来幸福的尊严。"知识的本原性关照就是个体生命的尊严与幸福。教育的根本目标就是用知识守护人性，孕育德性，促进个体存在的完满，开启个体人生的尊严感与幸福。重申知识即美德，就是要守护知识的尊严，守护知识的尊严其实就是守护我们做人的尊严。

当苏格拉底以牛虻的姿态进入民众的日常生活空间，去刺激民众生活的庸常人格，当亚里士多德申言"人是政治的动物"时，古典教育的公共情怀尽在其中。古典教化哲学强调个体生存与公共生活的同一性，这对于培育当下尚十分匮乏的公共生活品格与公共理性精神有着某种内在的契合。重温古典，不是寻求精神的蜗居，恰恰是为了当下人格的卓越与健全。卓越是相对于机械复制时代人格的平庸，以及置身物质主义与享乐主义之中个体精神的萎缩，激励个体不断去探究自我存在的本质与核心使命，在心智的提升与对公共生活的积极参与中显现个体存在的卓越。健全是相对于个体人格发展在现时代可能遭遇的阻遏，以及物质主义与技术主义所带来的价值的虚无导致个体存在的欠缺，夯实个体存在的精神底蕴，促进个体心智的卓越，在发展世俗之力的同时以心智的卓越与发达的德性来促成个体存在的完整性。

四、古典教育的意蕴

"人唯求旧，器唯求新。"在器物世界中所需要的是不断地更新，但对于人的精神生活世界而言，则需要适度的保守，以使得个体能保持成熟稳健的心智来面对变幻有加的现实生活世界。在这个意义上的保守主义，一是保护人类历史积淀下来的心灵智慧，二是保护渗透在个体生活中的无意识的理性，即自然演进而成为个人生活习惯的理性。回归古典教育哲学于是成了今天教育哲学一个重要的向度，当然不是全部。它是要传达这样一种理念，在今天，甚至远比历史上任何时代，我们的教育更需要关注个体成熟、健全的心智，在拓展人的现实行动的力量与空间的同时，培育个人完整的德性，提升现代知识与个体人生的亲缘性，增进个体与世界之间活泼亲近、充满血肉温情的联系，启迪和谐、美好的心性，保持个体心灵与世俗世界之间必要的张力，促成个体存在凭借本原性知识所通达的德性与个体凭借技术型知识获得的世俗生活权力和谐一致，从而发育完整、丰盈、活泼、健全的现代人格。

刘再复在《红楼梦悟》中有这样一段话：荷尔德林在致黑格尔的信中这样礼赞歌德："我和歌德谈过话，兄弟：发现如此丰富的人性蕴藏，这是我们生活的最美的享受！"歌德是大文学家，他被荷尔德林所仰慕的不是思辨的头脑，而是"人性的蕴藏"。作家诗人可引为自豪的正是这种蕴藏，而像歌德的蕴藏如此丰富，却是极为罕见的。在中国，能让我们借用荷尔德林的语言作衷心礼赞的作家，只有一个，就是曹雪芹。我们要对曹雪芹的亡灵说，你在《红楼梦》中提供如此丰富的人性蕴藏，这是我们生活的最美享受。还要补充说，我们活着，曾受尽折磨，但因为有《红楼梦》在，我们活得很好。

湖南有个湘西，偏僻、贫困，假设这个地方没有给中国社会做出任何贡献，但因为它养育了沈从文和他的两个外甥黄永玉、黄永厚，它就应该成为中国大地上的文化沃土。沈从文和黄氏兄弟，都不是科班出身，正因为如此，他们身上更多地保留着湘西自然风土所孕育出来的淳朴生命姿态，生命的活力没有被过多地规训，天性的率真，悠远、至美的沉思中不乏自然野趣，在充满诗意的理性探索中彰显出人性的丰盈，这些都在他们的艺术作品中随意而充分地流露出来。他们自身的生命实践中，以及由他们的生命品质延展开来的艺术实践中，充分地显现出一种古典的韵味。沈从文终其一生，怀抱对现代性的忐忑不安的认同与拒斥之中所遭遇的内心无法排遣的紧张，倔强地守护着他自小打下的这种古典意味的"乡下人"的生命气质。维柯在《新科学》中这样说道："在世界的童年时期，人们按本性就是些崇高的诗人。"随着理智的累积性发展，人类的成熟乃是必然，但我们怎样在走向成熟的过程中不断地回望童年，以保持人类智慧不至于僵化，实际上也就是保持人类生命姿态的健全与丰盈，与对人性基本尊严的守护。重温古典教育哲学，就是要在教育的诗性智慧与理性智慧之间保持必要的张力，让我们在走向成熟的过程中保持一份必要的童真。

古典教育哲学智慧正在于其尚未被后来的理智化所遮蔽的鲜活人性的绽放，是对源自神性的人性之卓越追求的礼赞。古典教育精神正是体现了一种诗性智慧与理性智慧的和谐。经典作家，正是因为其身上无比丰富的"人性的蕴藏"，才使得他们足以穿越时间与空间，把精神之光传递到每个亲近他们的人们。套用刘再复先生的语式："我们活着，曾受尽折磨，但因为有经典的存在，我们活得很好。"古典智慧在昭示我们人性的空间与生命的路径之时，极大地丰富、拓展我们存在的可能。回归古典教育哲学，就是提示我们，要不断地去亲近那些古典的智慧，敞开教育的人性空间，让我们寻找到在面对当下人的生存处境或者说困境时，教育应有的人性期待，从而牢牢地把握教育的真谛。

五、守护教育的形上芬芳

教育是对自身存在本质的迷恋，是对教育何以为教育的反思性坚守。置身世俗生活之中，媚俗是人的存在的基本境遇。但人作为心灵生活的存在必然要从物化的生活世界之中适当地超离出来，从而使个体人格与世俗生活保持必要的张力。一百年前有蔡元培先生倡言教育独立，主张教育交给教育家来办，正是期待通过教育家来守护教育自身存在的品格，保持教育对变化的社会生活的必要的张力与适当的距离，从而保持教育的形上的芬芳。刘再复这样评价《红楼梦》："处于人间而能享受心灵的最高幸福，便是能闻到美丽灵魂散发出来的沁人心脾的形上芬芳。"他在这里提出了一个有意味的意象：形上的芬芳。形上的事情并不是远离人间烟火，恰恰是让我们在世的内在关切，是我们存在不可或缺的基本质素。跟花花世界所提供的炫目的享乐物品相比，我们置身此世的形上关切，就如同深秋的菊花，在我们身前身后，静静地散发出来的淡淡香气。

正由于我们实际上对人性的理解与认识还是远不充分的，我们对教育的思考与设计就有必须留出余地，那种灯光式的教育研究与设计，许多时候难免构成对生命的抑制，因为他们总想着要以强而有力的姿态来设计出让每个人的每个方面都获得充分、高效地发展的方案。这实际上是一种科学主义的迷信，是对个人设计理性的迷信。教育研究与设计需要给人的自由发展留下必要的余地。教育学不应当成为单面的科学，教育实践所要追求的也绝不是以效率为目标的单面的科学性，教育需要一种形上芬芳的呵护，教育需要适度的"魅"。在此意义上，教育要的不只是晶莹透亮的现代理智主义的灯光，还需要一种带有几分迷魅的、对生命抱有几分敬畏的、散发古典幽味的烛光。

在古希腊语中，学校的含义就是"闲暇"，这其中隐含的意义就是教育乃是一门闲暇的艺术。所谓"闲暇出智慧"，正是闲暇的心态才使得教育不至于过于实在、过于媚俗化，而得以徜徉、荡涤自由的心灵，才可能有形上芬芳的绽放空间。"沧浪之水清兮，可以濯吾缨；沧浪之水浊兮，可以濯吾足。"坚持教育必要的形上关怀，是抵抗、超越当下教育的媚俗化、平庸化的努力。

教育之所以需要形上关切，正是因为一种教育实际上就是在塑造一种人的存在方式。当教育全然沉迷于对当下现实生活的适应，教育就没有办法真正地去培育能从容地面对世俗生活，积极、独立、健全的自由个体，教育本身就会在单面的社会适应中迷失自身的品格。重温知识即美德，就是要在现代教育的强光中，守住当下教育的古典的余韵，让古典教育的精神得以在逐渐物化的现代教育与现代生活中，散发出蕴含着形上魅力的幽微馨香。